Ingrid Pachmann

Von Sterndeutern, Hellsehern und uraltem Wissen

Berichte von Menschen mit besonderen Fähigkeiten

Ingrid Pachmann

Von Sterndeutern, Hellsehern und uraltem Wissen

Berichte von Menschen mit besonderen Fähigkeiten

Molden Verlag

Zuerst kam die Idee, und dann kam die Unterstützung von allen Seiten: Ich danke allen, die am Zustandekommen dieses Buches mitgewirkt haben.

I.P.

Die Deutsche Bibliothek – CIP-Einheitsaufnahme

Pachmann, Ingrid
Von Sterndeutern, Hellsehern und uraltem Wissen

Umwelthinweis: Dieses Buch und der Einband wurden auf chlorfrei gebleichtem Papier gedruckt. Die Einschrumpffolie – zum Schutz vor Verschmutzung – ist aus umweltverträglichem und recyclingfähigem PE-Material.

Ungekürzte Lizenzausgabe der Buchgemeinschaft
Donauland Kremayr & Scheriau, Wien, und der
angeschlossenen Buchgemeinschaften

Umschlaggestaltung: Emanuel Mauthe
Herstellung: Barbara Peyer/BaPeyer Werbung & Produktion
Druck: CPI Moravia Books, Korneuburg

Buch-Nr. 84850 7
www.donauland.at

Inhalt

ABENDLIED

(Matthias Claudius, 1740–1815)

Der Mond ist aufgegangen
Die goldnen Sternlein prangen
Am Himmel hell und klar;
Der Wald steht schwarz und schweiget,
Und aus den Wiesen steiget
Der weiße Nebel wunderbar.

Wie ist die Welt so stille,
Und in der Dämmrung Hülle
So traulich und so hold!
Als eine stille Kammer,
Wo ihr des Tages Jammer
Verschlafen und vergessen sollt.

Seht ihr den Mond dort stehen?
Er ist nur halb zu sehen,
Und ist doch rund und schön!
So sind wohl manche Sachen,
Die wir getrost belachen,
Weil unsre Augen sie nicht sehn.

Wir stolzen Menschenkinder
Sind eitel arme Sünder
Und wissen gar nicht viel;
Wir spinnen Luftgespinste
Und suchen viele Künste
Und kommen weiter von dem Ziel.

Gott, lass uns dein Heil schauen,
Auf nichts Vergänglichs trauen,
Nicht Eitelkeit uns freun!
Lass uns einfältig werden
Und vor dir hier auf Erden
Wie Kinder fromm und fröhlich sein!

Wolltst endlich sonder Grämen
Aus dieser Welt uns nehmen
Durch einen sanften Tod!
Und, wenn du uns genommen,
Lass uns in Himmel kommen,
Du unser Herr und unser Gott!

So legt euch denn, ihr Brüder,
In Gottes Namen nieder;
Kalt ist der Abendhauch.
Verschon uns, Gott! mit Strafen,
Und lass uns ruhig schlafen!
Und unsern kranken Nachbar auch!

Vorwort

Hoffnung aus dem Wunderbaren

Plädoyer für eine Welt jenseits des Begreifens

Mit großer Freude habe ich zugestimmt, als mich meine Autorenkollegin und langjährige Freundin Ingrid Pachmann gefragt hat, ob ich ein Vorwort für ihr neues Buch schreiben würde. Warum aber gerade ich unter allen einschlägigen Vertretern der schreibenden Zunft? Nun, ich glaube, es liegt daran, dass ich mich diesem faszinierenden Themenkreis von einer Seite nähere, welche die ihre ergänzt und argumentativ untermauert.

Während Ingrid Menschen Rat, Trost und Heilung in Form von Lebensgeschichten, altem Wissen, gehüteten Überlieferungen und anderem, bei dem die so genannte »seriöse Wissenschaft« die Nase rümpft, anbietet, nehme ich in meinen Büchern den Kampf mit den »Nasenrümpfern« auf – stets bereit zu einem Schlagabtausch mit Zweiflern an Phänomenen jenseits des Messbaren, ausgetragen in der Arena der Sachlichkeit.

Unzweifelhaft ist allerdings, dass es schwer ist – und täglich immer schwerer wird –, seinem Leben einen Sinn zu geben oder gar einen solchen hinter der Welt zu entdecken. Die Wissenschaft ist dabei keine Hilfe, denn es scheint ihr höchstes Ziel zu sein, den nackten Materialismus mit eiskalten Argumenten zu untermauern. Wie gesagt: Es scheint nur so. In Wahrheit ist das Universum der Naturwissenschaft von heute um keine Spur gegenständlicher als Reinkarnation, Aura oder Karma. Der einzige Unterschied besteht wahrscheinlich darin, dass man physikalische Erscheinungen mathematisch ausdrücken kann, esoterische nicht. Kein Geringerer als Albert Einstein hat das bereits vor Jahrzehnten mit diesen Worte zugegeben: »Insofern sich die Sätze der Mathematik auf die Wirklichkeit beziehen, sind sie nicht sicher, und insofern sie sicher sind, beziehen sie sich nicht auf die Wirklichkeit.« Ebenso wenig bekannt dürfte sein, dass der Nobelpreisträger Niels Bohr für sich ein Wappen mit dem Yin- und Yang-Symbol als Zentralmotiv entwarf und dazu meinte: »Eine tiefe Wahrheit ist eine Aussage, deren Gegenteil ebenfalls eine tiefe Wahrheit ist.«

Sollen wir nun das Wissen, »das wir ererbt von unsren Vätern«, über Bord werfen? Nein, das sollen wir nicht. Sinnvoller ist es, der Betrachtungsweise zu entsagen, dass nicht sein kann, was nicht sein darf, und sich lieber Gedanken darüber zu machen, was de facto ist (auch wenn es gängigen Lehrmeinungen widerspricht). Wahrscheinlich gibt es unsichtbare Wesenheiten, unsichtbare Kräfte und unsichtbare Strukturen aller Art. Kürzer gesagt: Eine phantastische Realität, die uns nur in winzigen Puzzlesteinen offenbart wird. Natürlich nicht wohlgeordnet in Reih und Glied, sondern eher wie bunte Murmeln in einem Sack, den man gründlich geschüttelt hat.

In meinem Vorwort möchte ich darum einige dieser Murmeln hervorholen, die selbst skeptischen Naturen klar machen: In unserer Welt haben Sternkundige, Hellseher, Kenner verborgenen Wissens, Mystiker, Geheimlehren, Alternativmethoden, Transzendentales und unerklärliche Phänomene ihren festen Platz. Eine solche Aussage erfordert ein solides Fundament, das ich mit einigen ausgewählten Beispielen legen möchte.

Eines davon ist eine besonders unliebsame, aber unwiderlegbare Tatsache, mit der ich »seriöse Wissenschaftler« gerne konfrontiere; ausgedrückt in dem Satz »Wir brauchen unser Gehirn gar nicht.« Er stammt nicht etwa aus dem Munde eines Esoterikers, sondern war die Einleitung des Referats, das der britische Neurologe John Lorber bei einer Konferenz von Kinderärzten im Jahr 1980 über eine Reihe von Seltsamkeiten hielt, die ihm ab Mitte der 60er-Jahre untergekommen waren.

Damals hatte er Kleinkinder mit »Hydrozephalus« (gemeinhin als »Wasserkopf« bekannt) entdeckt, die geistig gesund und völlig normal waren, obwohl Untersuchungen die völlige Absenz von Gehirnsubstanz eindeutig bewiesen. Als er in dieser Richtung weiterforschte, war er auf einen jungen Mann gestoßen, der an der Universität Sheffield studierte. Seine Abschlüsse in Mathematik waren die besten seit langem und sein mehrfach gemessener Intelligenzquotient (IQ) von einhundertsechsundzwanzig hätte ihn zur Aufnahme in die diversen Vereinigungen von »Superintelligenten« qualifiziert. Das Seltsame war nur, dass der Student diese Leistungen ohne feststellbares Gehirn vollbrachte. Die überraschende Tatsache, dass er gehirnlos durchs Leben geht, erschütterte den jungen Mann nicht sonderlich. Er lebte vor dieser Enthüllung völlig normal und nachher ebenso.

Nach mehr als sechshundert Messungen an Hydrozephaliden ergab sich ein erstaunliches Bild: Bei etwa zehn Prozent waren fünfundneunzig Prozent des Schädels mit Flüssigkeit gefüllt. Sie besaßen kein funktionstaugliches Gehirn. Dessen ungeachtet war die Hälfte von ihnen geistig voll tüchtig und wies sogar einen überdurchschnittlichen IQ auf.

Ebenso frappant – und etwas makaber – sind die Umstände nach dem Unfalltod eines jungen Mannes. Er war mit einem besonders ausgeprägten Wasserkopf zur Welt gekommen und hatte nur eine hauchdünne Schicht Gehirnzellen besessen. Ein klarer Fall von schwerster geistiger Behinderung. Als der Leichenbeschauer den Angehörigen sein Beileid ausdrückte und als Trost hinzufügte, der Tod sei für jeden Menschen eine Erlösung, der so wie der Verstorbene dahinvegetiere, war er noch verblüffter als die Eltern. Diese erklärten nämlich, ihr Sohn habe ein gänzlich normales Leben geführt und bis zum letzten Tag einen hochqualifizierten Beruf ausgeübt.

Forscher, die sich mit diesem Phänomen befassten, stießen auf die Aufzeichnungen der Anthropologischen Gesellschaft in Sucre, Bolivien, vom Beginn des zwanzigsten Jahrhunderts – Dokumentationen über Personen, bei deren Obduktion sich herausstellte, dass ihre Gehirne schon viele Jahre durch Abszesse, Tumore und andere Ursachen gänzlich zerstört waren. Seltsamerweise hatten die Betreffenden bis zu ihrer Todesstunde nichts davon bemerkt. Besonders bizarr ist der Fall eines Jungen, der mit vierzehn Jahren starb. Die Autopsie ergab, dass sich die Hirnmasse bereits vor langer Zeit vollständig von der Schädelinnenseite gelöst hatte – ein Vorgang, dessen Auswirkungen gewöhnlich mit denen einer Enthauptung identisch sind. Der Knabe hatte jedoch all die Zeit keinerlei Beeinträchtigung an den Tag gelegt.

Es kommt noch extremer. Der deutsche Gehirnexperte Hufeland entdeckte bei der Autopsie eines Mannes, der bis zum Eintritt einer Lähmung im Vollbesitz geistiger Kräfte gewesen war, dass der Betreffende überhaupt kein Gehirn sein eigen nannte. Der Hirnschädel war nur mit 312 Gramm Wasser gefüllt.

Was lässt sich aus all dem schließen? Eines jedenfalls: Der nackte Materialismus erweist sich als ungenügend. Das Bewusstsein entfaltet sich selbst dann, wenn es keinen Sitz (Gehirn) im Körper hat.

Wenn dem so ist – und die Fakten sind eindeutig – so könnte doch etwas dran sein an der Überzeugung von Anhängern der unterschiedlichsten esoterischen, okkulten, philosophischen oder religiösen Strömungen, wonach der Mensch und das Universum untrennbar miteinander verbunden wären. Viele große Geister haben eine solche erweiterte Realität akzeptiert. Beispielsweise sah Sir Isaac Newton das Weltall als eine (vom Allmächtigen diktierte) Geheimschrift an, die manche Menschen – nennen wir sie nun Hellseher, Sensitive oder wie auch immer – »lesen« können. Das beweist schon die triviale Tatsache, dass vom Glücksspiel lebende Institutionen Schutzmaßnahmen gegen Hellseher ergreifen. Doch vorhergesehene Gewinnzahlen sind lange nicht alles.

In jüngeren Jahren hielt der spätere englische Premierminister Winston Churchill große Stücke auf eine Handleserin. Bis ihm eine Aussage der Frau eines Tages einfach zu absurd war. Churchill war mit einigen jungen britischen Offizieren zu einer Konsultation erschienen. Bei jeder der Offiziershände rief die Handleserin aus: »Die Lebenslinie bricht jetzt ab. Es ist furchtbar.« Die jungen Männer lachten. Churchill war ärgerlich. Die Offiziere gehörten den unterschiedlichsten Truppengattungen an und hatten auch sonst nichts gemeinsam, trotzdem sollten sie alle in Kürze sterben. Welch ein haarsträubender Unsinn. Es war kein Unsinn. Die Prophezeiung fand 1914 statt, am Vorabend des Ersten Weltkrieges. Keiner der betreffenden Offiziere überlebte das erste Kriegsjahr.

Neben solchen Berichten gibt es Schwarz auf Weiß niedergelegte Vorausschauen zuhauf – von einer solchen über den Ausbruch des Vulkans auf der Insel Krakatau über eine wahre Präkognitionsflut vor der Titanic-Katastrophe bis solche in unsere Tage. Hier ein wenig bekanntes Beispiel: Der amerikanische Astronom Asaph Hall (1929–1997) wurde bei der Entdeckung der beiden Marsmonde dermaßen von Panik ergriffen, dass er sie Furcht und Schrecken (Phobos und Deimos) nannte. Normalerweise werden Astronomen durch die Entdeckung von Himmelskörpern nicht zu Tode erschreckt, sofern das betreffende stellare Objekt nicht gerade auf die Erde zurast. Asaph Halls Entsetzen hatte andere Gründe: Es war seiner rationalen Denkweise zutiefst unheimlich, dass der englische Schriftsteller Jonathan Swift (1667–1745, Autor von »Gullivers Reisen«) in seiner bekannten Story »A Journey to Laputa« von zwei Marsmonden geschrieben und ihre Entfernung und Umlaufbahn exakt so angegeben hatte, wie sie tatsächlich waren.

Vielen Sensitiven ist es gegeben, Zukünftiges oder Geheimes allein mit ihrem Geist zu orten, andere verwenden dazu Instrumente. Ein umstrittenes, um nicht zu sagen verrufenes Instrument ist die so genannte »Wünschelrute«. Völlig zu Unrecht, wofür ich ein besonders exotisches Beispiel heranziehen möchte.

Nach Ende des Vietnamkriegs reklamierten beide Seiten den Sieg. Später einigten sich die USA darauf, zwar nicht gewonnen, aber auch nicht verloren zu haben. Es ist eigentlich anzunehmen, dass die größte Kriegsmaschinerie der Welt auch dann ihren ersten Nicht-Sieg hätte einstecken müssen, wenn die Wissenschaftler des US-Verteidigungsministeriums der Radiästhesie gegenüber aufgeschlossener gewesen wären, doch das »Was-wäre-wenn«-Spiel ist immer spannend.

Louis Matacia, ein Landvermesser und Wünschelrutengänger aus Virginia, hatte Marineoffizieren vorgeschlagen, unterirdische Höhlensysteme, Waffenlager, Minen, Tunnels etc. durch Rutengehen ausfindig zu machen. Die Angesprochenen waren nicht abgeneigt, da die unterirdische Welt des Vietcong den US-Streitkräften Alpträume bescherte. In dieser Situation war man selbst für groteske Ideen zugänglich. Matacia wurde zu einer Armeebasis gebracht, wo ein Trainingsparcours mit der kompletten Nachbildung eines vietnamesischen Dorfes mit der obligaten »Unterwelt« aufwartete: Tunnels, Geheimkammern, Waffen- und Vorratslager, ausgedehnte Höhlen usw. Ein riesiger Kaninchenbau mit unergründlichen Verzweigungen, wie sie in Vietnam an der Tagesordnung waren. Was die kompliziertesten Such- und Messapparaturen überforderte, schaffte der Rutengänger auf Anhieb. Er bog aus einem Kleiderbügel eine Wünschelrute und war in kürzester Zeit in der Lage, sämtliche unterirdischen Einrichtungen zu lokalisieren. Nicht das kleinste Geheimkämmerchen entging ihm. Matacias Vorschlag wurde begeistert weitergegeben und stieß auf einen Widerstand, der sich mit dem des Vietcong messen konnte. Wissenschaftler innerhalb und außerhalb der Militärbehörden rieten in seltener Einhelligkeit ab. Solches durfte es einfach nicht geben. Schließlich lautete das finale Urteil, es könne sich nur um Zufall gehandelt haben. In einem Schreiben teilte das Verteidigungsministerium Matacia mit, die von ihm angewandte Technik würde bei den Kommandeuren im Feld nicht auf Gegenliebe stoßen, da die Gefahr von Falschalarmen zu groß sei. Tatsächlich war die kämpfende Truppe durchaus bereit, dieses Risiko in Kauf zu nehmen, denn die permanenten Attacken aus dem Nichts waren extrem zermürbend. So kam es, dass zahlreiche Dschungelpatrouillen der US-Marines neben ihren High Tech-Waffen auch Wünschelruten mit sich führten. Der Ausgang des Vietnamkrieges wäre sicherlich durch die offizielle Verteilung von Wünschelruten an die amerikanischen Soldaten nicht verändert worden, aber vielleicht hätten dann nicht 45.928 von ihnen das Leben lassen müssen.

Hier zeigt sich deutlich, dass etwas prächtig funktionieren kann, ohne dass man weiß, wie es funktioniert. Man denke nur an die Akupunktur, die auch bei Kühen, Pferden und anderen Tieren wirkt, was das Argument ad absurdum führt, es handle sich um einen Placeboeffekt. Die Vierbeiner werden sich Linderung von Schmerzen, Rückgang von Entzündungen usw. kaum selbst eingeredet haben. Seit der französische Konsul in China und Asienliebhaber Soulie de Morant die Akupunktur 1928 nach Europa gebracht hat, ist die Akzeptanz ihres medizinischen Wertes unaufhörlich gestiegen – nicht aber das Begreifen ihrer Funktionsweise.

Man kann ansetzen, wo man will. Ob Wiedergeburt oder Channeling, ob Astrologie oder Kabbala, ob Hellsehen oder Handlesen, ob Aura oder Bio-Energie, ob Karma oder Tarot, ob Wünschelrute oder Pendel, ob Kraft der Farben oder Einfluss der Chakren, ob Astralreisen oder Schamanismus, ob Krafttiere oder Macumba, ob Ayurveda oder Feng Shui – immer und überall schwingt eine ganzheitliche Weltsicht als unterliegendes Prinzip mit, also einfach der Gedanke, die Heilung des Menschen würde die Heilung des Universums bedeuten. Hier beginnen altes und neues Wissen einander zaghaft die Hände zu reichen. Aber nicht nur hier.

Was ursprünglich für ein Ritual, eine kultische Handlung, ja sogar für ein Kinderspiel, gehalten wurde, entpuppt sich plötzlich als etwas anderes, betrachtet man es vom richtigen Standpunkt aus.

So wurde vor Jahren in der TV-Dokumentationsserie »Barfuß durch Zeit und Raum« das alte asiatische Dharma-Spiel mit der Beobachterhypothese der Quantenphysik verglichen. Nach den Spielregeln laufen Kinder um ein weiteres in der Mitte herum, das die Augen geschlossen hat. Öffnet es die Augen, bleiben die anderen stehen. Das Kind in der Mitte kann die Mitspieler daher niemals in Bewegung wahrnehmen. Ganz so, wie es uns bei den Wellen/Teilchen ergeht, deren Tanz uns für immer verborgen bleibt. Darüber hinaus bewegen sich die Kinder just auf jenen verborgenen Zufallsbahnen, die wir den Wellenteilchen statistisch zuordnen. Der Charakter dieses uralten Spiels weist eine frappierende Ähnlichkeit mit der Sage von Proteus aus der griechischen Mythologie auf. Dieser Meergreis, dem die gesamte Vergangenheit, Gegenwart und Zukunft bekannt war, nahm unentwegt verschiedene Gestalten an, um nichts enthüllen zu müssen. Erst als er gefangen wurde und man ihn zwang, eine bestimmte Gestalt zu behalten, konnte die Zukunft mit Sicherheit bestimmt werden. Manche Physiker unserer Tage sind über die Parallelen zwischen dem Proteus-Mythos und dem Zusammenbruch der Wellenfunktion (bzw. des Zustandsvektors) in der Quantenmechanik verblüfft.

Auch ohne Bezug auf Hochwissenschaftliches zeigt sich ein erstaunlicher Gleichklang. So erzählen die Menschen aller Erdteile einander die gleichen Märchen. Auf allen Kontinenten (und nicht nur in Mittelerde) schmieden die Zwerge magische Waffen, bewachen Schätze und graben nach dem alten Sonnensymbol Gold. Die nordamerikanischen Indianer wie auch die Eskimos berichten in ihren Sagen von Zwergen. Ägyptische Überlieferungen kennen einen unsterblichen Gnom namens Bes und die der Mexikaner die zwergenhaften »Tepictotons«. Auf Schneewittchen und die sieben Zwerge stoßen wir auch in Irland, Nord- und Westafrika sowie in Kleinasien. In Pakistan auf »Den Wolf und die sieben Geißlein«, auch wenn die Fabel dort als »Das Krokodil und die Gazelle« firmiert. Den Froschkönig findet man auch in Indien, während er sich in Mexiko als Froschjungfrau präsentiert. Eine Version von »Hänsel und Gretel« kennt man auch auf Madagaskar. Letzteres bringt übrigens Vertreter der so genannten »Wandertheorie« ins Grübeln, da besagte Insel von jeglichem kulturellem Einfluss völlig isoliert war. Trotzdem kennt man dort dieselben Märchen wie überall sonst auf der Welt.

Ich glaube, mit diesem kleinen Potpourri habe ich dargelegt, dass es mehr als legitim ist, die Welt als einen Ort voll mannigfaltiger Wunder und »Wundertäter« zu betrachten. In diesem Sinne wünsche ich Ihnen Trost und viele Einsichten mit Sternkundigen, Hellsehern und uraltem Wissen …

Viktor Farkas
www.farkas.at

Einleitung

Uraltes Wissen – neu entdeckt

Die Sehnsucht nach dem Geheimnisvollen, Unfassbaren war zu allen Zeiten groß. Trotz oder gerade wegen aller medizinischen, technischen, wirtschaftlichen und politischen Errungenschaften hat das dritte Jahrtausend längst keine Antwort auf alle Fragen gefunden. In vielerlei Hinsicht hatten frühere Generationen oft mehr Wissen über die Zusammenhänge auf dem Gebiet der Psychohygiene als Wissenschaftler heute. Zum Teil, weil die Technikgläubigkeit den Menschen der Natur entfremdet, aber auch, weil wir immer weniger auf Intuition vertrauen. »So sind wohl manche Sachen, die wir getrost belachen, weil unsre Augen sie nicht sehn«, schrieb der Mystiker Matthias Claudius vor über 200 Jahren in seinem Abendlied. Der Volksmund hat noch einen viel brutaleren Ausdruck für Dinge, die ihm suspekt sind: »Was der Bauer nicht kennt, das frisst er nicht«, heißt es da. Warum ist das so? Warum belachen wir eigentlich Dinge, die wir nicht sehen oder erfassen können, und lehnen sie von Vornherein ab?

Ein rationalistisches Weltbild setzt voraus, dass alles, was wissenschaftlich erfassbar ist, erklärbar sein muss. Was aber ist mit der Grauzone, die unfassbar und daher wissenschaftlich nicht erklärbar ist? Dürfen wir sie trotzdem gelten lassen? Wir dürfen. Und wir können sogar davon profitieren. Unsere Epoche ist zu einer Zeit der Herausforderung geworden. Immer mehr Menschen spüren, dass sie, auch wenn ihre Existenzen durch soziale Systeme weitgehend abgesichert scheinen, hungrig bleiben: hungrig nach Liebe, nach Verständnis und Sinnfindung. Die etablierten Mittel können die Ur-Sehnsucht nach Geborgenheit, Zuversicht, Heil-Werdung und Glaubensfähigkeit nicht stillen, allzu viele Fragen bleiben offen. Die zahlreichen Möglichkeiten zur Kommunikation wie Mobiltelefon oder Computer liefern keine Antworten auf ihre dringlichsten Bedürfnisse. Und wegen laufender Fernseh- und Radiogeräte, CD-Player und Kassetten-Decks ist der Mensch in der westlichen Zivilisation einsamer denn je. Im Lärm und Getriebe der saturierten Gesellschaft bleibt das Individuum auf der Strecke. Im Überangebot wird der Überblick zur Qual. Schöne neue Welt?

Wo ein Wille, ist auch ein Weg. Immer mehr Menschen erkennen, manche erst nach schwerer Krankheit, Irrtümern und Fehlversuchen, dass die einzige Person, die ihnen aus diesem Schlamassel heraushelfen kann, sie selbst sind. Wer sucht, der findet auch. Und das Gute liegt so nah. Manchmal liegt es in alternativen Möglichkeiten, im uralten Wissen.

Das Karma

Der Glaube an die Wiedergeburt oder Reinkarnation findet sich in vielen Kulturen (siehe Kapitel Joseph Reuben Silverbird), in Südostasien und Tibet genauso wie – in früheren Jahrhunderten – auch im Abendland. Bei den Kelten Mittel- und Westeuropas ebenso wie bei den Wikingern Islands und Skandinaviens. In den fernöstlichen Religionen ist das heute von westlichen Menschen gerne als Modewort gebrauchte »Karma« eng mit dem Glauben an den Kreislauf der Reinkarnation verknüpft und bezeichnet die Auswirkung aller Handlungen und Gedanken, insbesondere die Rückwirkungen auf den Verursacher selbst. Es entsteht, wie schon der Name sagt, nach dem Gesetz von Ursache und Wirkung und nicht aufgrund einer Beurteilung durch ein höheres Wesen. Karma in Verbindung mit der Reinkarnation ist somit die Lehre von der unbedingten Gerechtigkeit und Harmonie. Um sich evolutionsmäßig weiterzuentwickeln und dabei in vergangenen Leben angehäuftes Karma abzuarbeiten, muss die Seele zyklisch wiedergeboren werden. Da alles in der Natur miteinander verbunden ist und in einander greift, werden auch andere Personen und Wesen von den Taten eines Einzelnen beeinflusst, mit entsprechenden Rückwirkungen (»Wer Hass sät, wird Hass ernten«). Man muss gar nicht vom Karma überzeugt sein, um zu erkennen, dass jeder Gedanke, jedes Wort und jede Handlung eine Wirkung nach sich zieht. Aber niemand ist seinem Schicksal hilflos ausgeliefert, jeder Mensch erzeugt seine eigene Wirklichkeit. Um sich die nötigen Informationen und Hilfen zu verschaffen, die ihn auf seinem Schicksalsweg weiterbringen, gibt es verschiedene Möglichkeiten: Auch alternative Lebenshilfen, die nicht den herkömmlichen Gegebenheiten entsprechen, können hervorragende Mittel der Wahl sein. Jeder Mensch ist anders, und daher hat jeder Mensch auch andere Bedürfnisse und Zugänge. Es steht jedem offen, sich dort Rat, Trost und Hilfe zu holen, wo es für ihn am besten erscheint.

So genannte »Fähige«, die besonders sensitiv und emphatisch veranlagt waren, mit einem Gespür für Atmosphären oder die Stimmungen anderer Menschen, gab es zu allen Zeiten: Manche können die Schmerzen anderer empfinden, andere Gedanken lesen oder im Voraus sehen, was sich ereignen wird. Es gibt auch Menschen, die Engel oder andere Geistwesen sehen und mit diesen »medial« in Kontakt treten (siehe Kapitel Gerda Dworzak), von diesen Botschaften in Form schriftlicher Durchsagen bekommen (siehe Kapitel Elfriede Wiesinger) oder mit diesen arbeiten, um eingefahrene Situationen oder körperliche Blockaden zu lösen und Antworten auf bestimmte Fragen zu bekommen (siehe Kapitel Peter Singer).

Die geistige oder himmlische Hierarchie unterscheidet sich von der Menschenwelt durch den Grad ihrer Bewusstheit, durch ihr Schwingungsniveau und ihre Nähe zur Einheit oder zum Ursprung – also zu Gott. Gott ist allumfassend und steht an der Spitze dieser Hierarchie. Als Mittler zwischen Gott und Mensch kommen Engel in fast allen Kulturen vor. Schon in der Bibel waren sie Warner und Verkünder. Der Engel des Herrn brachte Maria die Botschaft … Als Geistwesen ohne physischen Körper beschützen und begleiten Engel den Menschen auf seinem Lebensweg. Kinder nehmen in ihren Gebeten nach wie vor ganz selbstverständlich auf sie Bezug, beispielsweise im »Abendsegen«: »Abends, wenn ich schlafen geh, vierzehn Engel bei mir steh'n, zwei zu meiner Rechten, zwei zu meiner Linken, zwei zu meinen Häupten, zwei zu meinen Füßen, zweie die mich decken, zweie die mich wecken, zweie die mich weisen zu den himmlischen Paradeisen«. Bei allen nativen Völkern ist es üblich, für Neugeborene einen Schutz-Fetisch herzustellen. Die indianischen Ojibwes weben dazu so genannte Traumfänger (siehe Kapitel An Nija Tbé).

Menschen, die als Mittler zwischen der göttlichen und der irdischen, der heiligen und der profanen Welt fungieren, bezeichnet man als Schamanen. Der Schamanismus als Tradition des Heilens, wie sie quasi in allen nichtwestlichen Kulturen praktiziert wurde oder wird – in der Arktis genauso wie im nepalesischen Hochland oder im brasilianischen Regenwald – reicht laut Ethnologen bis in die Anfänge der Menschheitsgeschichte zurück. Allen Schamanen gemeinsam ist die Fähigkeit, durch ekstatische Trance Bewusstseins- und Wahrnehmungszustände kontrolliert wechseln zu können. Tanz, Gesang, Trommeln oder Rasseln, aber auch die Einnahme bewusstseinserweiternder Drogen sind Hilfsmittel, um in einen veränderten

Bewusstseinszustand zu kommen, in dem sie in nichtalltägliche Welten reisen können. Indem ein Schamane gleichsam zum Kanal wird, wo sein eigener Wille völlig ausgeschaltet ist, begleitet er Seelen Verstorbener ins Jenseits, heilt Krankheiten, sieht Ereignisse voraus oder beeinflusst das Wetter. Ein oder mehrere Hilfsgeister, oft in Tiergestalt, in indianischen Kulturen aber auch pflanzlicher Natur, stehen ihm bei solchen Reisen bei. Als Erzähler, Sänger und Dichter überliefert der Schamane seinem Stamm außerdem alte Mythen und Geschichten (siehe Kapitel Dietmar Reitsammer).

Häufig sind Menschen, die die Berufung des Schamanen in sich tragen, selbst durch schwere Leiden gegangen oder an der Grenze zum Tod gestanden. Betroffene von Nahtod-Erlebnissen berichten oft von Hindernissen, beispielsweise in Form eines Flusses, die ihr körperloses Bewusstsein überwinden musste, um anschließend an das Ende eines Tunnels in gleißendes Licht zu fliegen: Dieses Licht hätte sie ganz eingehüllt und ihnen ein Gefühl von Liebe und Anerkennung gegeben, wie nichts zuvor in ihrem Leben. Sie begegneten Lichtwesen und bekannten Verstorbenen – aber auch Menschen oder Wesen in bemitleidenswerten Zuständen: obwohl verstorben waren diese offensichtlich noch verstrickt in die Begierden der irdischen Welt. Nach der Lebensrückschau, bei der die Lichtwesen immer wieder die Bedeutung der Liebe, des Weisheitserwerbs und der Wirkungen ihrer Handlungen auf andere hervorheben, weiß die Seele, was sie im Leben richtig oder falsch gemacht hat – das Tibetische Totenbuch spricht vom »Spiegel des Karmas« – und tritt in eine Welt strahlender Farben und goldenen Lichts ein, in eine Landschaft mit wundervollen Blumen. Nur wenige Menschen wollen danach wieder in ihre Alltagswelt zurückkehren. In diese Welt einzutauchen, in der Vergangenheit, Gegenwart und Zukunft gleichzeitig existierten, wäre einer Erleuchtung gleich gekommen. Nachwirkungen von Nah-Todeserfahrungen zeichnen sich bei vielen Betroffenen durch eine radikale Veränderung der Lebensführung aus: Sie entwickeln philosophische Interessen, beschäftigen sich mit religiösen Fragen oder verfolgen humanistische Ziele. Ihr Dasein im Hier und Jetzt erleben sie von nun an viel intensiver. Schamanen kehren von einer Nah-Todeserfahrung mit Ratschlägen, Offenbarungen und Botschaften Verstorbener heim.

Von der Hermetik zur Esoterik

Esoterik ist, in der ursprünglichen Bedeutung des Begriffs, die Lehre oder Wissenschaft des Geheimen. In der Tradition der auf Hermes Trismegistos zurückgehenden antiken Geheimlehre wurde sie auch als Hermetik bezeichnet. Letztere war ursprünglich nur in Orden, Logen und esoterischen Schulen organisiert und machte ihre Lehren nur Mitgliedern zugänglich. Neben okkulter Praxis gab sie vor allem überliefertes Gedankengut in Bereichen wie Astrologie, Zahlenmystik oder Tarot (siehe Kapitel Gerhard Reinhold Steiner-Kraft) weiter. Im viktorianischen Zeitalter erlebten Okkultismus und verschiedene Formen von Orakeln eine Blütezeit. Die Bewegung des Spiritualismus, die auch eine Brücke zu den fernöstlichen Religionen schlug, war dahingehend etwas gemäßigter. Alle esoterischen Anschauungen betonen grundsätzlich die spirituelle oder intuitive Erfahrung gegenüber wissenschaftlichen Methoden des Erkenntnisgewinns. Die spirituelle Entwicklung des Individuums ist ihnen wichtig. Seit den 1980er Jahren erlebt die Esoterik insbesondere im westlichen Kulturkreis einen regelrechten Boom. Es gibt zahlreiche unterschiedliche Strömungen der Esoterik, die sich zum Teil überlappen, teilweise aber auch nicht viel miteinander zu tun haben. Dazu werden unter anderem auch die Alchemie (siehe Kapitel Reinhard Leeb), die Anthroposophie und Astrologie (siehe Kapitel Adelinde Rumpler), der Kabbalismus (siehe Kapitel Ingrid Noé-Nordberg) und der Schamanismus (siehe Kapitel

Sabine Knoll) gezählt. Esoterische Weltanschauungen wollen – beispielsweise mit Hilfe von Handlesen, Hellsehen oder dem Runenorakel – praktische Entscheidungshilfen für die Lebensplanung sein oder Alltagsentscheidungen erleichtern (siehe Kapitel Adele Birnbauer, Gabriele Hoffmann, Viki Mertens und Silvio Rudolf Szücs) und Hilfe zur Selbsterkenntnis bieten. An dieser Stelle soll ausdrücklich betont werden, dass alle in diesem Buch Genannten sowie von ihnen praktizierte alternative Methoden als Ergänzung zur klassischen Medizin wie Reiki, Shiatsu, Homöopathie, Klangschalen oder verschiedene Essenzen – mittels derer das körperliche und seelische Wohlbefinden verbessert werden soll – sich als Partner der Schulmedizin sehen, sie können und wollen diese keinesfalls ersetzen (siehe Kapitel Elisabeth Kinsky und Doris Hauk).

Häufig wird der Begriff Esoterik synonym zu »New Age« (Neues Zeitalter) verwendet. Viele Strömungen gehen davon aus, dass es verschiedene »Existenzstufen« gibt: je höher die Stufe, desto »feiner« der »Stoff«. Mit »feinstofflichen« oder »geistigen« Energien sind daher Strukturen gemeint, die weniger dicht sind als »grobstoffliche« materielle. Der Mensch ist nicht nur »feste Substanz«, sondern sozusagen ein lebendiges Energiefeld, das von darin geschulten Menschen energetisch beeinflusst werden kann. Energiemedizin, die auf den traditionellen Medizinsystemen Chinas und Indiens beruht und dabei von der Existenz einer universellen Lebenskraft ausgeht, verbindet diese mit westlichen Ansätzen energetischer Vorstellungen, wie sie von Wilhelm Reich, C.G. Jung oder Alexander Lowen erarbeitet wurden. Sie findet mehr und mehr Zuspruch als alternative Behandlungsmethode: Mittlerweile gibt es bereits an zahlreichen Universitäts- und Lehrkliniken der USA ein Fach für Energiemedizin. Auch in den Niederlanden werden Krankenschwestern in Energiemedizin ausgebildet. In England arbeiten Schulmediziner und Heiler überhaupt Hand in Hand.

Nach Vorstellungen der Energiemedizin beruhen Gesundheitsstörungen und Krankheiten auf einer Störung der Lebenskraft. Häufig liegen solchen »Blockaden« traumatische, unverarbeitete psychische Erlebnisse zugrunde. Im Gegensatz zur traditionellen Schulmedizin ist der Ansatz der Energiebehandlung ganzheitlich, das heißt, es werden nicht nur die Symptome kuriert, sondern auch ihre Ursachen. Über das Bewusstwerden und schließlich Verstehen der tief liegenden unbewussten Gefühle und Gedankenmuster kommt es zur Auflösung dieser Blockaden. Atem- und Meditationsübungen in Verbindung mit traditionellen Methoden wie Akupunktur oder Qi Gong spielen dabei eine wichtige Rolle.

Die Energiemedizin ist mit allen Therapieformen – auch denen der Schulmedizin – sehr gut kombinierbar. Sie ist zum Beispiel eine hervorragende Ergänzung zur Chemotherapie. Auch die Aura-Arbeit fällt in diesen Bereich (siehe Kapitel Irene Köck, Sathya, Peter Singer und Gerhard Rudolph-Becker). Als Aura bezeichnet man die energetische Hülle, den Energiekörper des Menschen. Mittels des Hochfrequenz-Fotografie-Verfahrens, der Kirlianfotografie kann die innerste Schicht der Aura sichtbar gemacht werden.

Der Energiekörper überragt den physischen Leib etwa um zwei bis drei Zentimeter, manchmal wird diese Zone auch als Biosphäre des Menschen bezeichnet. Eine saubere, stabile und geschlossene Aura schützt sowohl vor den Energien und Beeinflussungen anderer Menschen (Wünschen und Projektionen) als auch vor Dingen (Strahlungen etc.). Mediale Menschen sehen den Energiekörper zumeist in weißlicher bis gelblicher Farbe, die leicht flimmert, oder spüren mit der Handfläche in der Entfernung von cirka fünf bis 15 Zentimeter ein leichtes Gefühl von Wärme oder

Kribbeln. Je nach Gesundheit und Vitalität des Menschen sind die verschiedenen Schichten der Aura auch verschieden groß. Anhand von Verletzungen an der Aura können viele Sensitive den Gesundheitszustand des Menschen erkennen.

Was ist mystisch?

Mystik ist eine in allen Religionen mögliche Haltung innerer spiritueller Erfahrung. Der Ausdruck »mystisch« kann sowohl »geheimnisvoll« bedeuten, als auch, im abwertenden Sinne, eine Bezeichnung für unverständliches, rätselhaftes oder unsinniges Gerede sein. In vielen Religionen hat die Entsagung körperlicher Freuden in Form von Fasten, Askese und Zölibat oder Weltabgewandtheit durch Rückzug als Eremit lange Tradition. Oft heißt es, solche Haltungen seien Vorbedingung mystischer Erfahrung. Andere Traditionen wiederum betonen die Zusammengehörigkeit von Kontemplation und aktivem Leben. Die Benediktinerin Hildegard von Bingen, die 1098 in Bermersheim bei Alzey als Tochter eines Grafen geboren wurde, hatte von Kindheit an eine visionäre Begabung und ging als christliche Mystikerin in die Geschichte ein.

Obwohl sie schon zu Lebzeiten wie eine Heilige verehrt wurde, hat die formelle Heiligsprechung nie stattgefunden. Hildegard wurde bereits mit acht Jahren in der Klause am Disibodenberg bei Neu Kreuznach für ein geistliches Leben erzogen und legte um 1113 dort ihr Gelübde ab. Nach dem Tod ihrer Erzieherin Gräfin Jutta von Sponheim wurde sie im Alter von 38 Jahren einstimmig zur Äbtissin gewählt. Aufgrund der beständig wachsenden Klostergemeinschaft verlegte sie elf Jahre später das Kloster auf den Rupertsberg bei Bingen und schuf 1148 mit dem Umbau eines ehemaligen Augustinerklosters in Eibingen ein Filialkloster. Mit 42 Jahren erhielt Hildegard von Bingen von Gott den Auftrag, alles festzuhalten und zu verkünden, was ihr in Visionen offenbart werde: Indem sie ihrem Sekretär, dem Mönch Volmar, die geschauten Visionen diktierte, entstand mit ihren Werken »Physica« (»Über die Natur«) und »Causae et Curae« (»Ursachen und Behandlung von Krankheiten«) eine für die frühe abendländische Kultur einzigartige umfassende naturkundliche Heil- und Gesundheitslehre basierend auf den drei menschlichen Ebenen Körper, Geist und Seele. Dass sie bei ihren Schauungen nie in einen ekstatischen Zustand verfiel, sondern alle im wachen Zustand empfing, geht aus einem Brief an ihren Zeitgenossen Wibert von Gembloux hervor: »Ich sehe sie vielmehr einzig in meiner Seele, mit offenen leiblichen Augen, so dass ich dabei niemals die Bewusstlosigkeit einer Ekstase erleide, sondern wachend schaue ich dies, bei Tag und bei Nacht.« Hildegard war aber nicht nur Seherin, sondern Prophetin, Predigerin und Künstlerin in einem; sie unternahm viele Predigtreisen, wie sie im 12. Jahrhundert für Mönche üblich waren. Dass eine Nonne auf Reisen ging, war für die damalige Zeit allerdings einzigartig. Sie hinterließ auch eine umfangreiche Sammlung geistlicher Lieder und drei Visionsbücher, die sich mit Glaubens- und Lebenskunde sowie mit Kosmologie befassen. Hildegard von Bingen starb im für die damalige Zeit hohen Alter von 81 Jahren.

Auch die 1412 als Tochter eines reichen Lothringer Bauern geboren Jeanne d'Arc sollte als Visionärin in die Geschichte eingehen. Sie hatte bereits im Alter von 13 Jahren Stimmen gehört, die ihr befahlen, den französischen Thronanwärter aufzusuchen und die Engländer aus Frankreich zu vertreiben. In ihren ersten Erscheinungen soll ihr die Heilige Katharina erschienen sein, später kamen der Erzengel Michael und die Heilige Margareta hinzu. Mit 16 Jahren verließ Jeanne ihr Elternhaus, um den Dauphin von ihrer göttlichen Bestimmung zu überzeugen und ihm zuzusichern, dass er in Reims zum König gekrönt werde. Gemeinsam mit der französischen Armee befreite das heldenhafte junge Mädchen in Männerkleidung Orléans. 1429 ein strategisch wichtiger Sieg, der im Hundertjährigen Krieg vom Volk als »Zeichen der göttlichen Bestimmung« angesehen wurde. Nach erfolgter Krönung verzichtete Karl VII. jedoch auf die weiteren Vorschläge der »Jungfrau von Orléans« und diese musste ihren Kampf gegen die Engländer im Alleingang fortsetzen. Bald darauf wurde sie von den Burgundern, englischen Verbündeten, gefangen genommen und gegen eine hohe Summe an den Feind übergeben. Der Prozess gegen Jeanne d'Arc, in dem sie der Ketzerei angeklagt wurde, begann am 9. Januar 1431. Weil Karl VII. nicht riskieren wollte, in Verbindung mit einer »Hexe« gebracht zu werden, hatte er nichts unternommen, um ihr zu helfen. Jeanne d'Arc wurde schuldig gesprochen und am 30. Mai desselben Jahres auf dem Marktplatz in Rouen am Scheiterhaufen lebendig verbrannt. Nach Berichten von Augenzeugen sah man ihre Seele gegen den Himmel aufsteigen, vor ihrem Ende hatte sie immer wieder durch die Flammen den Namen Jesu gerufen. Erst 1456 wurde die Ehre von Johanna, die sich stets »la pucelle« (französisch: die Jungfrau) genannt hatte, durch einen Revisionsprozess wiederhergestellt. 1920 wurde sie durch Papst Benedikt XV. heilig gesprochen. An ihrer Hinrichtungsstätte in Rouen steht heute ein Denkmal, daneben eine nach ihr benannte Kirche.

Michael Nostradamus, der dem Julianischen Kalender nach am 14. Dezember 1503 in St. Remy in der französischen Provence als Sohn des Notars Jacques Nostradamus und der Renée de St. Remy geboren wurde, ist sicherlich der mit Abstand bekannteste Verfasser von Prophezeiungen zu Wendepunkten der Weltgeschichte. Seine Weissagungen, die Centurien, gelten auch heute noch vielen Menschen als Offenbarung der Zukunft und werden immer wieder in Buchform verlegt. Michael Nostradamus hatte sich als Pharmazeut und Pestarzt bald einen bedeutenden Namen gemacht, indem er aus Kräutern ein Mittel zur Vorbeugung gegen die 1546 wütende Pest erfand, das Gesunde und von Ansteckung Bedrohte in den Mund nehmen mussten. Seine eigene Frau und die zwei Kinder konnte er trotzdem nicht retten: Sie starben an einer damals unbekannten Seuche, wahrscheinlich der Diphterie. Seine Fähigkeit, Ereignisse der Zukunft zu erkennen, gewann Nostradamus nach dem Lesen okkulter Schriften, die er dem Feuer übergeben hatte. Er betrachtete diese Gabe – wie eigentlich alle Menschen mit besonderen Fähigkeiten – als von Gott gegeben. Astronomische Berechnungen und Astrologie waren für ihn lebenslang nur Methoden der Kontrolle und Bestätigung der ihm durch den Engel Gottes verkündeten Orakel. König Heinrich II. von Frankreich holte den Seher an seinen Hof, schlug dessen Warnung vor einem Zweikampf – dabei seien seine Augen gefährdet – aber leider in den Wind: Nicht ganz drei Jahre später verlor König Heinrich II. bei einem Turnier sein rechtes Auge und starb am 10. Juli 1559 an den Folgen dieser Verletzung. In einer Prophezeiung sagte Nostradamus, der aufgrund eines Gichtleidens an Herzasthma laborierte, auch seinen eigenen Tod exakt voraus: »Auf einer Bank an meinem Bett wird' ich gefunden tot.« So geschah es: Am Morgen des 2. Juli 1566 brach er tot auf einer Bank zusammen …

Ein Geistheiler

Um das Leben und Sterben des Geistheilers und Hellsehers Grigori Jefimowitsch Rasputin ranken sich 90 Jahre nach seinem Tod noch immer unheimliche Geschichten. Der am 10. Januar 1869 in Pokrowskoje, Landkreis Tjumen geborene Bauer hatte nur wenig Schulbildung, dafür aber sehr derbe Umgangsformen. Er zog in sibirischer Bauerntracht als Wanderprediger durch die Lande. Seine angebliche Fähigkeit, den Thronfolger Alexei, der ein Bluter war, immer wieder durch Gebete zu heilen, auch dann, wenn die Ärzte machtlos waren, machte ihn für die Familie der Romanows unersetzlich. Die erste Geistheilung des Zarewitsch durch Gebet soll Rasputin innerhalb weniger Minuten im Jahr 1907 vollbracht haben, nachdem die Ärzte bereits dessen nahen Tod angekündigt hatten. Die Heilungen sollen aber auch per Distanz erfolgt sein, zum Beispiel im Jahr 1912, von Rasputins Heimat Sibirien aus. Damals hatte der Zarewitsch nach einer acht Tage währenden inneren Blutung bereits die Sterbesakramente erhalten und Rasputin musste auf Befehl Zar Nikolaus II. wegen beständiger Gerüchte St. Petersburg fern bleiben. Die Bluterkrankheit des Zarewitschs war Staatsgeheimnis, und daher konnte die Öffentlichkeit nicht leicht nachvollziehen, was der mit üblem Leumund behaftete ungehobelte Bauer im Zarenpalast zu suchen hatte. Auch das Verhalten der Zarin Alexandra Fjodorowa, die Rasputin als einen ihr von Gott geschickten Heiligen betrachtete, schien der russischen Bevölkerung bedenklich. Sie schrieb es dessen diabolischem Einfluss zu. Mordanschläge trugen Rasputin wiederholt schwere Verletzungen ein, im Juni 1914 schrieb er vom Krankenbett aus mehrere – erfolglose – Telegramme an den Zaren, um ihn davon abzuhalten, in den Krieg einzutreten: Krieg wäre ein schlimmes Verbrechen und würde zum Verderben Russlands führen. Da Rasputin ab 1912 ein Alkoholproblem hatte und sich öffentlich bis zur Besinnungslosigkeit betrank, bekamen Gerüchte über ihn, er wäre das personifizierte Böse und der mächtigste Mann Russlands, neue Nahrung. Am 30. Dezember 1916 hatte ein Attentat auf ihn schließlich Erfolg: Als die Kleine Newa zwei Tage später seinen Leichnam freigab, füllten einem Polizeibericht zufolge Tausende Menschen das Flusswasser in Flaschen und anderen Gefäße ab. Auf diese Weise hofften sie, ein wenig von der diabolischen Kraft des Meisters abzubekommen, von der man sich in ganz Russland Wunderdinge erzählte.

Esoterische, für den Normalverbraucher nicht fassbare Methoden werden auch heute noch gelegentlich abfällig als »Scharlatanerie« bezeichnet. Im Falle Rasputin teilen heute allerdings manche Menschen die Auffassung, dass dieser kein Scharlatan, sondern vielmehr ein Schamane gewesen war, wie sie in Sibirien seit Jahrhunderten Tradition haben.

Als die Salzburger Mathematik-Lehrerin und Radiästhetin Käthe Bachler vor 30 Jahren ihre »Erfahrungen einer Rutengängerin« veröffentlichte, bewirkte sie damit Sensationelles: Erstmalig fanden damit »nicht-wissenschaftliche« Schlaf- und Arbeitsplatzuntersuchungen Eingang in den wissenschaftlichen Bereich. Nachdem Bachler als Rutengängerin wiederholt festgestellt hatte, dass bei manchen Kindern Schulversagen durch Störzonen unterhalb der Schlafstelle verursacht wurde, erteilte ihr das Pädagogische Institut in Salzburg den Forschungsauftrag, ihre Feststellung durch entsprechende empirische Untersuchungen zu untermauern.

Im Lauf der Zeit haben auch viele Ärzte, Lehrer und Vertreter des Klerus Käthe Bachler um Hilfeleistung für ihre Sorgenkinder ersucht. Mehr als 10.000 Personen in 20 Staaten, Gesunde und Kranke aller Bevölkerungsschichten und Lebensalter haben inzwischen Bachlers Beobachtung, dass dem guten Schlafplatz eine überragende Bedeutung zukommt, bestätigt. Unzählige Kranke sind inzwischen auf so genannten »guten« Schlaf- und Arbeitsplätzen, die Käthe Bachler für sie gesucht hatte, genesen. Damit hatte sie ewigen Zweiflern bewiesen, dass ihre Tätigkeit keinesfalls okkult war. Sie geschah ihrer Überzeugung nach vielmehr dem Willen Gottes entsprechend als Werk der Nächstenliebe.

Dass es Strahlen und Strahlungen gibt, ist eine nicht zu leugnende Tatsache, genauso wie die Feststellung, dass es schädliche Auswirkungen von Strahlen und Strahlungen gibt: Sonnenstrahlen, Wärmestrahlen, Röntgen- und Radiumstrahlen, Infrarot- und ultraviolette Strahlen, Radio- und Fernsehstrahlen, Radarstrahlen und kosmische Strahlen haben jeweils Einflüsse auf Mensch und Umwelt. Über unterirdisch fließenden Wasseradern kommt es zu so genannter Bodenstrahlung. Dazu dienen den Menschen verschiedene Erklärungsmodelle: Die einen meinen, es handle sich dabei um eine Reflexion kosmischer Strahlungen, die anderen, es handle sich um diffuse (ungeordnete) Strahlungen aus dem Erdinneren, die durch die unterirdischen Wasseradern gebündelt werden und von diesen weg senkrecht zur Erdoberfläche hin dringen. Mensch, Tier und Natur reagieren unterschiedlich auf alle genannten, für das menschliche Auge unsichtbaren Strahlen. Einige Menschen haben sich ihr richtiges Gefühl erhalten, sie liegen und sitzen intuitiv auf »guten« Plätzen, andere wiederum haben im Lauf der Geschichte ihre »Strahlenfühligkeit« oder »Sensibilität« verloren, einerseits durch naturfremde Lebensweise, andererseits durch gezielte Unterdrückung ihres »Gespürs«. Menschen die – wie auch noch Kleinkinder – in sehr hohem Maße Gespür besitzen, bezeichnet man als »Hochsensible« oder »Sensitive«.

Mit Werkzeugen wie Rute oder Pendel können Radiästheten (Strahlenfühlige) unterschiedliche Strahlungen genau feststellen. Sie sind davon überzeugt, dass Wasseradern, Erdverwerfungen und elektromagnetische Strahlungen genauso wie die so genannten »Gittersysteme«, das nach dem Arzt Manfred Curry benannte »Curry-Netz« oder das »Hartmanngitter«, Störquellen sind, die auf Dauer die menschlichen Abwehrkräfte schwächen. Nach Meinung von Radiästheten sind Beschwerden oder chronische Krankheiten häufig Folgen zu langer Aufenthalte auf so genannten »Störzonen« oder »Reizzonen«. Der Katalog der körperlichen Beschwerden reicht dabei von Schlafstörungen und Konzentrationsschwierigkeiten bis hin zu Krebs. Käthe Bachler zählte den guten Schlafplatz daher zu den Grundbedürfnissen jedes Menschen. Auf einen belasteten Schlafplatz deuten ihrer Meinung nach verschiedene Symptome hin: Abneigung gegen das Bett und das »Zu-Bett-Gehen«, stundenlanges »Nicht-Einschlafen-Können«, ein unruhiger Schlaf sowie Müdigkeit und Abgeschlagenheit am Morgen.

Bachlers Erfahrungen nach sind Männer im Durchschnitt zwar weniger sensibel als Frauen, aber auch unter Männern finden sich Hochsensible, die als Radiästheten tätig sind. Viele Priester und Ärzte haben ihrer Meinung nach sogar höchste Fühligkeit. Fast alle in diesem Buch vertretenen Männer beschäftigen sich mit Radiästhesie und/oder der Geomantie, bei der radiästhetische Methoden zum Aufspüren »feinstofflicher Dimensionen« dienen. Dabei werden unter anderen bestehende Ausrichtungen von historischen Bauten spekulativ interpretiert (siehe die Kapitel Christian Galko und Georg Stockhorst). Der englische Geistheiler Colin Bloy gründete aufgrund seiner positiven Erfahrungen mit den Möglichkeiten der Radiästhesie die Fountain-Meditationsgruppen (siehe Kapitel Elisabeth Jakob).

Tiere und Pflanzen reagieren unterschiedlich auf Wasseradern und können daher Hinweise auf deren Position geben. Als Strahlensucher gelten Pflanzen, die sich über unterirdisch fließendem Wasser wohl fühlen beziehungsweise dort gut gedeihen. Dazu gehören beispielsweise Kirsch-, Pflaumen-, Aprikosen- und Pfirsichbäume, Holunder, Mistel (die in der Heilkunde Strahlengeschädigten verabreicht wird), Tannen, Lärchen, Eichen und Fichten, Asparagus, Aralie und Zimmerlinde. Der Volksmund nannte von je her die Dinge beim richtigen Namen, die Volksweisheiten »Eichen sollst du weichen« und »Fichten sollst du flüchten« beziehen sich darauf, dass Blitzeinschläge nur dort erfolgen, wo sich zwei Wasseradern mit großem Tiefenunterschied kreuzen. Das kann unter diesen Bäumen leicht vorkommen. Zu den Strahlenflüchtern gehören Apfel-, Birn- und Nussbaum, Buchen, Linden (»Buchen sollst du suchen, Linden sollst du finden«), Ribiselstaude, Flieder, Sonnenblume, Begonien, Azaleen und Kakteen. Die Auswirkungen von Wasseradern zeigen sich unter anderem an Schiefwuchs der Bäume, die auf diese Weise versuchen, Störzonen auszuweichen. Es kann natürlich auch sein, dass Pflanzen krank werden oder eingehen.

Als Strahlensucher gelten bei den Tieren Katzen, Ameisen, Bienen, Insekten, Bazillen, Eingeweidewürmer etc. Dass Katzen auf Wasserkreuzungen, zumindest aber auf stark bestrahlten Plätzen liegen, ist bekannt. Ameisen und wilde Bienen haben ihre Bauten immer über einer Kreuzung von zwei Wasseradern. Hunde, Pferde, Kühe, Schweine (»Das hält kein Schwein aus«), Hühner und Vögel sind Strahlenflüchter. Die beiden Sprichwörter: »Schwalben bringen Glück ins Haus« und »Der Storch bringt die Kinder« bestehen zurecht: Schwalben und Störche nisten nur dort, wo es weitum strahlungsfrei ist – und an solchen Plätzen fühlen sich auch die Menschen wohl, also gedeihen dort gesunde Kinder.

Das Muten von störenden Erdstrahlen ist der erste Schritt bei einer Schlafplatzuntersuchung. Überschreitet der Rutengänger eine Störzone, wird ein Ruteneffekt beziehungsweise eine Rutendrehung ausgelöst, das heißt die Rute bewegt sich in Bodenrichtung. Man kann diese Störzonen aber auch mit Hilfe eines Pendels aufspüren, wobei das Pendel Kreise, Ellipsen oder Striche ausführt. Im Rahmen einer Sanierungsberatung werden auch baubiologische Aspekte aufgeführt: Spiegel im Schlafbereich gelten als ungünstig, Teppichböden können elektrostatisch krankmachende Einflüsse und leitende metallische Bettmaterialien magnetostatisch krankmachende Einflüsse haben.

Fühlige, wie sie sich seit Urzeiten auf Wassersuche für Brunnenanlagen machten und damit für ihre Zeitgenossen überlebenswichtig waren, werden durch Erfindungen der Neuzeit vor neue Herausforderungen gestellt: TV- und Radio-Sendestationen, Mobilfunk, Richtfunk, Radarabstrahlung aber auch die unzähligen Satelliten, die unseren Planeten umkreisen, wirken auf der ganzen Erde in unterschiedlichen Bereichen.

Bei Anwendung von Elektrizität entsteht so genannter Elektrosmog, elektrischer, magnetischer oder elektromagnetischer »Störnebel« als unerwünschte Nebenerscheinung. Er wird hauptsächlich durch Mobiltelefone, Handytürme, Schnurlostelefone, diverse funkbetriebene Geräte, Computerbildschirme, Mikrowellen, Radiowecker usw. verursacht. Auch durch unerwünschte Gegenstände im hauseigenen Sicherungskasten entsteht Elektrosmog (siehe Kapitel Inge Schreinlechner).

Feng Shui, übersetzt »Wind und Wasser«, ist eine rund 6000 Jahre alte chinesische Lehre, die für die Kunst und Wissenschaft steht, das eigene Umfeld richtig zu gestalten, zu harmonisieren und ins richtige Gleichgewicht zu bringen. Um diese Zielsetzung zu erreichen, stehen mehrere Möglichkeiten zur Verfügung, die zum einen die positive Lebensenergie Chi anziehen und zum anderen die negative Energie sowie schädliche Einflüsse, auch Sha Chi genannt, abwehren. Feng Shui umfasst die Natur, Architektur, Weltordnung, Geschichte, Medizin und Psychologie gleichermaßen. Das wohl bekannteste Bauwerk, das nach den Regeln des Feng Shui erbaut wurde, ist die Chinesische Mauer. Die chinesische Gartenkunst wurde von dieser Lehre ebenfalls maßgeblich geprägt, aber auch die Planung chinesischer Grabstätten. Zur Harmonisierung von Bauvorhaben und Wohnräumen gilt dem Feng Shui, das auf zentralen chinesischen Philosophiesystemen basiert wie beispielsweise der Yin-und-Yang-Lehre oder der Fünf-Elemente-Lehre seit einigen Jahren auch in der westlichen Architektur und Innenarchitektur zunehmendes Interesse. Anhand von gezielten Veränderungen im eigenen Umfeld, in der Wohnung, in Haus oder Garten, gelingt es dem Menschen im Einklang mit der Natur, der Umwelt und mit sich selbst zu leben (siehe Kapitel Elisabeth Tree). Eine gezielte Raum- und Baugestaltung soll sicherstellen, dass sich keine »verstockten« Energien festsetzen und die Lebensenergie Chi frei fließen kann. Feng Shui geht nämlich davon aus, dass schlechte Energien in Haus, Garten oder Wohnung Streit fördern und das Erleben positiver Gefühle verhindern. Als »geheime Pfeile« bezeichnet Feng Shui alle geraden Linien, die die schlechten Energien wie ein Magnet anziehen und leiten – und die positiven Energien vertreiben. Sie werden durch Kanten, Ecken oder Spitzen erzeugt. Auch eine lange, gerade Straßenführung, mehrere hintereinander stehende Hochspannungsmasten, Häuserkanten oder Kirchturmspitzen, die eine Linie mit dem Haupteingang eines Gebäudes bilden, lassen negative Energie entstehen. In sanft geschwungenen Gartenwegen kann Chi hingegen ungehindert fließen. In der Natur gibt es überhaupt keine schnurgeraden Wege, sondern nur fließende Bewegungen. Auch Flüsse schlängeln sich ja normalerweise in sanften Kurven durch die Landschaft, es sei denn, der Mensch zwingt sie in ein gerades Flussbett: Damit fließt negative schädliche Energie und es kann zu Überschwemmungen kommen.

Gehirnforschung und Bewusstsein

Bewusstseinsforschung ist ein relativ neuer interdisziplinärer Forschungsansatz, der sich mit verschiedenen Aspekten des Bewusstseins beschäftigt. Ähnlich komplex und vielfältig wie die Bedeutungen des Phänomens Bewusstsein sind auch die Forschungsansätze. Deren wichtigsten Teilgebiete sind die Hirnforschung, Psychologie des Bewusstseins, Neuropsychologie, Evolutionäre Psychologie, Neurophysiologie, Kognitionsforschung, Erkenntnistheorie, transpersonale Psychologie und Meditation (siehe Kapitel Bruno Würtenberger). Technische Entwicklungen wie das Elektroenzephalogramm (EEG), die Positronen-Emissions-Tomographie (PET), die Magnetoenzephalographie oder die Kernresonanz-Spektographie erlauben immer bessere Einblicke in die Funktionsweise des Gehirns. Die Annahme, dass man durch die Kenntnis des Bauplanes und der Funktionalität des Gehirns auch Erkenntnisse über das Bewusstsein gewinnen kann, wird in der Regel auch als Funktionalismus bezeichnet. Dabei zeigt sich, dass es nicht möglich ist, das Phänomen des Bewusstseins aus einzelnen physiologischen Strukturen zu erklären. Man geht daher davon aus, dass Bewusstsein als ein subjektiv erfahrbarer Zustand erst durch eine selbst organisierte Synchronisation und Integration verschiedener Gehirnareale entsteht. Wobei auch behauptet wird, dass die Gehirnfunktionen selbst offensichtlich nicht das

Bewusstsein sind, sondern zunächst nur Ereignisse, die zeitgleich zur Bewusstseinsaktivität beobachtbar sind. Aber eigentlich beruht die gesamte visuelle Welt auf einer Art Projektion: Das Auge empfängt nämlich nicht die Wellen, die das physische Objekt aufnimmt und assimiliert, sondern nur die, die es zurückstrahlt oder abstößt und die nicht in den physischen Körper eindringen.

Nur das zu sehen, was man sehen will, ist eine gern gepflegte menschliche Eigenschaft. Die Psychologie versteht unter »Projektion« das Abbilden beziehungsweise Verlagern von Empfindungen, Wünschen oder Interessen in die Außenwelt, das sich im Alltag häufig nicht von der Wahrnehmung trennen lässt. Was wir an anderen Menschen wahrnehmen, hat in erster Linie etwas mit uns selbst zu tun. Ein Mensch wird dann beispielsweise als sehr lustig wahrgenommen, nur weil der Beobachter selbst in einer entsprechenden Verfassung ist und seine Gefühle auf die andere Person projiziert. Verliebte etwa sehen alle Dinge »durch die rosarote Brille«. Die Psychoanalyse geht noch einen Schritt weiter: Hier bedeutet Projektion einen Abwehrmechanismus, durch den eigene unerträgliche Gefühle oder Wünsche einem anderen Menschen oder Gegenstand zugeschrieben werden.

Ein Beispiel: Eine verheiratete Frau fühlt sich von ihrem Schwager sexuell belästigt, obwohl dieser nichts mit ihr zu tun haben will. Der Grund: Sie hat sich unbewusst in ihn verliebt, darf dies aber nicht zulassen, da sie mit seinem Bruder verheiratet ist. Nun projiziert sie ihren eigenen sexuellen Wunsch auf den Schwager. Alle Menschen verfügen über Eigenschaften, Denk- und Erlebnisweisen, die ihnen selbst unbewusst sind. Die Psychologie spricht in diesem Zusammenhang von so genannten Schattenseiten. Meist hängen diese mit früheren Lebensabschnitten zusammen, die sie verdrängt oder nie richtig wahrgenommen haben und die sie sich nur ungern eingestehen. Die menschliche Gesamtpersönlichkeit wird im Allgemeinen in die drei Bereiche Unterbewusstsein (inneres Kind), Bewusstsein (mittleres Selbst) und Überbewusstsein (spirituelle Ebene) eingeteilt. Das Unterbewusstsein vergisst nie etwas. Es speichert alle Erfahrungen und Gefühle, ob positiv oder negativ, dauerhaft. Daher scheitern zwangsläufig auch alle Versuche, Erlebtes zu vergessen oder zu verdrängen. Es bleibt Teil des Ichs. Obwohl oder gerade weil ihre Schattenseiten den Menschen nicht bewusst sind, beeinflussen sie ihr Verhalten, Denken und Fühlen sowie ihre Wahrnehmung besonders stark.

Oft blickt man seiner »Schattenseite« gerade dann ins Auge, wenn man sich über andere Menschen aufregt oder übertrieben auf diese reagiert. Jemand, der sich beispielsweise über den Geiz anderer beschwert, hat vielleicht selbst eine sparsame Ader, die er nicht auszuleben wagt oder durch gegenteiliges Verhalten zu verbergen versucht. Bewusstseinsarbeit als Technik und Methode, die das Bewusstsein schärft, erhellt und erweitert, ist eine wesentliche Voraussetzung für den Erkenntnisprozess der Bewusstwerdung und der Auflösung von Blockaden und alten Denkmustern als Folge davon.

Esoteriker sind der Auffassung, dass jeder Mensch durch disziplinierte Bewusstseinsarbeit immer sensitiver wird, erst spürt er mehr, dann sieht er mehr. Hellsichtigkeit, Hellhörigkeit, Medialität, Telepathie sollen sich schließlich als Nebeneffekte dieser Arbeit einstellen, als Geschenk für die Bemühungen, geistig wachsen zu wollen und damit Gott näher zu kommen.

Die hier folgenden Portraits von Menschen, die sich der Erweiterung ihrer bewussten Erfahrungen verschrieben haben, sollen zeigen, wie unterschiedlich der Zugang zum Ziel sein kann, das sich jeder Einzelne gesteckt hat. Dem Leser sei damit ein Überblick über verschiedene Möglichkeiten gegeben, Antworten zu bekommen. Dieses Buch soll helfen, jene Fragen zu beantworten, die all diejenigen stellen, die mit ihrer derzeitigen Lebenssituation nicht zufrieden sind und meinen, keinen adäquaten Beistand im übertechnisierten System finden zu können.

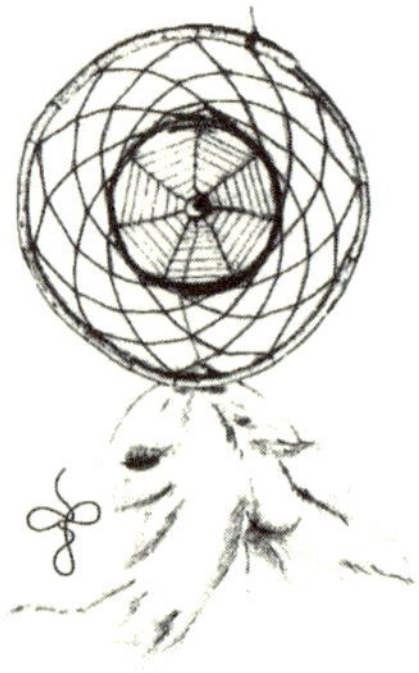

Dieser Traumfänger An Nija Tbés heißt »Weißer Engel«, er zeigt sowohl das Spinnennetz, wie auch das so genannte Midpoint-Weaving

Durch ihre Heirat mit einem Amerikaner, dessen Urgroßmutter eine Ojibwe war (dieser Indianer-Stamm lebt im Norden Amerikas, an der Grenze zwischen Minnesota und Kanada), kam Hermine Minerva Heart alias Lucia delle Stelle alias An Nija Tbé Szura Maaya (Sternzeichen Löwe mit Aszendent Zwilling) zum ersten Mal in Kontakt mit der indianischen Kunst des Traumfänger-Webens. Gemeinsam mit ihrem Mann reiste sie durch Nordamerika und verkaufte ihre kunstvoll gestalteten Traumfänger. Nach und nach entwickelte An Nija Tbé, die von Kindheit an hellsichtig ist, ihre eigenen Modelle und Formen, und zeigt sie immer wieder in diversen Ausstellungen.
An Nija Tbé hat sich im Lauf der Jahre mit den verschiedenen Themen der Metaphysik beschäftigt und kennt sich mit dem Maya-Kalender genauso gut aus wie mit Druiden, Schamanismus oder anderen Einweihungen. Weil ihr die Zukunft der Erde und der Menschheit am Herzen liegt, hat sie vor kurzem den Verein »Wasser und Luft« gegründet, der diese kostbaren Güter der Erde schützen soll. In Vorträgen gibt An Nija Tbé ihr umfangreiches Wissen an Interessierte weiter. Die Kunst des Traumfänger-Webens erklärt sie in eigenen Workshops.

Kontakt: Telefon: +43 (0)1 786 52 85,
Internet: annijatbe@gmx.net, www.annijatbe.com/
oder wasserundluft@gmx.net, www.wasserundluft.org/

An Nija Tbé

Traumfänger wirken immer und überall

Es ist mir nichts …
Es ist mir nichts zu lang und nichts zu breit
Es ist mir nichts zu hart und nichts zu weich
Es ist mir nichts zu schwer und nichts zu leicht
Es ist mir nichts zu hoch und nichts zu tief
Es ist mir nichts zu kurz und nichts zu lang
Es ist mir nichts zu eng und nichts zu weit
Es ist mir nichts zu nah und nichts zu fern
Es ist mir nichts zu hell und nichts zu dunkel
Es ist mir nichts zu dumm und nichts zu weise,
auf dieser schönen Lebensreise!

»Mein Mann besann sich irgendwann auf seine indianische Herkunft«, erzählt An Nija Tbé, »und begann, Kurse über das Traumfänger-Weben abzuhalten.« Der Mann, der zugunsten der Tramfänger seinen Job als High-School-Lehrer an den Nagel hing, faszinierte sie von Anfang an: »Als ich seinen ersten Traumfänger in der Hand hielt, wollte ich ihn überhaupt nicht mehr loslassen. Ich habe gedacht, dass ich in den Mann verliebt bin, in Wirklichkeit hat mir aber der Traumfänger die Liebes-Energie gebracht. Erst Jahre später bin ich hinter dieses Phänomen gekommen.«

Bei allen nativen Völkern ist es üblich, für Neugeborene einen Schutz-Fetisch herzustellen. Die Ojibwe sind aber die einzigen, die Traumfänger weben. Dem Ursprung dieser Tradition spürte unsere Expertin im »Millelakes«-Reservat in Minnesota im dortigen Museum nach. Um ihre Babys zu ihren täglichen Arbeiten mitnehmen zu können, banden die Ojibwe-Frauen ihre Säuglinge auf ein Brett, das von der Mutter am Rücken getragen wurde. Auf dem so genannten Cradle Board wurde ein Bügel befestigt, den man bewegen konnte – und daran hing der Traumfänger, genau vor den Augen des Kindes. Die Philosophie dieses Indianerstammes basiert auf der Meinung, dass sich das Leben in einer Spirale webt, was sich auch mit heutigem Wissen und im Alltag bestätigt. »Die Spirale findet sich überall«, so An Nija Tbé, »beginnend mit der DNA bis hin zu Spinnennetzen, beobachten Sie die einmal ganz genau – es sind Spiralen.«

Dabei sind geometrische Grundmuster nicht erst seit der wissenschaftlichen Akzeptanz der Bionik bekannt. Der italienische Arzt Giuseppe Calligaris (1876–1944) fand auf der Hautoberfläche des Menschen eine fast unübersehbare Fülle geometrischer Figuren unterschiedlicher Art und Größe, die mitunter sogar ineinander überlaufen. Diese Hautfelder nannte Calligaris »Plaques« nach dem französischen Wort für »Platten«. Er veröffentlichte um 1930 zahlreiche Bücher über seine Entdeckung und beschrieb die »Plaques« darin als »Fenster zum Universum«, die wie ein »magnetischer Spiegel« alles Geschehen im Kosmos als Reflexe projizieren. Bei leichter Stimulierung der »Plaques« mit kleinen Metallzäpfchen äußern sich diese Reflexe in der spontanen Erweckung von Telepathie, Hellsehen und vielen anderen paranormalen Phänomenen. »Dabei gibt es auch Punkte«, so die Sinnenforscherin, »an denen man die Erinnerungen und die Inkarnationen aktivieren kann. Im Grunde genommen sind das immer Dreiecke, aus denen ein Sechseck entsteht, ein auf die Ecke gestellter Würfel«.

Die Traumfänger sind für An Nija Tbé nach wie vor ein unerklärbares Phänomen: »Ein wahres Mysterium. Sie wirken immer und überall, auch in einem Faradayschen Käfig.« Ein Traumfänger besteht immer aus geformten Zweigen – Kreise aus Draht oder geschnittenem Holz funktionieren nicht, nur solche aus gebogenem Holz in Naturfarbe – richtig gewobenen Fäden, einem Kristall und Federn. Es sind keinerlei magische Handlungen oder geheimnisvolle Interpretationen nötig, damit ein Traumfänger seine Wirkung hat. Als Kristalle dienen Halbedelsteine, Lapislazuli, Quarz, Schwarzer Turmalin und andere, die Federn stammen von verschiedenen Nutztieren wie Pfau, Goldfasan, Gans, Huhn, Perlhuhn oder Truthahn. Indianer hängen die Traumfänger über ihre Betten, damit das Netz das Schlechte auffängt und das Gute durchlässt.

Mittlerweile hat An Nija Tbé in ihrem Atelier eine große Anzahl an Traumfängern hängen. Sitzt man vor einem Traumfänger und nimmt mit ihm Kontakt auf, so wird man feststellen, dass er sich bewegt, mit dem Menschen kommuniziert: »Es nimmt aber jeweils ein anderer mit mir Kontakt auf. Anscheinend ist es so, dass jedes Modell unterschiedliche Energie transportiert, offenbar mit einer ihm entsprechenden Botschaft«, so die Künstlerin. Mit den Jahren machte sie die Erfahrung, dass jeder Traumfänger einen anderen Charakter hat, und jeder Mensch sehr individuell auf ein bestimmtes Modell anspricht. Sobald Kontakt entstanden ist, beginnt sich der Traumfänger zu bewegen.

Dazu hat An Nija Tbé eine schöne Geschichte: »Ein alter Mann, der seit dem Zweiten Weltkrieg jede Nacht den selben Alptraum hatte – und das haben ja viele Kriegsveteranen – bekam einen Traumfänger nur bestehend aus einem ganz einfachen Kreis über das Bett gehängt, und die Alpträume, unter denen er 50 Jahre lang gelitten hatte, waren vorbei.«

Ein südamerikanischer Schamane, der nicht nur das dritte Auge, sondern auch die Fähigkeit hat, mit offenen Augen die Energien zu sehen, sah beim Experiment mit einem großen Traumfänger schillernde Farben, die zu der Person, die mit ihm kommunizierte, strömten: »Wieso so ein bisschen Holz und ein gewebtes Netz diese Wirkung haben, ist nicht erklärbar. Es wird wohl so sein, dass dieses Geflecht das Leben in sich trägt.«

Eine Freundin An Nija Tbés, die als Therapeutin arbeitet, hatte einen Klienten, dessen kranke Mutter im Spital lag: »Eigentlich gehören der so genannte weiße und der schwarze Engel zusammen, denn Leben und Tod gehören zusammen. Wenn der Tod da ist, ist auch das neue Leben bereits da. In der buddhistischen

Philosophie ist der Tod der höchste energetische Moment. Meine Freundin hat sich aber für ihren Klienten nur den weißen Engel ausgesucht, und er ist damit zu seiner Mutter ins Spital gegangen. Kaum hatte diese den Traumfänger in die Hand genommen, begann sie vor Freude zu weinen.« Als ihr dazu von ihrem Sohn die entsprechende Sinngeschichte vorgelesen wurde, weinte sie noch mehr. Man hängte der alten Frau den Traumfänger übers Bett, und nach kurzer Zeit konnte sie das Spital wieder verlassen.

Auch An Nija Tbés eigene Mutter bekam einen Traumfänger: »Als sie sterbenskrank im Spital lag und Tag und Nacht geschrieen hat – oft ist es ja so, dass Sterbende in der Todesstunde oder in der Zeit davor mit Dämonen kämpfen, die sich ihrer bemächtigen wollen –, habe ich einen Traumfänger mit Rosenöl eingerieben und ihn über ihr Bett gehängt. Von diesem Moment an war sie ruhig.« Einmal, als die Tochter sie besuchte, meinte sie zu dieser: »Ihr braucht Euch um mich keine Sorgen zu machen, denn der Engel da über meinem Bett passt auf mich auf.« Dabei hatte sie auf den Traumfänger gedeutet.

Mit ihrem Namen An Nija Tbé Namen verbindet sich eine eigene Geschichte: »Die Indianer geben den Menschen Namen nach ihren Eigenschaften, zum Beispiel ›Der-mit-dem-Wolf-tanzt‹. Aber ich hatte nicht das Gefühl, dass mir irgendjemand einen Namen zu geben vermag, der in dieser verkürzten Form meinen Charakter widerspiegeln kann. Als genetische Erbin und als Nachkomme meiner Eltern hatte ich die Beziehungsmuster und tradierten Verhaltensweisen komplett in mir, und das war furchtbar. Dieses Erbe zu lösen hat mich Jahrzehnte an Krankheiten, Leid, Erkenntnis bis hin zu energetischen Operationen gekostet.«

Der Name ihrer Identität kam ihr eines Tages unter der Dusche: »Ich wusste ihn einfach: An Nija Tbé bedeutet nichts Anderes als ›Die-kommt-und-wieder-zurückgeht-ins-Unbeschreibliche‹. Er ist meine Seelenschwingung. Mein ganzer Name ist An Nija Tbé Szura Maaya. Wobei Szura so etwas wie den Ort, von dem ich komme, bezeichnet, einen fiktiven, nicht genau lokalisierbaren Ort. Und Maaya, die Illusion, ist die Schöpfung, die aus dieser

Ebene hervorgegangen ist. Als ich einen neuen Pass brauchte, ließ ich An Nija Tbé, als Künstlernamen eintragen, wobei An Nija Tbé bereits in einer anderen Zeit lebte, als Dienerin am Hof der Kaiserin Kleopatra. Sie wurde später ihre engste Beraterin …«

Das Wissen der Schamanen ebenso wie der Druiden ist ein gewachsenes Wissen, das man nicht lehren kann, man kann dem Lernwilligen nur den »Schlüssel« dazu in die Hand geben. Ihr Wissen über Druiden, vom Anrufen der Naturgeister bis zur Verwendung aller magischen Dinge, verdankt An Nija Tbé dem österreichischen Druiden Raborne: »Die Wurzel des europäischen Schamanismus liegt im Druidentum, die Druiden waren die Weisen; sie waren Lehrer, Priester, Richter in einer Person. Und sie waren auch Heiler. Ein Druide galt sogar mehr als der Schamane bei den Indianern oder bei den Afrikanern.« Mit einem Freund, der verzweifelt war, weil es ihm an allem fehlte, führte sie ein eigenes Ritual durch: »Und sobald ich mit ihm dieses Ritual beendet hatte, bekam er innerhalb eines Monats genau den Job, den er sich gewünscht hatte, mit dem ersehnten Verdienst – und dazu viele Freundinnen.« Dem Glücksgefühl folgte leider ein böses Erwachen, denn das Ritual funktionierte, aber der Mensch war noch nicht so weit, mit dem neu gewonnenen Reichtum sorglich umzugehen. Innerhalb eines halben Jahres war alles wieder verloren: Geld, Auto und die Freunde.

An Nija Tbé hatte schon als Kind für alle großen Probleme Lösungen parat. Dass diese nicht angenommen wurden, ließ sie oft verzweifeln: »40 Jahre habe ich gebraucht, bis ich erkannte, warum das, was die Lösung wäre, nicht gemacht wird. Warum zum Beispiel Menschen verhungern, obwohl alles so simpel wäre. Die Lösungen sind zwar total einfach, aber sie können nicht geschehen, so lange die Strukturen auf diesem Planeten so sind, wie sie sind.«

So verehren beispielsweise die Aborigines das Plutonium als heilig, weil es ihrer Ansicht nach die Erde zusammenhält. Dabei wird davon ausgegangen, dass die Erde von innen auseinander fälllt, wenn Löcher aufreißen und diese eine gewisse Größe erreichen. Ein Mensch, der Löcher oder große Risse in seiner Aura hat, ist ebenfalls nicht überlebensfähig. Deshalb werden von An Nija Tbé dem Klienten Übungen aufgegeben, die seine Aura schließen. »Damit ist er geerdet.« Überall dort, wo Verletzungen auftreten, ist auch die Aura der betreffenden Person nicht unversehrt geblieben. So können auch operative Eingriffe die Aura zum Reißen bringen. »Wenn sie anschließend nicht wieder geschlossen wird, muss der Mensch weiterhin leiden. Dabei wäre diese Störung in einer Viertelstunde behoben«, meint die Fühlige.

An Nija Tbé hegt eine große Liebe für die Menschen: »Mit all ihren Herrlichkeiten und Schrecklichkeiten. Und ich liebe vor allem diesen Planeten. Die Erde ist einzigartig. Aber dieses Bewusstsein, dass unser Körper eigentlich die Erde selber ist, denn er kommt aus dem Staub der Erde, hatte ich lange nicht. Ich habe von meinem Körper verlangt, dass er alles tut, was ich will, und dabei reibungslos funktioniert.« Dabei betrieb sie lange Zeit Raubbau: »Mir war schon bewusst, dass er ein Tempel ist, und ich habe auch sehr viel für diesen Körper getan, aber die innere Mutter anzuerkennen, die gleichzeitig die metaphysische Erde ist, und damit auch Respekt davor zu haben, verlangt noch ein Quäntchen mehr.« Die Erde hat ihren stets wiederkehrenden Rhythmus, den zu akzeptieren und zu respektieren sie lange Zeit nicht bereit war. Neben vielen anderen Krankheiten hatte sie auch Krebs. In dieser Todesgefahr durch die bedrohliche Krankheit begriff sie, dass es nichts Wichtigeres gibt, als Hilfe annehmen zu können und sich den Menschen gegenüber zu öffnen: »Der Mensch kann nicht ohne Hilfe existieren. Niemand, nichts im Leben, nicht eine Zelle kann für sich allein bestehen.«

Dass An Nija Tbé hellfühlig ist, indem sie die Dinge fühlt, die andere Menschen fühlen, machte sie krankheitsanfällig. Sie musste erst lernen, sich abzugrenzen, ihre Aura zu schließen. Ihre Hellhörigkeit wiederum macht selbst die besten Freunde nervös: »Das machst du immer. Ich denke mir etwas, und du antwortest darauf. Aber manchmal denke ich mir auch etwas, das dich gar nichts angeht…« Und seit Kurzem kann sie auch hellriechen: »Wir haben im Prinzip alle diese Fähigkeiten, nur sind sie bei manchen Personen eben erweckt. Worum es dabei geht, ist, wie gut man damit umgehen kann.« Wenn die betreffende Person aber für solches Wissen nicht reif ist, kann sie auch Unheil anrichten: »Jeder Meister, jeder Schamane, jeder Hellsichtige, der gelernt hat, mit seiner Gabe zu leben, weiß, dass man den Menschen nur sagen darf, was man ihnen sagen muss. Das ist selektiv, es gibt Zeichen dafür, was man sagen darf und was nicht. Aber Menschen, bei denen diese Fähigkeit ganz plötzlich auftritt, die kennen das noch nicht. Damit begeben sie sich dann auch selbst in Gefahr.«

Für An Nija Tbé ist die Zukunft ebenso lebendig in Bewegung, wie die Vergangenheit und die Gegenwart, daher ist sie auch veränderlich. Alles im Kosmos, im Leben ist in ständiger Veränderung begriffen, dies gilt auch für die Zeit. Sowohl die Vergangenheit, die Gegenwart, wie auch die Zukunft existieren holistisch gleichzeitig, und verändern sich permanent. Dieses Wissen führt daher auch jegliche Geschichte, mit Ausnahme der temporär verwendbaren Artefakte, als wahrheitsgetreue Erkenntnis, in gewisser Weise ad absurdum. Im Heute sieht jedes vergangene Jahrhundert anders aus als in dem »fiktiven« geschichtlichen »Damals«. Ein Mensch, ein Wesen kann sich in die heute existierende Vergangenheit hinein inkarnieren und die »bekannte« Vergangenheit durch seine Präsenz und Aktivitäten gänzlich verändern. Eine Zeitschiene ist ein Kontinuum, eine Ebene einer Wahrheit, in der nur jene unveränderte Ebene zu finden ist, die ebenfalls gleichzeitig existiert. Sie wird heute als die Vergangenheit, als Geschichte angesehen. Es ist also nur diese Vergangenheit unveränderlich, die wir im Heute besuchen können. Zum Beispiel durch einen Besuch der alten Pyramiden. Die Zeit, in der die Pyramiden errichtet wurden, existiert jedoch als eigenes Kontinuum immer noch, aber dort sehen dieselben Pyramiden anders aus als jene, die wir hier und heute besuchen können. Die absolute Vergangenheit hingegen ist ein sich ständig veränderndes Kontinuum, ein Buch, das täglich, ja jede Sekunde neu geschrieben wird. »Das Gleiche gilt für die Gegenwart und die Zukunft«, meint An Nija Tbé. »Zeugnisse für diese Wahrheit sind in dem Buch von Erik von Däniken ›Die seltsame Geschichte von Xixli und Yum‹ zu finden. Weitere Hinweise für meine Aussage und individuelle Erkenntnis sind in den Büchern von Robert Monroe, in welchen er seine außerkörperlichen Erfahrungen schildert, logisch nachvollziehbar zu lesen.«

Ihr neuer Verein »Wasser und Luft« liegt An Nija Tbé besonders am Herzen, seit sie per automatischem Schreiben vor Kurzem Folgendes dazu durchgesagt bekommen hat: »Die jungen Menschen haben keinen Pioniergeist mehr, Ihr müsst ihnen das Parkett, auf dem sie tanzen können, vorbereiten. Ihr dürft den Politikern nicht glauben, was sie scheinbar gut gemeint vorgeben. Die Macht im Hintergrund spielt ein sehr kontroversielles Spiel. Die Auswirkungen dieses Spiels bekommt Ihr präsentiert, wenn Ihr selber daran nichts mehr ändern könnt.«

Noch besteht eine Chance erfolgreich zu sein. Es wäre möglich, dass die Mehrzahl der Menschen auf diesem Planeten überleben und hier auch sehr gut leben können. Dafür sind jedoch einige gravierende Änderungen nötig. Der Schutz und die Reinigung von Wasser und Luft ist der allerwichtigste Schritt, er muss auf der ganzen Welt erfolgen.

»Wenn hier nicht sofort etwas geschieht und zwar das Richtige, gibt es kein Überleben. Die kommenden Überschwemmungen werden erst so richtig einen Vorgeschmack darauf geben, was Katastrophen sind. Das Wasser macht sich schon seit einigen Jahren bemerkbar. Niemand konnte an den Auswirkungen der Unvernunft auf diesem Globus vorbeigehen – doch alles was war, war lediglich ein Vorgeschmack auf das, was kommen wird. Wenn nicht umgehend eingegriffen wird, gibt es nur noch Katastrophen. Jeder Tag würde nur noch aus Katastrophenbewältigung bestehen. Die Menschen würden dann nicht mehr begraben, sondern nur noch haufenweise verbrannt. Wollt Ihr das? Ist das Euer Ziel auf der Erde? Am heutigen Tag scheint die Sonne, es ist heiß und schön, und die Not hält sich bei Euch in überschaubaren Grenzen, auch wenn Ihr denkt ›es ist große Not‹, was Ihr zu bewältigen habt – doch was große Not wirklich ist, könnt Ihr nur erahnen.

Ihr sollt diejenigen sein, die bereits eine Ahnung von Not haben, aber immer noch handlungsfähig sind – daher sollt Ihr mit dem Schutz von Wasser und Luft beginnen. Ihr seid auf dem richtigen Weg mit den bereits erstellten Grundlagen, beginnt diese zu realisieren und versäumt nicht einen Tag dies zu tun – es drängt sehr.«

Die alte Kunst des Handlesens, die Chiromantie, ist erlernbar und zugleich eine Kunst der Kombination, die auf guter Beobachtung und Erfahrung beruht. »Handlesen, Kartenlegen, Beratung« steht auf der himmelblauen Visitenkarte der Niederösterreicherin Adele Birnbauer. Die im Sternzeichen Zwilling Geborene (Aszendent: Krebs) interessierte sich von Kindheit an für alles Magische und Mystische und hatte schon früh die Fähigkeit des Sehens und Spürens – und wenn es nur darum ging, das Wetter vorherzusagen. Im Alter von 19 Jahren – damals arbeitete sie in einem großen Wiener Warenhaus im Verkauf – fiel ihr ein Buch in ihrer Lieblingsfarbe Violett in die Hände: »Die Welt der geheimen Mächte«. Von da an war sie tief in die Welt der Chiromantie getaucht, ihr ursprüngliches Interesse für Graphologie wich schlagartig dem für das Handlesen. Der Grund: Sie hatte damals eine relativ kurze Lebenslinie. In 43 Jahren schaute Adele Birnbauer nicht nur in alle Hände, die zur Verfügung standen, sondern bemerkte mit Freude, dass sich die eigene Lebenslinie immer mehr verlängerte. Nach einem Auftritt im österreichischen Radiosender Ö3 bei Robert Reumann in der Sendung »Leute« und aufgrund diverser Zeitungsartikel erlebte die Sensitive, die auch von der Prominenz bevorzugt konsultiert wird, ein überwältigendes Echo von Ratsuchenden.

Kontakt: Tel.: +43 (0)2247/ 2791, +43 (0)664/ 495 38 37,
Internet: office@frag-adele.info, www.frag-adele.info/

Adele Birnbauer

Machtspiele zeigen sich in der Handlinie

»Ich sehe meine Arbeit als die Erfüllung eines Auftrages jener, die mir die Gabe des Sehens anvertraut haben«, umreißt Adele Birnbauer ihre Aufgabe. Blickt die Fünfzigerin in die Hände ihrer Klienten, kann sie deren Leben darin lesen. Denn bereits von Geburt an sind alle Linien in die Hand eingeschrieben, die Vorgaben, die jeder Mensch auf den Weg mit bekommt: In der linken Hand Geschichten aus früheren Leben und karmische Auflösungen wie Möglichkeiten, in der rechten Hand, was man sich für sein Leben vorgenommen hat. Dazu kommen im Lauf der Zeit weitere Zeichen hinzu: »Mir ist zum Beispiel schon oft aufgefallen, dass sich die Anfangsbuchstaben der großen Lieben ändern können, genauso wie alles, was die Gesundheit anbelangt. Auch die Lebenserwartung kann sich ändern – eventuell sind einem 30, 40 Jahre vorherbestimmt, und auf einmal möchte man hier doch noch eine Aufgabe übernehmen, die man zuerst verweigert hatte. Sobald man diese annimmt, ändert sich auch die Lebenslinie.« Auch wichtige Entscheidungen sind aus den Handlinien ablesbar. Aus den »Bergen« und Fingern lässt sich die gesamte Veranlagung eines Menschen deuten, man erkennt selbst sexuelle Neigungen. Der Daumen zeigt, wie willensstark, sensibel oder klug die betreffende Person ist. Nur die Anzahl der Kinder, die in den Handlinien eingeschrieben sind, muss nicht stimmen, da es sich dabei auch um bloße Zeugungen oder kurze Schwangerschaften handeln kann.

Handleser sehen nicht nur, ob eine Ehe besteht, sondern auch, ob selbige glücklich oder von Dauer ist. Oft kann sich auch noch eine Beziehung dazu bilden. »In meinen Händen haben sich in 43 Jahren nur drei Sachen neu entwickelt: ein Stern wie ein

Pentagramm – damit hatte ich nicht gerechnet, denn das ist eine Vorbereitung auf eine neue Inkarnation, ist auch ein ganz starkes Schutzzeichen von irgendeiner höheren Macht –, die geschlossene Lebenslinie, und ein kleiner roter Punkt im linken Handteller, der bedeutet, dass ich einen sensiblen Magen-Darm-Bereich habe.«

Haben ihre Klienten im linken Handteller ebenfalls einen kleinen roten Punkt, kann die erfahrene Handleserin an dessen Standort sofort erkennen, welche Krankheit dem Betreffenden gefährlich werden könnte: »Negative Dinge darf man aber nur vorsichtig äußern, und manches soll man überhaupt nicht aussprechen.«

Zu der zweifachen Mutter kommen seit einiger Zeit auch vermehrt Kinder und junge Leute. Sie ist überzeugt, dass wir in einer Endzeit leben. Und dadurch ändert sich auch Vieles in den Handlinien: »In letzter Zeit sind einige Personen unter meinen Klienten, bei denen sich Sterne am Handteller zeigen, das war früher nicht so. Bei vielen öffnet sich plötzlich das dritte Auge, ein Zeichen für mentale Fähigkeiten. Früher hat man einfach so dahingelebt, aber heute sucht man – und findet.«

Das dritte Auge als »Tor zu inneren Welten« wird in der indischen Tradition auch als Auge des Wissens, Sitz des »antarguru« oder des »inneren Lehrers« bezeichnet. In buddhistischen Kunstwerken wird es durch einen Edelstein in der Stirn Buddhas dargestellt. Seine Lage wird im Inneren des Kopfes angenommen, auf dem Mittelpunkt von zwei Linien gelegen, die sich kreuzen: Die eine reicht von Ohr zu Ohr, die andere von der Nasenwurzel zum Hinterkopf. Ein Mensch, dessen drittes Auge, der Sitz der mentalen (aus dem Lateinischen: »geistigen«) Fähigkeit aktiviert ist, verfügt demnach über ein hohes Vorstellungsvermögen; einerseits, um sich bildhaft etwas vorstellen, visualisieren zu können; andererseits, um sich auf diese Vorstellungen so zu konzentrieren, dass sie an Kraft gewinnen.

Während des Handlesens bekommt die Sensitive medial sehr viele Botschaften. Das Wort »medial« stammt ebenfalls aus dem Lateinischen und wird in der Parapsychologie für Menschen verwendet, die die Eigenschaften eines Mediums besitzen: »Ich sehe in die Köpfe der Menschen.« Üblicherweise greift sie nicht in die Lebensinteressen eines Klienten ein. Tut sie es doch einmal, so ist die Gesundheit des Betreffenden stark gefährdet. Dann gibt sie die Empfehlung, mit dem Rauchen aufzuhören, oder den Rat zu einer Blutuntersuchung, denn die Blutwerte kann Birnbauer ebenfalls aus den Handlinien sehen.

Nicht nur die Bibel lehrt uns die Selbstliebe, alle psychotherapeutischen Wege führen zur Selbstannahme – wobei keinesfalls Narzissmus damit gemeint ist, sondern das Zurückfinden zu den eigenen Fähigkeiten und Charakterzügen, ohne auf vorgegebene Konventionen zu achten. Nur so entsteht jene Selbstsicherheit, die der jeweiligen Person die Möglichkeit zur Problemlösung bietet. Adele Birnbauer ist davon überzeugt, dass solche Klienten, die sich selbst nicht lieben, Probleme in der Kindheit hatten. Aber auch Erfahrungen in früheren Leben können der Grund für die abhanden gekommene Selbstliebe sein. Dann schafft sie Verbindung zum dritten Auge und gibt ihren Klienten nicht nur Kraft, sondern auch Hausaufgaben: »Für manche, die Schwierigkeiten haben, sich liebvoll anzunehmen, ist es auch hilfreich, wenn sie sich öfters die Worte ›Ich bin‹ vorsagen.«

Aus den Handlinien kann die Niederösterreicherin auch anderes herauslesen: Menschen mit »Down-Syndrom« (Mongolismus), der häufigsten chromosomalen genetischen Störung, haben zum Beispiel immer die Herz- und Kopflinie als eine einzige Linie. Umgekehrt gibt es Personen, die statt zweier Linien hier nur eine haben, obwohl sie nicht unter dem »Down-Syndrom« leiden. Erst vor kurzem hatte Birnbauer einen Klienten in ihrer Praxis, der nur eine Herz-Kopflinie aufwies: »Das ist dann etwas Besonderes. Ich habe ihm gesagt, dass hier ein Fall vorliegt, der nicht in die Chiromantie passt.« Sie ist davon überzeugt, dass diese Person in ihrer Grundsubstanz nicht von der Erde ist, sondern hier in dieser Form inkarniert hat.

Liebe, Beruf, Gesundheit, Begabungen und Vieles mehr sind klar in der Hand erkenntlich. Genauso wie die Fähigkeit zur

Führungsposition oder zur Selbstständigkeit: »Auch Machtspiele zeigen sich in der Handlinie.«

Rückblicke in die Vergangenheit können das nötige Vertrauen in die Aussagen für die Zukunft aufbauen und Anstoß für aktive Veränderungen im Leben sein. Einige Eigenschaften sieht sie an den Händen sofort, etwa Leidenschaft und Lebenskraft. Und sie sieht schon bei ganz kleinen Kindern mit hundertprozentiger Sicherheit, ob sie einmal reich werden. »Man sieht aber auch, ob sich der Mensch den Reichtum selber verdient, ihn gewinnt oder erbt. Freilich gibt es dazwischen auch oft Verluste, Prüfungen.«

Zum Kartenlegen kam sie vor geraumer Zeit mehr oder weniger durch Zufall. Eine ältere Kartenlegerin hatte sofort erkannt, dass sie dafür begabt ist und ihr geraten, diese Art des Sehens zum Handlesen dazu anzubieten. Für die Jahreslegung, die eine Vorausschau für ein ganzes Jahr bietet, verwendet sie ganz alte Karten, die durch den Jahre langen Gebrauch bereits so abgegriffen sind, dass der Druck nur mehr schlecht erkennbar ist. »Die Karten sind aber bloß ein Hilfsmittel, um Botschaften hoher Wesenheiten zu transportieren.« »Hohe Wesenheiten« inspirieren Einzelne zu bestimmten geistigen Haltungen. Engel beispielsweise werden als unmittelbare Helfer Gottes und der Menschen angesehen. Vor zehn Jahren war Adele Birnbauer bei einer Seherin, die Kontakt mit Wesenheiten hatte. Seit sie sich dafür öffnete, wird diese Fähigkeit auch bei ihr immer stärker: »Wichtig ist, nur das Reine, Helle durchzulassen.«

Eine komplette Sitzung bei Adele Birnbauer dauert rund eine Stunde und umfasst die Schwerpunkte Handlesen, Kartenlegen sowie Kontakt mit Engeln und Wesenheiten. Beim ersten Mal lässt sie sich von ihren Klienten Namen und Geburtsdatum geben, und wer Auskünfte über eine bestimmte Person erhalten will, zum Beispiel die Partnerschaft betreffend, sollte ein Foto dieser Person mitbringen: »Wenn ich sehe, was hinter dem Bild steht, kann ich darüber reden.« Wer eine unbespielte Musikkassette mitnimmt, kann die gesamte Sitzung aufzeichnen und später überprüfen, was eingetroffen ist.

Beim Handlesen gibt sie ihren Klienten auch viel Licht und Energie mit: »Sie sind danach wie verändert. Man muss sich in Demut mit den Menschen verbinden, sie annehmen. Daraus entsteht eine grandiose Energie.«

Meistens wird bei solchen Sitzungen Energie von ihr abgezogen, nur sehr reife, »uralte« Seelen, die schon unzählige Male in verschiedenen Generationen wieder geboren wurden, sind in der Lage, ihr Kraft zu geben.

Die Genauigkeit der Informationen wird Adele Birnbauer nicht nur immer wieder bestätigt, sie erstaunt sie oft selbst. Wichtig ist ihr zu betonen, dass keine ihrer Aussagen Ewigkeitswert haben: »In dem Ausmaß, in dem man sich selbst wandelt, verändern sich auch die Gegebenheiten, mit denen man konfrontiert ist. «

Die Präzision der Fragen bestimmt die Qualität der Antworten entscheidend mit. Es wird daher empfohlen, sich die wichtigsten Fragen – auch an den Schutzengel oder andere geistige Führer – schon vor der Sitzung zurecht zu legen, um sie später nicht zu vergessen. Für Klienten, die vor schwer wiegenden Entscheidungen stehen, hat Adele Birnbauer eine spezielle Fragetechnik entwickelt: »Sie können später auf ihrer Kassette nachvollziehen, welche Optionen für sie geeignet sind. Entscheiden muss sich freilich jeder selbst.« Durch ihren Kontakt mit anderen Ebenen und entsprechende Erkenntnisse ist sie überzeugt, dass alle Schwierigkeiten im Leben nur Prüfungen sind. Auch stark negative Dinge können ihrer Meinung nach etwas Positives bewirken. »Man sucht sich das Leben aus, bevor man auf die Erde kommt. Wenn jemand sehr viel Leid erfährt, bedeutet das, dass seine Seele diese Erfahrung machen wollte, denn das Wichtigste ist die Seelenreifung.« Ihr Lebensmotto ist daher: »Demut, um das Höhere Selbst wirklich zu erkennen.«

Gerda Dworzak wurde am Beginn des Russlandfeldzuges mitten im Zweiten Weltkrieg als drittes Kind ihrer Eltern in Wien geboren. Nach ihrem Schulabschluss verbrachte sie zwei Jahre in Indonesien und heiratete nach ihrer Rückkehr in ihr Herkunftsland.
Sie hatte bereits als Kind eine sehr starke Intuition und sah Engel und andere Wesen, die für ihre Schulkameraden unsichtbar blieben. Dass sie damit über eine spezielle Gabe verfügte, blieb ihr lange Zeit verborgen, auch, weil sich diese mit beginnenden anderen Interessen gleichsam verabschiedete. Als sie zwei Kinder bekam und ihre Gebete eine andere Dimension erhielten, waren die Engelwesen plötzlich wieder da.
Trotzdem machte sie viele Jahre keinen Gebrauch von ihren wieder erwachten Fähigkeiten. Ihre Scheidung nach 27 Ehejahren ermöglichte es, ihren eigenen Weg zu gehen und ihre innige Beziehung zu den feinstofflichen Welten zu leben.

Kontakt: gerda.dworzak@gmx.at

Gerda Dworzak

Die Engelwelt ist eine eigene Schöpfung, so wie der Mensch auch

»Die Engelwelt ist eine eigene Schöpfung, so wie der Mensch auch. Wir tragen den gleichen göttlichen Funken in uns wie alle beseelten Wesen dieser Schöpfung, und damit stehen die Engel nicht über uns, sondern neben uns als Freunde unserer Seele«, ist Gerda Dworzak überzeugt. Religion war ihr nie egal, sie hat immer sehr viel gebetet, und igendwann fiel ihr auf, dass sich – je nachdem für wen sie betete – immer ein anderes Wesen zeigte.

An einem sonnigen Frühjahrsmorgen zog ihr Sohn mit seinem Freund – wie schon so oft – zum Klettern los. Ihr Mann und sie hatten an dem Tag Gäste, und um als Hausfrau so perfekt wie nur irgend möglich zu sein, lief Gerda ständig zwischen Küche und Speisezimmer hin und her. Als sie wieder einmal von den Gästen zurück in die Küche eilen wollte, sah sie auf einmal den Engel ihres jüngeren Sohnes in der Küche stehen; er schien ihr riesengroß. Sie erinnert sich noch heute an dieses Erlebnis, als ob es erst gestern gewesen wäre: »Die Wahrnehmung für alles andere war in diesem Augenblick wie ausgeschaltet, ich dachte nur noch, hier ist der Engel meines Sohnes. Und als erstes kam mir natürlich sofort die Frage in den Sinn: Warum bist du da? Warum bist du nicht bei ihm und hältst ihn und beschützt ihn?« Sie erhielt keine Antwort. Sie beeilte sich, den Kuchen ins Speisezimmer zu tragen, um schnell wieder in der Küche sein zu können: Der Engel war immer noch da. Um sich zu sammeln, ging sie in ihr Zimmer, sperrte sich ein und betete. Nach einiger Zeit hatte sie das Gefühl, dass wieder alles in Ordnung war. Und als sie zurück in die Küche ging, war der Engel weg.

Am Abend kam der Sohn gesund von seiner Tour zurück. Tatsächlich waren er und sein Freund mitten in der Wand von einem Schlechtwettereinbruch mit Regen und Hagel überrascht worden. Das Wasser gefror auf den Felsen und er fand keinen Halt mehr. Als er schon völlig verzweifelt war, kam ein Hinweis von irgendwo her, wo er fest machen könnte, was ihm letztlich das Leben rettete. Trotz dichten Nebels gelangten beide wohlbehalten nach Hause.

Von diesem Zeitpunkt an wurde Gerda Dworzak regelmäßig von Engeln besucht. Und zwar, wie sie betont, »bei hellem Sonnenschein und nicht bei irgendwelchem Zauber. Die Wesen waren entweder bei mir im Haus oder dort, wo sie eine Botschaft für mich hatten. Denn in der Zusammenarbeit mit Engeln geht es um die eigene Bewusstwerdung.«

Ein sehr markantes Erlebnis war für sie, zum ersten Mal dem Erzengel Michael zu begegnen. Als dieser plötzlich vor ihr stand, begann sie unweigerlich zu zittern. Auf ihre Frage, was sie tun solle, antwortete er: »Demütig dienen.« Als sie sich jedoch ganz klein vor Michael im Staub liegen sah, befahl er ihr, sich sofort wieder aufzurichten: »Nur, wenn du aufrecht bist, kannst du dienen.« Diese Begegnung beeinflusste Gerda Dworzaks weiteren Lebensweg entscheidend: »Meine Erkenntnis, dass ich nur, wenn ich aufrecht – also aufrichtig – bin, dienen kann.«

Ihre erste Begegnung mit dem Todesengel verlief ebenso prägend. Sie löste Schrecken aus: »Ich war sehr aufgeregt. Ich war nämlich hundertprozentig davon überzeugt, dass er gekommen war, um meine Mutter zu holen, die zu diesem Zeitpunkt in der Intensivstation des Krankenhauses lag.« Aber er meinte: ›Es geht um dich. Lasse alles, was in deinem Leben tot ist, tot sein.‹« Damals wusste sie mit dieser Antwort nichts anzufangen und fuhr verängstigt ins Krankenhaus. Dort konnte sie sich selbst davon überzeugen, dass es ihrer Mutter gut ging. Heute weiß Gerda Dworzak, dass der Todesengel immer dann erscheint, wenn er die Menschen auf etwas aufmerksam machen möchte, das sie an sich selbst verändern können: »So war es damals auch bei mir: Ich brach praktisch alle Bindungen ab und fing ein völlig neues Leben an. Das Signal dazu hatte er gesetzt.«

Wenn sie den Todesengel heute bei Personen sieht, bleibt Gerda Dworzak gelassen: »Er begleitet ›seinen‹ Menschen ganz liebevoll, um ihn darauf aufmerksam zu machen, was für ihn noch möglich ist zu erlernen, und ihm aufzuzeigen, was jetzt neu für ihn ansteht.« Er macht ihm bewusst, wie wichtig ein Schritt in eine andere Richtung ist. Dabei wird ihm Unterstützung und Wegbegleitung zugesagt. Der Todesengel zeigt sich in anmutigem Silbergrau: »Er ist ein großes Wesen von unglaublicher Liebe«, so Dworzak.

Gerda Dworzak leitet Menschen an, mit ihren eigenen Engelwesen in Verbindung zu treten und Antworten auf ihre Lebensfragen zu bekommen. Wichtig ist dabei vor allem, auf die eigene innere Stimme zu hören, der eigenen Seele und der Kraft des Herzens zu vertrauen. »Wenn wir bereit sind, den Schritt in die Eigenverantwortung zu tun, und dabei um Unterstützung bitten, wird diese von der Engelwelt gewährt«, ist die Seherin überzeugt. Handeln aber muss die Person selbst. Engel können nur begleiten, führen, Energien einstrahlen und verstärken. Sie können nicht den Schritt zur Veränderung im Leben der Menschen tun. »Es ist natürlich unterschiedlich, wie jemand feinstofflich wahrnehmen möchte oder kann, es gibt verschiedene Begabungen, von Hellriechen, Hellsehen oder Hellhören bis zu Hellfühlen. Aber ich habe bis jetzt niemanden kennen gelernt, der völlig ohne Wahrnehmung blieb.«

Die Erfahrung der Sensitiven ist, dass jeder Mensch viele Engel hat. Einen Schutzengel, der ihn von Geburt an begleitet und meistens sogar – für sie ist die Wiederverkörperung etwas völlig Normales – von früheren Inkarnationen her. Manche Menschen haben in diesem Leben einen anderen Schutzengel bekommen, den meisten bleibt er jedoch ihr ganzes Leben hindurch erhalten und ist ihnen dadurch sehr nahe. Zusätzlich gibt es noch so genannte Führungsengel. Diese haben die Aufgabe, ihre Schutzbefohlenen in einer bestimmten Situation oder für ein bestimmtes Projekt zu begleiten und zu unterstützen: »Darunter sind allerdings nicht nur Engel, die uns durch das Gute führen oder die auf dem guten, hellen Weg mit uns sind, sondern es gibt genauso Engel der Dunkelheit, die uns in die Dunkelheit hineinführen und durch die Dunkelheit hindurchführen.« Es kann sein, dass gerade Unfälle oder schmerzhafte Erfahrungen den nächsten Wachstumsschritt ermöglichen. »Als ich einem Führungsengel einmal geklagt hatte, warum Lebensprozesse immer mit so vielen Widerständen, Schmerzen und Krankheiten verbunden sind, wurden mir folgende Gegenfragen gestellt: ›Wie sonst willst du Qualitäten der Liebe in dir entfalten? Wie sonst willst du lernen, in der Liebe zu leben?‹« Menschen lernen nur über die Polarität. Gerda weiß heute, dass eine komplizierte Operation an ihrem rechten Knie im Endeffekt das größte Glück in ihrem Leben bedeutete: »Mein Leben ist dadurch völlig anders verlaufen.«

Die Fühlige sieht bei den Menschen die Aura und alle Wesen, die sich mit ihnen in einem Raum aufhalten – es sind nicht nur Engel, sondern beispielsweise auch Dämonen, so genannte »unreine« Geister. In der Zwischenzeit hat sie allerdings gelernt, diese Bilder abzuschalten, auch wenn das schwierig ist: »Es kann auch sein, dass sich im Feld eines Menschen Energien von Dichte und ›Nicht-Liebe‹ zeigen. Mit Hilfe des Höheren Selbsts und der Begleitung unserer Engelfreunde ergibt sich die Möglichkeit zu erkennen, dass wir selbst diese Energien angezogen haben. Danach können wir entscheiden, ob wir diese Erfahrungen weiterhin zulassen wollen. Unsere Freiheit ist es, wählen zu können.« Das »Höhere Selbst«: In unserer Gesellschaft werden wir sehr früh durch Verhaltensweisen geprägt, dadurch geht uns mehr und mehr die Beziehung zu unserem Höheren Selbst, dem hochintelligenten Unterbewusstsein als Erinnerungsspeicher, verloren. Unser Fühlen und Denken sind dann nicht mehr nach dem ursprünglichen göttlichen Muster, wir leben mit vielen negativen, beschränkenden, uns zerstörenden Gefühls- und Gedankenmustern. Herausforderungen, die der Alltag bietet, sind manchmal für die Menschen nicht einfach zu bewältigen, bringen aber bekanntlich die größten Lernerfahrungen. Ein Trost: »Was immer uns geschieht, ist in der größtmöglichen Liebe gehalten.«

So unterschiedlich wie die Zugänge zu den einzelnen Problemlösungen, so sehr arbeiten alle alternativ Ratgebenden über die Gefühlsebene. Blockaden zu lösen, um die »Lebensgeister« wieder zurückzuholen, ist mitunter der gemeinsame Nenner. Doch was sind Blockaden im eigentlich Sinn? Sie können ganz unterschiedliche Ursachen haben und durch negative seelische Erlebnisse oder durch äußerliche körperliche Verletzungen hervorgerufen werden. Häufig geht es um Beeinträchtigungen und Behinderungen im freien Fluss der Lebenskraft und der Lebensenergie. Um den Energiefluss durch den Körper zu veranschaulichen, sei hier ein Bild herangezogen: Beim Aufdrehen eines Wasserhahnes erwarten wir, dass ein kräftiger Wasserstrahl aus der Leitung fließt. Tröpfelt das Wasser bloß, wissen wir, dass die Wasserleitung oder der Wasserhahn an irgendeiner Stelle verstopft sein muss. Die Wassermenge, die sonst im starken Strahl aus dem Wasserhahn strömt, wird also irgendwo im Wasserkreislauf zurückgehalten. Ähnlich sieht eine Blockade im menschlichen System aus. Sie kann sich in den feinstofflichen Körpern, die wir auch die Aura nennen, im Mentalkörper, im ätherischen oder im physischen Körper zeigen. Und in letzterem oft als Schmerz oder Krankheit. Wenn unsere Lebenskraft nicht mehr frei durch die verschiedenen feinstofflichen und körperlichen Kanäle fließen kann, verliert unser Organismus an Kraft, Ausdauer und an der Fähigkeit, Störungen, Spannungen und Stress auszugleichen. Die natürliche Durchlässigkeit und Flexibilität des Gewebes und der Organe ist nicht mehr gewährleistet, die Belastbarkeit des Herzens und anderer organischer Kreisläufe nimmt ab. Spannungen und Verkrampfungen setzen sich leichter in stark beanspruchten Bereichen fest und lösen sich nicht mehr so leicht von selbst auf.

Gerda Dworzak unterstützt ihre Klienten dahingehend, ihre eigenen Kräfte wiederzufinden, um selbstständig zu erfahren, welche Blockaden aus welchen Gründen entstanden sind. »Nur über die Bewusstmachung gelingt es, Blockaden dauerhaft aufzulösen«, ist die Engelexpertin überzeugt.

Christian Galko ist gelernter Elekrotechniker mit einer Schwäche für Physik. Er ist hauptberuflich im EDV-Bereich tätig. Als er vor vielen Jahren unter starken Kreuzschmerzen litt, suchte er über Empfehlung eines Bekannten Hilfe bei der Akupunktmassage, von deren positiver Auswirkung er begeistert war. Nach und nach öffnete er sich immer mehr für die so genannte Alternativmedizin. Er schloss verschiedene Massage-Ausbildungen ab, stellte aber bald fest, dass die Arbeit an Personen nicht zu seinen vordergründigen Interessen zählt, und intensivierte statt dessen alle Bereiche, die in direktem oder indirektem Zusammenhang mit der Wohnbiologie stehen. Der Radiästhesie, dem Wünschelrutengehen, der Elektrobiologie, der Geomantie-Geobiologie und der Lithotherapie gehören heute seine Hauptinteressen. Er führt unter anderem selbst Schlafplatzuntersuchungen durch, erteilt bioenergetische Bauberatung, und hält als Vorsitzender des Wiener Forums für Radiästhesie und Geobiologie regelmäßig Vorträge und Schulungskurse zu den einschlägigen Themenkreisen ab. Sein Hauptaugenmerk liegt auf strukturierten Ausbildungsprogrammen.

Kontakt: A-1210 Wien, Pragerstraße 179/ 17 oder A-2000 Stockerau, Feldgasse 8/1/3
Telefon: +43 (0)664/ 355 72 43, Fax: +43 (0)2266/ 676 09.
Internet: christian@galko.at , www.galko.at oder: www.frg.at

Christian Galko

In der Energetik geht es um Verantwortung

»Als mir mein Masseur sagte, er wäre mit seinem Latein am Ende, mehr könne er für mich nicht tun, solange ich auf einer Wasserader schlafe«, erzählt Christian Galko seinen Einstieg in die Radiästhesie, »wollte ich den Gegenbeweis antreten.« Er stürzte sich mit Feuereifer in die Literatur und musste nach ein paar Büchern und Kursen feststellen, dass die Radiästhesie eine für jedermann erlernbare Technik ist, die keinerlei Hokuspokus in sich birgt. Der Begriff (lateinisch: radius = Strahl, griechisch: aisthanomai = empfinden) bedeutet Strahlenfühligkeit oder Strahlenempfindlichkeit und wurde 1930 durch den Geistlichen Abbé Mermet L. Bouly geprägt, der 1935 ein Buch unter dem Titel »Grundlagen und Praxis der Radiästhesie« publizierte. Radiästhesie befasst sich mit der Wirkung so genannter geopathischer Störzonen wie Wasseradern oder Erdstrahlen auf Menschen, Tiere und Pflanzen. Die traditionellen Methoden mittels Wünschelrute und Pendel werden heute durch moderne Verfahren zur Messung elektromagnetischer und ionisierender Strahlung ergänzt (Szintillationszählern zur Messung der Erdstrahlung und 3D-Magnetometern zur Messung des Erdmagnetfeldes).

Nach diversen Ausbildungen bei verschiedenen Radiästheten in Österreich, Deutschland und Großbritannien assistierte Galko einem Radiästheten drei Jahre lang bei seiner Tätigkeit. Auf diese Weise konnte er seine eigene Sensitivität und Fertigkeit verbessern und viel Erfahrung sammeln. Je mehr er nun in die Materie eindrang, desto deutlicher stellte er fest, dass er die Grundregeln des Feng Shui wie von selbst in seine Arbeit integriert hatte, um den Harmoniegedanken zu verwirklichen. Feng Shui, das Muster von Wind und Wasser, als Kunst und Wissenschaft vom Leben in

Harmonie mit der Umgebung, ist bereits seit Jahrtausenden ins Alltagsleben der Chinesen integriert. Später wird noch speziell darauf eingegangen werden.

Zusätzlich zur Akupunktmassage und der Resonanztherapie hatte Galkos Masseur auch Halbedelsteine eingesetzt – und weckte in ihm das Interesse für die therapeutische Anwendung der Kräfte der Steine, die Lithotherapie.

Je mehr Bücher er zu diesem Thema las, desto unübersichtlicher wurde für ihn der Lehransatz. Er erarbeitete daher einfache Regeln, nach welchen Steine eingesetzt werden können. Seine Tätigkeit im Bereich der Steinheilkunde beschränkt sich heute auf Vorträge und Seminare, in denen man die Grundzüge dieser Methode erlernen kann.

In Österreich sind therapeutische Anwendungen den Ärzten vorbehalten – einerseits eine Einschränkung, andererseits wird dadurch der Wildwuchs verhindert, meint Galko. »Alternativmethoden sollten am besten in Zusammenarbeit mit einem oder mehreren Ärzten angeboten werden. In der Energetik geht es um Verantwortung. Als Techniker und Laie, hat man kein medizinisches Verständnis«, so Galko, »das aber Voraussetzung für einen Heilerfolg ist. Ich kann meinen Teil dazu beitragen, und der Schulmediziner trägt seinen Teil dazu bei. Und vor allem: Es ergibt sich in Kooperation mit den Ärzten eine für alle Seiten befruchtende Situation.«

Die Steinheilkunde oder die Anwendung der Steine zu Heilzwecken zählt – neben der Kräuterheilkunde – zu den ältesten Therapieformen und war schon vor sechs- bis siebentausend Jahren in allen Kulturen bekannt. Mit Lithotherapie befasste sich unter anderen die Benediktinerin Hildegard von Bingen (1098–1179), die das bisher bekannte Wissen niederschrieb und mit ihren Erfahrungen kombinierte. Auch der unter dem Namen Paracelsus bekannt gewordene Arzt, Alchemist und Philosoph Philippus Theophrastus Bombastus von Hohenheim (1493–1541) verfasste Schriften, in denen er die Anwendung der Steine beschreibt.

Christian Galko beschäftigt sich ganz bewusst mit einer kleinen Auswahl an Steinen, deren Wirkungsweisen überprüft sind. Denn seiner Meinung nach gibt es, so wie in jeder anderen Technik und jeder anderen Profession auch, immer wieder den Versuch, die Lithotherapie ins Exzessive abgleiten zu lassen. »Aber alles kann nicht für alles gut sein. Ich versuche daher, mich auf die Erfahrungen zu beziehen, die man in den letzten Jahrzehnten gemacht hat, und die vor allem auch mit Geräten wie Biofeedback, Resonanztherapie, EEG und so weiter überprüfbar sind.«

Die Wirkungsweisen und Anwendungen der Steine basieren im Prinzip auf Erfahrung und Tradition. Steine können zum Beispiel nach bestimmten Farben eingeteilt werden, wobei diese ganz bestimmten Wirkungsspektren entsprechen. Auch eine Zuordnung nach Kristallgittern ist möglich, hier können unterschiedliche Gesetzmäßigkeiten ausgewertet werden. Daher gibt es auch zahlreiche unterschiedliche Anwendungsmethoden, beginnend mit dem Stein-Auflegen über Stein in pulverisierter Form in Trägersubstanz bis zur Variante der Nahrungsaufnahme aus bestimmten Steinschüsseln. Es gibt im Prinzip keine Grenzen außer ethisch-moralische und medizinische, meint Galko: »Einen Knochenbruch werde ich mir zunächst sehr wohl medizinisch versorgen lassen, aber ich kann durch den Einsatz der Steine – und das habe ich bei mir selbst schon praktiziert – den Heilungsprozess beschleunigen. Ob diesen Effekt der Stein selbst hervorgerufen hat, oder ob es sich um einen Placebo-Effekt handelt, weiß ich nicht, und es ist im Prinzip auch nicht von Bedeutung.« Wichtig ist, dass der Stein vor der Anwendung gereinigt ist. Wasser, Wind oder Rauch wurden schon seit jeher zur energetischen Reinigung der Steine eingesetzt: »Ich reinige nur mit fließendem Wasser und Tageslicht. Alle anderen Reinigungsmethoden wie beispielsweise das Auflegen auf Hämatit finde ich nicht ideal. Ich lege meine schmutzige Wäsche auch nicht zur sauberen, damit alles rein wird.«

Besonders interessant an der Lithotherapie ist, dass die Wirkung nicht von der Größe des Steines abhängt. »Freilich, ein Kieselstein wird wohl kaum für eine Raumsanierung angewandt, und einen Felsen wird wohl niemand in den Hosensack stecken können.« Bei entsprechenden Untersuchungen wurde festgestellt, dass jeder Stein ein ganz bestimmtes technisches Schwingungsmuster hat, quasi seinen Fingerabdruck. Und aus der Resonanztherapie weiß man, dass man mit einer Schwingung eine exakt gegengleiche Schwingung auslöschen kann. Das könnte eine Begründung für die Wirksamkeit der Steine sein.

Von Gesteinsmineralien über Halbedel- bis zu Edelsteinen kann für eine erfolgreiche Therapie jeder Stein verwendet werden. Wichtig ist nur, unmanipulierte Steine zu nehmen. Wobei nicht die teuren Steine zur Anwendung kommen, sondern solche, die sich für eine weitere Verarbeitung in der Schmuckindustrie nicht eignen. Christian Galko: »Wir verwenden auch Rubin, Saphir und Diamant, jedoch nicht die Schmucksteine sondern opake, undurchsichtige Stücke. Damit ist man in einer Preisklasse, die absolut leistbar ist.« Rein vom Habitus her kann der Lithotherapeut ziemlich genau manipulierte von reinen Steinen unterscheiden. Hier sagt auch schon der Preis viel aus: »Wenn ich einen ganz tiefblauen Amethyst um ein paar Cent bekomme, dann stimmt etwas nicht. Wenn ich mir wirklich nicht sicher bin, lasse ich meine Steine auch von einem Gemmologen untersuchen.«

Aus der Radiästhesie entwickelte sich für Christian Galko im Lauf der Zeit ein weiterer Schwerpunkt: die Geomantie, dabei geht es um eine lang tradierte Wissenschaft. Sie dient dazu, die natürlichen Energieströme und Energiezentren auf der Erdoberfläche auszumachen und sie optimal in die Landschaftsgestaltung und Architektur einzubeziehen. Im Besonderen geht es in der Geomantie um die Qualität von Standorten, »warum beispielsweise eine Kirche an einem genau bestimmten Platz steht, oder warum man sich an dem einen Ort wohl fühlt und auf dem anderen nicht«, so Galko. Die Aufgabe der Geomantie besteht im Verstärken der positiven und im Abschwächen der negativen Kräfte und Energiefelder, um auf diese Weise ein Optimum an Harmonie für den jeweilig gewählten Lebensraum zu erreichen.

Es ist nicht unwesentlich, wie ein Gebäude platziert wird, ein Raum gestaltet wird und ob die Umgebung in das Gesamtgefüge positiv eingegliedert wird. In alten Kulturen war es den Menschen ein besonderes Anliegen, Bauwerke auf dem richtigen Standort zu errichten und optimal zu gestalten. Dabei handelt es sich mit höchster Wahrscheinlichkeit um einen Urinstinkt der Menschheit. Kein öffentliches Gebäude, kein Kloster, keine Kirche beziehungsweise kein Haus wurden errichtet, ohne nicht vorher die Plätze auf ihr geomantisches Gefüge hin zu untersuchen, wobei auf das Geheimnis der Dombauhütten hinzuweisen wäre, das zum Großteil aus radiästhetischem und geomantischem Wissen besteht.

Die geomantische Betrachtung ist ganzheitlich zu sehen, sie stellt den Kontakt zum Geist der Erde her. In China wird diese Lehre der Naturbeobachtungen »Feng Shui« genannt, sie wurde vor Jahrtausenden niedergeschrieben. Wobei es sich um die Kunst des Anpassens handelt, um mit den örtlichen Strömungen des kosmischen Atems zusammenzuarbeiten und zu harmonieren. Es handelt sich hier nicht um eine Geheimlehre, denn Feng Shui bildete von jeher die Grundlage für die Beziehung zwischen Mensch, Landschaft und Natur. Die Landschaft wird dabei als energetisches Feld betrachtet, in der die positiven und negativen Kräfte in einem ausgewogenen Verhältnis vorhanden sind. An solchen guten und harmonischen Plätzen fühlt sich jedes Lebewesen wohl, sie laden zum Verweilen ein.

Durch aktive Veränderungen in der Landschaft kommt es immer wieder zu einem unharmonischen Kräftespiel: Aus positiven Orten werden oftmals Bereiche, in denen man sich nicht wohl fühlt. Mit Hilfe der Geomantie werden die Erdenergien wieder in ein harmonisches Verhältnis gebracht. Der dazu nötige Vorgang ähnelt der Akupunktur. Ein Akupunktur-Therapeut kann durch gezieltes Setzen von Nadeln auf Akupunkturpunkte Reaktionen auf anderen Körperteilen auslösen. Kreuzschmerzen verbessern sich zum Beispiel durch einen Stich mit der Nadel auf einen Punkt außen am kleinen Finger, weil dieser über eine energetische Leitung – den Meridian – mit dem Rücken verbunden ist. In der Geomantie wird durch gezieltes Platzieren von Steinen, Pflanzen, Teichen, Bauwerken oder anderem der Energiefluss an der Erdoberfläche aktiviert oder verstärkt. Die Wirkung richtet sich direkt auf die Gesamtheit der Erdenergie, die fehlende Harmonie wird wieder hergestellt. Die Geomantie wird darum auch als »Landschafts-Akupunktur« bezeichnet.

Linien mit den unterschiedlichsten Namen stellen die energetischen Verbindungen zweier oder mehrerer Orte dar: Ley-Linie, Mediallinie, Kraftlinie, Gralslinie, Eisenlinie, Drachenlinie, Sakrallinie, Zone der Beredsamkeit, Wachstumslinie, Geomantische Zonen usw. Im Zentrum von Kultbauten findet man Überlagerungen und Kreuzungen dieser Linien, die mehrere Reaktionszonen bilden. Die Geomantie spürt einerseits solche Plätze und Energielinien auf und setzt andererseits Maßnahmen zur Erhöhung der Harmonie. Unter dem Begriff »geopathe Linien« werden alle natürlichen Strahlungsarten zusammengefasst. »Manchmal findet man auch den Begriff Reiz- oder Störzone, wobei immer beachtet werden muss, dass es keinen ausschließlich negativen Ort gibt«, so Galko. Die Erde ist wie ein Raster-Muster. Die Abstände bei den unterschiedlichen Gittern sind, so weiß der Radiästhet, mit geringen Abweichungen immer gleich. Es handelt sich dabei um regelmäßige Muster, an deren Schnittpunkten verschiedene Dinge in einer bestimmten Interferenz auftreten. Das kann dann zu besonderen Energien führen, die zum Beispiel – wie oben erwähnt – als Zonen der Beredsamkeit bekannt sind, wie sie häufig in sakralen Bauten eingebunden wurden. »Ob beispielsweise ein Tsunami Unordnung in dieses System bringt«, so Galko, »kann ich nicht mit Sicherheit behaupten. Ich weiß aber, dass nach Erdbeben und durch Bautätigkeit eine Veränderung der Lage einiger Erdstrahlen – die man mit dem Fachbegriff auch als geopathe Zonen bezeichnet – feststellbar ist. Dieses Phänomen tritt unter anderem auch im Bereich von U-Bahnbauten auf.«

Die Wahl der Standorte für Kultplätze, an denen sich seit frühester Zeit Menschen zu kultischen und rituellen Handlungen trafen, sei es um den Göttern zu opfern, den verstorbenen Ahnen nahe zu sein, oder nur um zu beten, erfolgte weltweit nach genauen geomantischen Gesichtspunkten und Regeln, nämlich an Orten, die eine gleichmäßig starke Intensität in den Erdenergien aufweisen. Unsere Vorfahren sahen in dieser Energie die Gegenwart der Götter, für uns »Heutige« bleiben sie geheimnisumwittert: Wahrzeichen der Marktgemeinde Großmugl im Bezirk Korneuburg in Niederösterreich ist beispielsweise der Leeberg, mit 16 Meter Höhe das größte Hügelgrab (Tumulus) Mitteleuropas aus der Bronzezeit, das dem Ort gleich seinen Namen gab: großer »Mugl« beziehungsweise Hügel. Am Kalenderstein in Leodagger im niederösterreichischen Weinviertel konnten Sonnenstände, Tag- und Nachtgleiche sowie Sonnwendzeiten beobachtet werden. In den Fels eingearbeitet sind große Schalen, die als Opferschalen für Tieropfer gedient haben könnten, sowie 16 kleinere Schälchen zur weiteren Aufteilung von Zeitabschnitten. Im benachbarten Deutschland gibt es ebenfalls zahllose Beispiele für Kultplätze: Der »Hohlestein«-Felsen auf dem 578 Meter hohen Dörnberg, etwa zehn Kilometer westlich von Kassel/Nordhessen im Naturpark Habichtswald wird schon seit Urzeiten als Kultplatz genutzt, wie nicht nur die ihn umkreisende Wallanlage, sondern auch das zwei mal zwei Meter große, von Menschenhand geschaffene Wasserbecken bezeugen, und zu Füßen der vier »Bruchhauser Steine« mit den Namen Born-, Feld-, Gold- und Rabenstein bei Olsberg/Westfalen befinden sich die Überreste einer vorgeschichtlichen Fluchtburg, welche gleichzeitig älteste Kult- und Ritualstätte ist …

Heilige Stätten stehen immer mit den ortsgebundenen Energiesituationen im Zusammenhang. Die Geomantie bezeichnet diese Plätze als Orte der Kraft, wo man sich auch energetisch aufladen kann. Christian Galko: »Das können alte Kultstätten, Tempel, Kathedralen, Quellen, Felsen, Bäume und vieles andere sein, im Prinzip alle Orte, die als Speicher oder Sender von Energien dienen, und an denen Naturenergien wirksam sind. Es sind in jedem Fall dynamische Orte, die dem Rhythmus des Tages und der Jahreszeiten folgen.« Die ursprünglich dazu verwendeten Formen waren Steinmonumente, wie sie besonders in Irland und Großbritannien zu sehen sind: Steinsäulen, aufrecht stehende Steine (Menhire), Steinlabyrinthe, Steintische (Dolmen), Steinkreise und -reihen.

Christian Galko führt seit geraumer Zeit geomantische Beratung und Standortuntersuchungen durch, wobei alle wichtigen Fakten der Standortbelastung mit einbezogen werden wie Radiästhesie, Elektrobiologie, Baubiologie und -ökologie. Den wichtigsten Stellenwert im Wohnbereich hat der Schlafbereich, der energetisch ausgewogen gestaltet, platziert und eingerichtet sein sollte.

Neben den bewährten radiästhetischen Instrumenten verwendet Galko auch eine Vielzahl technischer Messinstrumente. In Seminaren können Interessierte bei ihm die Grundzüge der Radiästhesie erlernen und in gemeinsamen Ausflügen zu Orten der Kraft das Wesen der Geomantie erspüren lernen: »Ein Paradebeispiel zur Veranschaulichung der Geomantie, das ich bei meinen Vorträgen immer wieder bringe, ist die ›Feuerlinie‹. Zum Element Feuer gehören Gebäude, die direkt mit dem Begriff ›Feuer‹ verbunden sind wie Müllverbrennungsanlagen, Waffendepots, Munitionsfabriken und -lager ebenso wie Sendeanlagen. Und das ist das Faszinierende: Nimmt man einen Plan von Wien zur Hand, und zieht vom Sender Kahlenberg zum Funkturm im Arsenal eine direkte Linie, so liegen interessanterweise die Müllverbrennung Spittelau, die Rossauerkaserne und das Arsenal genau darauf. Zufall? Absicht? Absolut spannend: Schon als ich noch nichts von dieser Feuerlinie wusste, war mir aufgefallen, dass die Leute auf dem Plateau oben am Kahlenberg im Aussichtsrestaurant immer in einer Ecke standen, und die anderen Ecken leer waren. Bewusst? Unbewusst?« Bei einer der Touren im Rahmen der Geomantie-Seminare, wo solchen Phänomenen nachgegangen wird, stellten die Teilnehmer fest, dass sich die Seite, auf der keine Leute standen, genau auf dem Verbindungspunkt dieser Feuerlinie befindet.

Sehr bekannt sind die so genannten Michaels- und die Marien-Linien: Plätze, die in Verbindung mit dem Heiligen Michael stehen, liegen – wie auf einer Perlenschnur aufgefädelt – auf einer Linie. Dieses Phänomen lässt sich auch bei Marien-Heiligtümern beobachten. Solche Naturenergien zu erspüren und das Wissen darum anderen weiterzugeben ist für Galko faszinierend. »Man muss natürlich auch lernen, die Besonderheiten zu differenzieren, aber auch das ist nur eine bestimmte Technik. Die Grundbegriffe kann man sich innerhalb von ein, zwei Tagen aneignen. Sich damit auseinanderzusetzen erfordert eine gewisse Bewusstseins-Erweiterung und natürlich sehr viel Training und noch mehr Übung.«

Als Elektrotechniker waren Christian Galko einheitliche Vorsorgegrenzwerte im Bereich der Elektrobiologie immer ein besonderes Anliegen. Er war einige Zeit Leiter des Arbeitskreises »Elektrobiologie« am Ökosozialen Forum Österreich, wo die Grundsätze zur Baubiologie ausgearbeitet wurden. 1998 wurde Galko zum Präsidenten der »Gesellschaft für Radiästhesie und Feng Shui« gewählt, aus der 2001 das »Forum für Radiästhesie und Geobiologie« hervorging. Eine der Hauptaufgaben des Forums ist neben Vorträgen und Seminaren die Ausbildung neuer Radiästheten und wohnbiologischer Berater. Dazu steht ein Team erfahrener Radiästheten zur Verfügung, die ihr Wissen weitergeben: »Unserer Erfahrung nach ist eine gewisse Struktur oder Mindestanforderung notwendig, um die Radiästhesie ernsthaft zu betreiben, und wir versuchen, diese zu vermitteln.« Mit der Öko-Welle ist die Bedeutung dieses Wissens wieder gestiegen. »Ich versuche ganz bewusst, den Konkurrenzgedanken vom Bereich der Radiästhesie, der Energetik fernzuhalten. Denn es gibt hier keine Konkurrenz, nur unterschiedliche Techniken und auch verschiedene Meinungen – im Endeffekt kann man durch konsequentes Zusammenarbeiten sehr viel erreichen.«

Nach erfolgreichem Abschluss des Pharmaziestudiums machte Doris Hauk, Jahrgang 1966, Ausbildungen in ganzheitlicher Massage, Fußreflexzonen, Polarity, Metamorphose (pränatale Therapie), Farbtherapie, Aromatherapie, Kosmobiologie, Ohrreflexzonentherapie, Meridianmassage, Bachblütenberatung und Homöopathie (bei Mathias Dorcsi, dem Gründer der Wiener Schule der Homöopathie). Die Wienerin absolvierte unter anderem eine vierteilige Ausbildung zum Spitalshygieniker und profilierte sich als Projektleiterin für klinische Pharmazie im Wiener AKH. Seit 1992 führt sie in eigener Praxis Einzelbehandlungen durch und leitet Gruppenseminare. 2002 erwarb sie das Doktorat der Naturwissenschaft.
Hauk verfasste diverse Fachartikel in einschlägigen Zeitschriften wie »Forum Dr. Med.«, im »Ärztemagazin«, der »Ärztewoche«, in »LifeLine« und www.medizin.at.
Artikel über sie erschienen unter anderen in »Die Ganze Woche«. Im Österreichischen Fernsehen war sie zum Thema »Kraft und Heilwirkung der Farben und Edelsteine« in der Sendung »Willkommen Österreich« zu sehen.

Kontakt: Telelefon: + 43 (0)676/ 326 66 19
Internet: doris.hauk@aon.at, www.members.aon.at/bergessenzen, www.energywork.at

Doris Hauk

Es gibt für jedes Leiden einen speziellen Berg

»Ich war gerade dabei, meine Diplomarbeit zu schreiben«, berichtet die Pharmazeutin Doris Hauk, »als ich in meinen Unterlagen die Empfehlung las, bei Fiebererkrankungen der Kinder, Knoblauchzehen als Kette aufzufädeln und diese dem Kind umzuhängen.« Dieser Hinweis kam gerade recht, denn ihre kleine Tochter Selina, die damals gerade ein Jahr alt war, fieberte sehr hoch: »Ich bin eine Antibiotika-Gegnerin und habe den Tipp sofort beherzigt! Am nächsten Tag stank mein Kind fürchterlich – durch die Hitze und den Knoblauch natürlich –, aber das Fieber war weg! Solche Dinge sind einschneidende Erlebnisse.« Für ihre Diplomarbeit in Volksmedizin fuhr sie mit Kolleginnen in die Bundesländer und befragte alte Bauern und »Kräuterhexen«. Danach fasste Hauk alle Tipps zusammen. Die Erkenntnisse daraus waren für sie nicht nur sehr interessant, sondern sie konnte sie auch praktisch gut nützen.

Ihre Dissertation machte Doris Hauk später auf einem ganz anderen Gebiet, nämlich mit Untersuchungen von Heparinen (= Blutgerinnungsmitteln) gegen die Sepsis. Und wiederum spielte der Zufall mit: »Meine Mutter wurde zur gleichen Zeit, als ich die Dissertation schrieb, Sepsis-krank. Sie war damals eigentlich eine Todeskandidatin.« Die herkömmliche Medizin hatte nach einem totalen Organversagen keinen Rat mehr gewusst und konnte die Patientin gerade noch am Leben erhalten. Doris ließ ihre Mutter in jenes Krankenhaus transferieren, in dem sie viele Jahre in der Anstaltsapotheke gearbeitet hatte. Mit dem Vorschlag eines befreundeten Intensiv-Mediziners, Homöopathie anzuwenden, war sie einverstanden. Zusätzlich wollte sie aber auch Farb-Therapie anwenden und die Hand auflegen: »Ich kann nämlich mit meinen

Händen viel erfühlen und Energie gut übertragen. Gemeinsam haben wir meiner Mutter das Leben gerettet.«

Zur Beschäftigung mit den Berg-Essenzen wurde sie durch Freunde animiert, die passionierte Bergsteiger beziehungsweise -geher sind. Ihr wurde immer wieder glaubhaft versichert, dass sie in den Bergen in die Natur förmlich eintauchen könnten. Dadurch verringere sich nicht nur das Risiko, sondern der Körper profitiere physisch, psychisch und emotional von der Bergenergie. Die Stadtbewohnerin begann mit Bergwandern: »Indem ich mich sehr gut einfühlen kann, merkte ich schließlich, dass ich mich stets, wenn ich in den Bergen unterwegs war, sehr gestärkt fühlte. Ich habe mich gefragt, warum das eigentlich so ist.«

Sie versuchte, sich ebenso in den Berg hineinzufühlen, wie sich einst Edward Bach (1886–1936) bei seiner Blütenanalyse in die Blumen hineingefühlt hatte. Und sie fand heraus, dass jeder einzelne Berg seine eigene Energie hat, die in den verschiedenen Körper- und Geistregionen ihre Resonanz findet: »Es gibt für jedes Leiden, egal ob im physischen, psychischen oder emotionalen Bereich, einen speziellen Berg.«

Beim Berg-Film-Festival 2003 wurden atemberaubende Filme von Bergen gezeigt, und Doris Hauk war unter den faszinierten Zusehern. Es stellte sich ihr nun die Frage, wie sie diese Erfahrungen, die andere machen, mit nach Hause nehmen könnte. Als sie sich wieder einfühlte, bemerkte sie, dass die Betrachtung der Bergfilme gleichzeitig sehr stark auf das so genannte »dritte Auge« wirkt. Sie erlebte während des Abends viele Körpersensationen und überlegte, welche Komponenten hier eine Rolle für Extrembergsteiger spielen könnten: »Da wäre zunächst der Stein an sich: Bei der Edelsteintherapie zum Beispiel legt man Steine auf den Körper, wobei aber nicht nur die Wärme des Steines sondern auch die Kristallstruktur das Ihre zur Wirkung beiträgt. Zudem hatte schon Pythagoras erkannt, dass geometrische Formen eine bestimmte Wirkung haben. Im Berg hat man in der Steinstruktur ebenfalls die geometrische Form. Außerdem gibt es natürlich auch Wesenheiten, Geistwesen, die die Bergsteiger, wenn sie ohne Sauerstoff unterwegs sind, auch sehen. Und auch die Pflanzenwelt hat eine Wirkung auf den Menschen.«

Doris Hauk begann nun, Bergessenzen zu kreieren. »Die Aufgabe der Essenzen ist, unsere Schwingungskraft zu erhöhen, unsere spirituelle Aufnahmefähigkeit zu verbessern und dadurch all die Ursachen für Erkrankungen fortzuspülen. Sie können den Körper auf eine Schwingungsebene bringen, wo er Heilkraft empfangen kann, sei es durch Handauflegen, durch eigene positive Einstellung oder ein schulmedizinisches Medikament. Ich gewinne die Essenzen in einer Form der Energieübertragung, die mit Sonnenlicht verstärkt wird, wie das bei den Bachblüten auch der Fall ist.« Dazu musste sie zu einigen Bergen eine Zuordnung finden, denn durch seine Entstehung und seinen Standort hat jeder einzelne Berg ein sehr spezifisches Energiepotential. Kommt der Mensch mit diesem Berg in Berührung, persönlich oder über die Bergessenzen, so tritt er dadurch mit seinem gesamten Energiekörper in Resonanz mit dem Berg. Energiefrequenzen, die fehlen, werden ergänzt, Frequenzen, die bereits vorhanden sind, werden nicht beeinflusst. Somit kann es keine überschießenden Reaktionen oder Nebenwirkungen geben. Frequenzträger ist das Wasser, das der Körper als Träger der Schwingungen braucht. Ein geringer Alkoholzusatz dient der Stabilisierung.

Bis jetzt gibt es 15 Berg-Essenzen. Hauk hat alle sehr einfach beschrieben, sodass jeder damit zurechtkommt. Welche Essenz für eine bestimmte Person die Richtige ist, kann man mit einem Pendel austesten, sie selbst verwendet dazu aber auch sehr gerne die Pulsdiagnostik, indem sie die Essenz zum Ohr des Betreffenden hin hält und mit der anderen Hand seinen Puls misst: »Wenn der sich verändert, so hat das Mittel eine entsprechende Wirkung. Dass man Kinder einfach das richtige Fläschchen ziehen lässt, ist auch von den Bachblüten her bekannt. Man kann die verschiedenen Essenzen zum Beispiel aber auch auf Zettel schreiben. Der Zettel, der gezogen wird, enthält mit Sicherheit den richtigen Namen.«

Gabriele Hoffmann wurde am 4. Oktober 1954 als Älteste von sechs Geschwistern in eine Berliner Musiker-Familie hinein geboren. Ihre übersinnliche Begabung zeigte sich bereits als Kind. Von ihrem ursprünglichen Beruf als Krankenschwester wechselte sie schon mit 19 Jahren in den einer Lebensberaterin und – Deutschlands jüngster – Wahrsagerin mit eigener Beratungspraxis. Sie ließ sich bei der Industrie- und Handelskammer Berlin eintragen und ist damit in Deutschland die einzige ihrer Zunft, die im amtlichen Register der Kammer als »Wahrsagerin« registriert ist.
Da Gabriele Hoffmann zukünftige Ereignisse im Leben anderer Menschen zu schauen vermag und Ratsuchenden somit klare Perspektiven zur Problemlösung aufzeigen kann, wurde sie zur bekanntesten Wahrsagerin im deutschen Sprachraum. Der freundliche Wunsch für ihre Klienten: »Ihrer Zukunft alles Gute« ist zugleich Slogan ihrer Profession. Ihre Auftritte in Talkshows oder TV-Dokumentationen sind große Publikumserfolge. Die übernatürlich Begabte, die im In- und Ausland Vorträge hält, hat über ihre Arbeit die beiden – inzwischen vergriffenen – Bücher »Langes Glück über'n kurzen Weg« und »Die Zukunft kann man nicht belügen« veröffentlicht. Neben ihrer natürlichen Berufung als Hellseherin hat sich Gabriele Hoffmann einen Namen als Astrologin erarbeitet und erstellt Horoskope für Zeitschriften, Radio- und Fernsehsender.

Kontakt: D-10719 Berlin, Uhlandstraße 173/174
Telefon: +49 (0)30 883 7777, Fax + 49 (0)30 881 7777,
Internet: mail@gabriele-hoffmann.de, www.gabriele-hoffmann.de

Gabriele Hoffmann

Ändern Sie Ihre Sicht, und es ändert sich die Welt

In Gabriele Hoffmanns Familie wurden über Generationen immer zwei prägnante Eigenschaften genetisch weitervererbt: die Musikalität einerseits und die Wahrsagerei und das Besprechen von Krankheiten andererseits. Ihre Urgroßmutter war überzeugt: »Das Wahrsagen kann eine Frau nur auf einen Mann übertragen, und ein Mann nur auf eine Frau«.

Indem sie sich im Wohnzimmer unter dem Tisch verkroch, belauschte die kleine Gabriele ihre Urgroßmutter – sie wurde 107 – so oft wie möglich, wenn sie den Menschen wahrsagte: »Ich kann mich noch gut an ihre spindeldünnen Beine erinnern, und auch an die Reaktion der Leute auf ihre Prognosen. Das war unheimlich spannend. Meine Lieblingsoma mütterlicherseits, ich nannte sie die ›Ost-Omi‹, weil sie in Ost-Berlin lebte – legte Karten und sprach dabei immer in Symbolen. Eines Tages habe ich ihr die Karten geklaut, weil ich dachte, mit den Zauberkarten kann man wahrsagen. Dann habe ich meinen Mitschülern vorausgesagt, ob noch Geschwister kommen, ob die Eltern sich scheiden lassen oder zusammenbleiben und ob Oma/Opa krank werden. Meine Mitschüler haben das zu Hause erzählt, und die Eltern beschwerten sich bei den Lehrern, dass sie mir das gefälligst verbieten sollen. Die Lehrer waren aber selbst neugierig und ließen mich ins Lehrerzimmer kommen, um ihnen wahr zu sagen.« So wurde Gabrieles Gabe von ihren Lehrern indirekt noch gefördert.

Nach Abschluss der Schule wurde sie Krankenschwester, und im Krankenhaus hatte sie Visionen von Dingen, die ihr als sehr jungem Menschen Angst machten: »Wenn ich in die Zimmer kam, konnte ich bereits am Geruch erkennen, an welcher Krankheit die Patienten litten. Eine Art Hellriechen. Ich wusste oft noch vor den Ärzten, woran sie laborierten – und dass sie eventuell falsch behandelt wurden, weil es sich dabei um eine ganz andere Krankheit handelte als die diagnostizierte.«

Nach dem Dienst standen schon immer viele Menschen vor ihrer Haustüre und wollten, dass sie wahrsagt. Irgendwann war sie völlig ausgelaugt von der Doppelbelastung als Krankenschwester und ihren Fähigkeiten des Vorhersagens. Sie gab ihren Beruf auf und begann als Wahrsagerin zu arbeiten und ist seit 1973 die erste und bis heute einzige Wahrsagerin in Deutschland, die im Amtlichen Register der Industrie- und Handelskammer als solche eingetragen ist. Gabriele Hoffmann ist mächtig stolz, eine eigene Berufssparte geschaffen zu haben.

Als junger Mensch hatte sie immer die Karten benutzt, aber irgendwann festgestellt, dass sie, sobald ein Klient ihr gegenübersitzt und sie die Karten ausbreitet, wie ihre Urgroßmutter es tat, die Augen zumacht. Kaum hat sie ihre Augen geschlossen versinkt sie in einer Art Trance: »Es ist, als ob ich in den Schicksalsstrom des Menschen eintauche, der mir gegenübersitzt. Aus seinen Augen, aus seinem Gesichtsfeld und aus seiner Empfindung sehe ich die Ereignisse seiner Vergangenheit, seiner momentanen Situation und seiner Zukunft wie in einem Zeitraffer-Film ablaufen. Ich spüre gleichzeitig auch die Empfindungen, die die Person in den jeweiligen Situationen hatte und hat. Diese Empfindungen und diese Sicht aus der Perspektive meines Gegenübers strapazieren mich sehr viel mehr als das Sehen selbst. Es kostet sehr viel Energie. Ich empfange daher nie mehr als zwei Klienten täglich. Für mehr reicht die Kraft nicht.« Dass solche Sitzungen Energie kosten, merkt die Berlinerin unter anderem an ihrem niedrigen Gewicht: »Obwohl ich genug esse und nasche habe ich trotz meiner Größe von 1,70 Meter immer um die 58 bis 60 Kilogramm. Es muss im Stoffwechsel bestimmte Abläufe geben, denn nach einer schwierigen Sitzung sind beispielsweise meine Haare fettig. Und die Menschen, die mich in der Sitzung erleben, sagen, dass sich auch meine Stimme verändert, dass ich nicht Berlinerisch, sondern Hochdeutsch spreche. Dabei habe ich aber keinerlei Kontakte zu Geistwesen ...«

Zu ihren beiden Haustieren hat die Sensitive eine eigene Beziehung: »Die Hündin ist schon 15 Jahre alt. Ich habe sie geerbt, weil ihr Herrchen ganz plötzlich verstorben ist. Der Rüde ist aus dem Tierheim, und – ob das nun an meiner Hellsichtigkeit liegt, oder ob jeder Mensch, der Tiere liebt, so etwas spürt – ich weiß aufgrund seines Verhaltens genau, wo er herkommt. Das ist ganz merkwürdig: Ich bin mit ihm fast symbiotisch-telepathisch verbunden.«

Kraft holt sie sich aus zwei Quellen: einerseits aus der Gewissheit, ihren Klienten mit ihren Fähigkeiten nachdrücklich helfen zu können, und andererseits durch die positiven Reaktionen der Menschen, die ihr oft noch nach Jahren schreiben oder ihren Dank bei einem späteren Besuch persönlich ausdrücken: »Sie haben mir wahnsinnig geholfen, ich konnte in meinem Leben ganz anders mit dem Schicksal umgehen.«

Obwohl sie ein hellsichtiger Mensch ist, entspricht die bildhübsche Frau sicher nicht den üblichen Klischeevorstellungen von Wahrsagerinnen. Tatsächlich ist Gabriele Hoffmann bodenständig und sehr positiv: »Für mich ist der Bereich der Spiritualität, des Sehens, nur die eine Seite. Als Kontrast, um mein inneres Gleichgewicht zu bewahren, brauche ich auch die erdige Seite, nämlich ein ganz normales Leben.« Ein Kontrast, aber sicher kein Widerspruch. Sie ist überzeugt: »Wenn ich mit meinen sensiblen Fähigkeiten nicht auch in der Realität lebe, hebe ich irgendwann ab. Und dann bin ich wohl kaum mehr Hilfe für die Menschen dieses Lebens, das real ist.« Viel lieber fährt sie mit den Hunden ins Grüne hinaus und geht stundenlang im Wald spazieren: »Weil ich das Gefühl habe, aus den Bäumen neue Energie zu empfangen.« Sie mag aber auch die Menschen: »Ich bin selbst ein Mensch mit großer Emotionalität – eben lebendig«

Als Freund und Mensch ist Frau Hoffmann immer für Freunde da, aber sie trennt das Private streng vom Beruflichen. Mit ihr nahe stehenden Menschen würde sie beispielsweise niemals eine

Sitzung abhalten: »Denn durch das Wissen ihres Schicksals, ihrer Person, bin ich nicht mehr objektiv und neutral. Ich würde Bilder und Szenen, die ich sehe, sicherlich dem zuordnen, was ich von ihnen weiß.« Mit der Astrologie kann sie ebenfalls recht gut eine tendenzielle Richtung angeben und herausfinden, welches Thema bei einem Menschen in der nächsten Zeit aktuell wird und wo im Moment Blockaden auftreten.

Aus kindlicher Unbefangenheit heraus ist ihre Fähigkeit ganz normal und natürlich in ihr gewachsen und war dadurch für sie lange Zeit überhaupt nichts Besonderes: »Ich konnte für mich selbst auch Dinge sehen – bis ich 17 Jahr alt war: Damals fiel ich in eine Trance und sah unter anderem, dass ich mit dem Mann, den ich damals liebte, zusammenkomme. Wir würden heiraten – aber nicht zusammenbleiben. Diese Sichtung empörte mich richtig gehend. In meiner Bockigkeit beharrte ich darauf, dass das nicht stimmen könne. Damit hatte ich aber meine Arglosigkeit zerstört.« Immer, wenn später wieder Bilder zu ihrer Person hochkamen, stieg in ihrem Bauchgefühl Freude, Erwartung oder Angst auf – und zerriss sofort die Bilder. Das ging über viele Jahre so. Dass sie mit ihrem ersten Mann nicht zusammenbleiben würde, hatte sie danach aber vergessen beziehungsweise ins Unterbewusstsein verdrängt.

»Als ich 41 Jahre alt war, saß ich mit einer Freundin gerade gemütlich beisammen, als plötzlich ein ganz bestimmter Geruch da war. Und dieser Geruch erinnerte mich daran, dass ich als 17jährige die Gesichte hatte, mit meinem Mann nicht zusammenzubleiben.« Das teilte sie ihrer Freundin sofort mit und von dem Augenblick an sah sie wieder Szenen und Bilder ihres Lebens. Innerhalb von drei Jahren hatte sie ihr ganzes Leben dahingehend orientiert und verändert: »Ich wusste ja bei vielen Dingen genau, wie sie weitergehen würden, weil ich sie gesehen hatte. Und jetzt war ich auch reif genug, sie zu akzeptieren.«

Nachdem sie auf ihrem neuen Weg war, wurden die Bilder immer dünner, und seit ungefähr sechs Jahren hat Gabriele Hoffmann für sich überhaupt nichts mehr gesehen. Das tut ihr leid und manchmal wäre es ihr lieb, »da ja noch ein bisschen weiter gucken« zu können. Andererseits ist sie davon überzeugt, dass, sollte in ihrem Leben eine schwierige Umbruchphase bevorstehen, der liebe Gott ihr helfen würde.

Weil sie das Gefühl hatte, sie könnte durch ihre Gabe gar nichts anderes mehr tun, haderte sie in ihrer Jugend mit der Hellsichtigkeit: »Es kamen natürlich alle Menschen mit ihren Problemen auf mich zu. Und ich habe mit gelitten, wenn ihnen Schicksalsschläge widerfahren sind. Heute, als erwachsene, reife Frau, gehe ich damit ganz anders um. Die Möglichkeit, helfen zu können, ist wunderschön, und ich bin sehr dankbar für meine Fähigkeiten.«

Zum Jahreswechsel rufen immer wieder Zeitungen oder Fernsehsender an und wollen von Gabriele Hoffmann eine Prognose. Sie bleibt dabei allerdings immer sehr zurückhaltend, denn sie braucht den Kontakt zum Klienten: »Meine Spezialität sind nicht die Allgemeinprognosen, sondern die persönlichen Schicksale. Anhand des Menschen, der vor mir sitzt, kann ich dann die Dinge des Schicksals und des Lebens sehen.« Wenn beispielsweise jemand im Ausland in eine bedrohliche Situation wie ein politisches Attentat involviert ist oder bei einem Verkehrsunfall umkommt, kann sie das in Gegenwart eines Klienten vorhersagen.

Wenn sie allerdings bei mehreren Klienten ähnliche Gesichte hat, kann es sich natürlich auch um kollektive Schicksale handeln: »Anfang der 1970er Jahre habe ich zwei Ereignisse vorher gesehen: dass unheimlich viele Menschen, die aus Berlin zu mir gekommen waren, 1986 bis 1989 in eine Situation kommen, wo von einem Tag zum anderen plötzlich die Berliner Mauer fällt – ohne Krieg, ohne Blutvergießen – und dass bei diesem Ereignis viele Menschen auf der Straße sind.« Genau diese Situation ist, wie wir heute wissen, auch eingetreten. Ihrer eigenen Einschätzung nach hat die Wahrsagerin bei ihrer Vorhersage trotzdem einen Fehler gemacht: »Ich habe mich damals nämlich dazu hinreißen lassen zu interpretieren: Das kann nur so sein, dass der Russe uns einkreist. Diese Interpretation hatte ich aber nicht gesehen. Wenn ich nun die Geschichte vom Fall der Mauer erzähle, möchte ich auch diese Sache klar stellen: Es besteht beim Hellsehen die Gefahr, dass man vorschnell ist, und nicht das Bild erzählt und stehen lässt, sondern ableitet, interpretiert.«

Mit dem Fall der Mauer hatte Gabriele Hoffmann auch gesehen, dass anderes Geld in Umlauf kommt: »Und dass dieses Geld fast alle Länder in Europa haben werden – nur die Schweiz nicht und Dänemark. Und das in einer Zeit, wo es bei uns wirtschaftlich gänzlich bergab geht, wo die Menschen nicht mehr abgesichert sind, die Renten nicht sicher. Ich habe mir daher bereits als 22jährige einen Berliner Leierkasten gekauft, denn ich dachte, der ist besser als eine Rente, wenn's die eh nicht gibt.« Heute glaubt sie, dass das Geld, das sie gesehen hatte, der Euro ist: »Ich hatte gesehen, dass wir in Zukunft eine Abwertung oder eine Form von Inflation kriegen. Und dessen bin ich mir ganz sicher.«

In ihrer dreißigjährigen Praxis merkte die Berlinerin, dass sie bei ihren Prognosen Zeiten sehr wohl erkennt und erfasst, die Zeitangaben allerdings nicht immer konkret sind. Die Klienten schreiben die Sitzung immer mit – bei manchen stimmt die zeitliche Abfolge, bei manchen nicht

Das Eigenartige dabei ist: In der Trance sieht sie die Zeit ganz deutlich: »Erst heute hatte ich einen Klienten hier, der mir erzählte, seine Frau wäre vor zwei Jahren bei mir gewesen und ich hätte ihr gesagt, dass sie in diesem Monat und in diesem Jahr eine kleine Operation haben würde. Und seine Frau war gestern ins Krankenhaus mit Leistenbruch gekommen.«

Aus ihrer bisherigen Erfahrung heraus glaubt Hoffmann, dass 65 Prozent von dem, was wir Schicksal nennen, vorbestimmt ist. 35 Prozent können wir aber beeinflussen. Sie rät ihren Klienten daher: »Es gibt Schicksalspunkte, da müssen Sie hin, da kommen sie nicht darum herum. Aber wie Sie dahin kommen, ob fröhlich oder traurig, ob schnell oder langsam, hat mit Ihnen zu tun und mit welchen Farben Sie die Schicksalspunkte ausfüllen.«

Lebensbewältigung hat ihrer Meinung nach immer mit dem

einzelnen Menschen zu tun: »Man kann eine Ehe ganz farbig gestalten oder auch ganz in Grau.«

Sie persönlich nimmt keine Personen unter 26 als Klienten: »Weil ich der Meinung bin, dass man beim Jung-Sein Arglosigkeit haben sollte und Fehlermachen dazu gehört. Der Mensch muss erst ein paar Beulen vom Leben abkriegen, damit er wächst. Er braucht das für seinen Lernprozess. Und außerdem ist ein junger Mensch einfach zu stark beeinflussbar.«

Die zweite wichtige Sache: Der Klient, der zu ihr in die Praxis kommt, sollte nicht aus bloßer Neugier kommen, sondern er sollte irgendwie feststecken, weil er meint, sein Bauchgefühl verloren zu haben. Am liebsten sind ihr jene Personen, die am tiefsten Punkt ihrer psychischen Befindlichkeit angekommen sind.

Ein wirkliches Motiv findet Gabriele Hoffmann ganz wichtig. In einer derartigen Lebensphase ist man nämlich auch bereit, die Wahrheit anzunehmen: »Man kann und soll sich entwickeln – und man soll auch erwachsen sein. Aber eine kindliche Freude in sich zu haben, das ist das, was jung hält – gepaart mit Neugier.«

Gabriele Hoffmanns Motto: »Ändern Sie Ihre Sicht, und es ändert sich die Welt! «

Elisabeth Jakob studierte in Österreich und Deutschland Psychologie, Kommunikation und Werbedesign und arbeitete danach einige Jahre als Kindergärtnerin und Werbegrafikerin. Aufgrund einer Krankheit nahm sie Kontakt zum Ersten Österreichischen Naturheilverein auf, wo sie ein Vortrag des Engländers Colin Bloy tief beeindruckte. Die Persönlichkeit des Geistheilers und Radiästheten, dessen Lebenswerk »Heilung mit Archetypen« zentrales Vortragsthema war, zogen Elisabeth Jakob dermaßen in ihren Bann, dass sie Bloy zehn Jahre lang nach Madrid, England, Teneriffa, Barcelona, Taragonna, in die Schweiz, Budapest und nach Prag begleitete und im In- und Ausland viele Kurse mit ihm organisierte. Sie übersetzte seine Seminarunterlagen aus dem Spanischen und seine Bücher »Rationale Anleitung zur spirituellen Heilung« (drei Bände), »Der Heilige Gral« und »Spirituelles Kochen« aus dem Englischen und führt seit seinem Tod im Mai 2004 seine »Fountain«-Meditationsgruppen im deutschen Sprachraum in seinem Sinn weiter. In ihrer Heimatstadt Wien errichtete sie ein Heilzentrum nach spanischem Vorbild: »Fountain Vienna«.

Kontakt: Telefon +43 (0)1/486 29 89,
Internet: spirituelle-archetypen.cjb.net

Elisabeth Jakob

Heilung ist reine Liebe

»Seine mitreißende Persönlichkeit, die von einem unglaublichen Christusbewusstsein durchdrungen war und dieses auch ausstrahlte, beeindruckte mich sofort«, erzählt Elisabeth Jakob über Colin Bloy, den sie anlässlich seines Vortrags im Ersten Österreichischen Naturheilverein kennen gelernt hatte, wo sie gelegentlich mitarbeitete. Zu Hause tippte sie den Vortrag Colin Bloys, der auch ein Freund des Dalai Lama war, sofort von ihrer Tonbandkassette ab. Die alte Weisheit, dass in einem gesunden Körper ein gesunder Geist zu sein hat, ließ den Meister erkennen, dass man über das Bewusstsein des Menschen vieles verändern beziehungsweise heilen kann. Spirituelle Heilung ist weit mehr als eine Therapie des physischen Körpers. Weil die Ursachen vieler Krankheiten im feinstofflichen Bereich liegen, muss vor allem eine seelische Heilung im Mittelpunkt der Therapie liegen. »Mir sind einige Geistheiler bekannt, aber keiner hat wie Colin Bloy von der Bedeutsamkeit des Geburtstraumas gesprochen«, so Jakob.

Besteht laut Colin Bloy ein Geburtstrauma – ausgelöst durch alles, was nicht natürlich und dem Rhythmus der Natur entsprechend ist wie Unterwassergeburt, Zangengeburt, Nabelschnur um den Hals, Geburt zu früh oder zu spät, Kaiserschnitt, Rückenmarknarkose, unerwünschte Schwangerschaften –, ist die Seele nicht fix im Körper inkarniert und daher sehr leicht zu erschüttern. Der Betroffene leidet dann unter permanenten Unsicherheiten, Ängsten, Depressionen, Krankheitsanfälligkeit, Partnerschaftsproblemen und so weiter. Er hat den Zugang zu seinem inneren Wissen verloren und bleibt unter Umständen bis zum Tod ein Suchender. Sobald das Geburtstrauma gelöscht wird, ist die Seele frei. Elisabeth Jakob: »Damit hat der Mensch die Möglichkeit, sich an seinen Lebensplan zu erinnern und ihn korrekt zu erfüllen. Der Zugang zum Bewusstsein ist wieder hergestellt, und der Mensch kann erkennen, warum er hier ist.«

Nach jahrelangem Forschen und medialen Kontakten zu C.G. Jung machte Colin Bloy Spirituelle Heilung – die auch für Tiere anwendbar ist – rational erfassbar und lehrbar: Dadurch, dass er seine Lehre von den Archetypen wie eine Wissenschaft konfiguriert hat, kann Elisabeth Jakob in seinem Sinn weiter lehren. Es ist aber auch für jeden anderen Menschen möglich, die Archetypen zu fühlen und damit zu arbeiten: Blockaden zu fühlen, Traumata zu fühlen und zu löschen.

Als spirituell bezeichnen wir alles, was nicht der materiellen Welt zuzuordnen ist. Spirituelle Heilung bezieht sich auf die Welt der subtilen Energien, die uns umgeben, doch mit unseren Sinnesorganen nicht wahrzunehmen sind.

Spirituelle Heilung ist die Energie aus der höchsten göttlichen Quelle, für die der Heiler der Mittler ist. Jeder Mensch ist ein Heiler und hat die Fähigkeit, sich mit der göttlichen Quelle zu verbinden, mehr oder weniger stark entwickelt. Daher ist Heilung eine spezielle Einstellung zum Leben. Wenn ein Mensch krank ist, bedeutet das, dass er seine Fähigkeit zur Selbstheilung verloren hat oder die Fähigkeit, sich selbst mit der göttlichen Quelle der Heilung zu verbinden. Der Heiler übernimmt die Funktion, die Verbindung zur göttlichen heilenden Energie wieder herzustellen. Er ist in Wirklichkeit gar kein Heiler, denn nicht er heilt, sondern der Heilungsprozess geschieht nur durch ihn. Colin Bloy war überzeugt: »Der Heiler kann nichts aufoktroyieren. Er ist wie ein Klempner, der befreit ... Er nimmt die Korken und Stöpsel aus dem Energiefluss, und damit ist der Mensch frei.« Spirituelles Heilen nach Colin Bloy ist die Berührung des Geistes Gottes in der Seele des Menschen, weil es die Person, die auf der Suche nach einem neuen Bewusstsein ist, »erhebt«. »Es ist nicht von dieser Welt«, so Jakob. »Wenn der Mensch in dieser Dimension des Bewusstseins ankommt, erlebt er eine Dimension des Lebens, die sich von der Dreidimensionalität unterscheidet. Das Resultat der spirituellen Heilung ist dem menschlichen Verstand schwer begreiflich zu machen. Erfahrbar wird sie für die betreffende Person, sobald sie in ihrem Inneren eine Gewissheit spürt, und später die Harmonie ihrer Erfahrungen zu sehen beginnt.«

Sobald man mit ganzem Herzen die Heilarbeit beginnt, stellt sich automatisch der Alpha-Zustand des Gehirns ein.

Ein Archetyp ist die Idee, die jeder materiellen Manifestation vorausgeht. In der Arbeit von Colin Bloy gibt es Archetypen für den physischen Körper, die Organe, Nerven, Gehirn, sowie auch verschiedene Archetypen von Krankheiten, es gibt Archetypen für Geist/Verstand/Bewusstsein, die spirituellen Essenzen, die Energiekörper, die Energiezentren oder Chakren (Sanskrit), sowie Karma-Archetypen und vieles mehr. Die Heilarbeit besteht aus dem mentalen Herbeirufen der verschiedenen Archetypen und – da sie eine energetische Form besitzen – dem Erfühlen ihres Zustandes. Jeder Archetyp, der nicht der perfekten Form entspricht, wird durch Visualisation korrigiert. Dadurch wird es dem kranken Menschen ermöglicht, sich selbst wieder an seinen ursprünglichen perfekten Zustand zu erinnern. Werden Archetypen von Krankheiten gefunden, so werden diese in Liebe zur Quelle allen Seins zurückgesandt und der physische Körper kann anschließend gesunden. Der ideale Zustand des Heilens ist jener absoluter Klarheit, Demut und frei von jeder Emotion, denn je mehr der Heiler in seinem Ego ist, desto mehr wird der Durchfluss der göttlichen Energie blockiert. Das bedeutet für den Heiler, dass er sich leer machen muss, er darf nur Kanal sein, ein möglichst leerer Kanal. Im ätherischen Bereich schaltet sich Elisabeth Jakob völlig aus: »Ich ›channele‹, um es modern auszudrücken. Ich kanalisiere göttliche Kraft, Licht und Liebe, und übertrage sie dem anderen.«

Vor Jahren hatte der englische Geistheiler im Zuge einer Heilung sie und ihren Sohn vom Geburtstrauma befreit, unter dem seiner Erfahrung nach 30 Prozent aller Menschen leiden: »Von diesem Moment an habe ich meine Umwelt ganz anderes wahr genommen. Ich hatte danach zum ersten Mal das Gefühl, meinen Körper zu spüren und aus ihm heraus zu schauen. Ich werde dieses Gefühl niemals vergessen. Wann immer ich daran denke, werde ich von einem starken Gefühl der Dankbarkeit und Liebe überflutet, weil sich seit damals mein Leben grundlegend verändert hat.«

Am Morgen »danach« hatte sich Elisabeth Jakobs Wahrnehmung komplett verändert: »Die Heilung des Geburtstraumas, die nur 30 Sekunden dauert, ist meiner Erfahrung nach das Wichtigste überhaupt, denn alle Traumata und Zustände nach der Geburt sind viel leichter zu verarbeiten, weil man – laut Colin Bloy – einen Vergleich hat, wie das Leben vorher war.« Die Heilung des Geburtstraumas war auch das erste, was sie nach dem Heilseminar bei Colin Bloy selbst durchführte: »Es funktioniert immer, egal ob mir der Patient gegenübersitzt oder sich woanders befindet, wichtig ist nur, dass es zwischen Heiler und Patienten eine entsprechende Verbindung gibt.« Elisabeth Jakob weiß, dass es einen göttlichen Plan gibt, und für sie gibt es auch keine Zufälle: »Das habe ich an mir selbst erfahren. Insofern ist es auch der göttliche Plan, wenn jemand zu mir kommt.«

Colin Bloy sagte: »Ein Heiler bist du dann, wenn du dich neben einen kranken Menschen setzen kannst, ohne Angst vor Ansteckung zu haben.« Bloy war in Barcelona in einem Aids-Zentrum tätig und fand für den Aids-Virus einen Archetyp : »Man darf nach göttlichem Plan den Aids-Virus entfernen, aber zuvor ist es wichtig, dem Erkrankten die psychischen Traumata und Blockaden wegzunehmen, sodass er auch einen Lebenswillen bekommt. Denn wie bei Krebs oder anderen schweren Erkrankungen ist hier häufig eine unbewusste Todessehnsucht vorhanden.« Damit der Mensch den Sinn des Lebens erkennt, ist es laut Colin Bloy das Wichtigste, ihn vorher »geistig zu erwecken«.

Die Menschen müssten überhaupt nicht krank werden, vor allem wenn sie geistig immer in einem liebevollen Zustand blieben: »Weil die Liebe das Licht ist, und das Licht beziehungsweise die Liebe alles heilt. Denken Sie an einen frisch verliebten Menschen: Der wird keine Zeit finden oder keinen Grund, krank zu werden.«

Laut Colin Bloy verwenden manche Menschen das Wort »Karma« gerne als Entschuldigung dafür, wenn sie in ihrem Leben nichts ändern wollen. Sie schieben ihre Schwierigkeiten auch gerne auf das Horoskop oder den Partner. Das Horoskop ist Bloys Meinung nach aber nur eine Ausgangssituation, und Krankheit ist dazu da, dass der Mensch erkennt, dass er sein Bewusstsein ändern muss. Dass er erkennt, was er falsch macht, wo er nicht in der »reinen Liebe« ist. Partnerschaftliche Liebe ist oft mit einem Vertrag verbunden. Reine Liebe bedeutet aber bedingungslose Liebe ohne Konditionen und Emotionen. Colin Bloy drückte es so aus: »Heilung ist reine Liebe.«

1981 gab es im englischen Küstenort Brighton regelmäßige »Gewalt-Wochenenden« von Jugendlichen. Darüber gibt es auch den bekannten Film »Quadrophenia«. Die jugendlichen Rocker fielen jedes Wochenende in Brighton ein und schlugen dort alles kurz und klein, inklusive die Bewohner. Colin Bloy, der damals noch politisch tätig war, überlegte, was man dagegen tun könnte, und beschloss, eine Meditation abzuhalten, die am Michaelstag, dem »Tag des Wandels« am 29. September, stattfand. Und bereits am darauf folgenden Wochenende verhielten sich die Rocker vollkommen friedlich. Er hatte ganz richtig erkannt, dass, wenn das Bewusstsein des Basischakras steigt, sich ein anderes Bewusstsein daraus erhebt, und die Gewalt kein Thema mehr ist. Die Rocker terrorisierten zunächst andere Orte, aber mit der bewährten Meditationsmethode wurde man ihrer schnell Herr. Im selben Jahr wurde von ihm in Brighton die erste »Fountain«- Mediationsgruppe gegründet, »Fountain« deswegen, weil es das englische Wort für Springbrunnen oder Quelle ist – und man in Brighton einen wunderschönen Springbrunnen als Fokus-Punkt genommen hatte. Genau 20 Jahre später, stellte die Stadtverwaltung von Brighton hier eine Gedenktafel auf; man hatte festgestellt, dass die Gewalt-Statistik eindeutig zurückgegangen war. Mittlerweile gibt es über 200 »Fountain«-Heilgruppen weltweit. Seit 1999 wird in Wien regelmäßig für die Heilung der Erde und der Menschen meditiert, und seit 2002 ist »Fountain

Vienna« ein eingetragener Verein zur Erforschung spiritueller Heilweisen. Im Gegensatz zum Heilzentrum in Madrid (und in 14 anderen spanischen Zentren), wo täglich mehrere Heiler arbeiten, um Menschen umfassende Hilfestellung zu leisten, ist das Wiener Heilzentrum noch im Aufbau.

In Spanien besteht der Verein spiritueller Heiler AESE bereits seit 15 Jahren – Colin Bloy war Ehrenpräsident – und in England, wo spirituelle Heilung jahrhundertelange Tradition hat, schicken Ärzte ihre Patienten seit 13 Jahren auch zu Heilern. Deren Honorar wird von der Krankenkasse bezahlt. 1997 stimmte das Europäische Parlament zugunsten einer Direktive an alle Mitgliedsstaaten ab, dass entsprechende Gesetze ausgearbeitet werden mögen, die die effizientere Anwendung von Komplementär- und Alternativmedizin ermöglichen. Colin Bloy, der am 11. Mai 2004 mit 68 Jahren starb, hatte den Traum, dass die Schulmedizin eines Tages auch in Österreich die alternativen Heilmethoden eng integriert.

Elisabeth Jakob hat den gleichen Traum: »Bei Chemotherapien oder nach Operationen wäre es sehr hilfreich, wenn man mit spiritueller Heilung Energien auflädt und Operations-Traumata entfernt. Danach wirken die Selbstheilungskräfte im Körper viel besser.« Irgendwann, so ihre Hoffnung, wird man einsehen, dass es enorm effizient ist, wenn man alternativen Heilmethoden ihren Platz im Gesundheitswesen einräumt. Colin Bloy empfahl, alle halben Jahre eine spirituelle Heilung oder einen Durchcheck vorbeugend zu machen. Er hatte festgestellt, dass die Schulmedizin eine rational männliche Heilmethode ist, während die spirituelle, ätherische Heilung, die weibliche, sanftere, zartere Heilung ist. Diese sei für unsere Zeit die angemessenere.

Sein letztes Buch – das spirituelle Kochbuch – hat er Elisabeth Jakob noch am Sterbebett anvertraut. Er selbst kochte immer sehr gerne und gut für Freunde und Seminarteilnehmer, da er meinte, der Mensch müsse auf der Erde auch Freude haben – und beim Kochen könne er die Glückshormone selbst erzeugen. Elisabeth Jakob resümiert: »Es war wohl bereits im Plan, als ich Colin in der letzten Nacht versprochen habe, seine Sache in seinem Sinn weiterzuführen. Er war der Meinung, die Seelen wüssten ganz genau, wann sie sich inkarnieren und was sie hier für eine Aufgabe haben.« Als sie mit der gemeinsamen »Fountain-Arbeit« begonnen hatten, gab es nicht einmal schriftliche Unterlagen für die Seminare: »Die musste ich mir erst aus dem spanischen Heilzentrum holen und mit meinen frisch erworbenen Spanischkenntnissen mühsam übersetzen, genauso wie seine Bücher aus dem Englischen.«

Die Kabbala, die Erdlinien, die Templer und ihr subtiles Wirken sind einige der vielen Gebiete, mit denen sich Colin Bloy zu Lebzeiten beschäftigt hat, weil diese Wirkungsbereiche in sehr enger Beziehung mit der Geistheilung stehen. In seinem Lebenswerk »Der Heilige Gral, die Tempelritter und die Zukunft der Menschheit« beschreibt er erfolgreiche Heilungen an Menschen und Gemeinschaften in einem Zeitraum von über 30 Jahren. Jakob ist optimistisch: »In den letzten Jahren hat sich sehr viel sehr rasch verändert. Noch vor 20 Jahren konnte man kaum Bücher über alternative Heilmethoden finden. Ich bin überzeugt, es wird sich hier noch sehr viel mehr tun. Wenn wir heilen, können wir die Energie, die uns durchfließt, durchaus als Energie der Liebe bezeichnen, die nach Vollkommenheit verlangt. Es handelt sich aber nicht um Sentimentalität, sondern um eine spirituelle Disziplin. Es ist augenscheinlich, dass, wenn die Menschen Liebe ausstrahlen, es allen ringsherum besser geht. Wir müssen spirituell und intellektuell erkennen, dass sich die Welt mit der reinen Liebe reorganisiert.«

Nach abgeschlossenem Hochschul-und Konservatoriumsstudium für Klavier und Gesang war die geborene Wienerin Elisabeth Kinsky 20 Jahre lang Mitglied des Wiener Staatsopernchores. Außerdem wirkte sie bei verschiedenen Ensembles mit und feierte als Solistin der Abteilung »Kirchenmusik« der Musikhochschule sowie im Lied- und Oratoriensektor im In-und Ausland künstlerische Erfolge. Aus privaten Gründen wechselte sie den Beruf und unterrichtete insgesamt 18 Jahre Musikerziehung am Gymnasium.
Die Mutter von fünf Kindern und sechs Enkelkindern kann ein abgeschlossenes Psychotherapeutisches Propädeutikum vorweisen, ist ausgebildete Lebens- und Sozialberaterin, absolvierte im »Shambala« und an der »Internationalen Shiatsuschule Graz« eine Shiatsu-Ausbildung und studierte Ernährungslehre nach den fünf Elementen bei Claude Diolosa. Sie machte ein Channel-Training bei Frank Alper, USA, und besuchte einen Drei-Jahreskurs: »Ein Weg zur Freiheit« bei Sascha Gourieva.
Ihre eigene Lehrtätigkeit ist so vielfältig wie ihre Begabungen: Stimmbildung an der Wiener Singakademie, Gesangsklassen am Vienna Konservatorium sowie Regiearbeit bei zahlreichen Musical- und Theateraufführungen von Kindern und Jugendlichen. Ihre Hobbies sind Tibetologie, Wandern, Lesen, Schwimmen – und ihre Familie.

Kontakt: Telefon: +43 (0)699/194 10 674,
Internet: e.kinsky@elisabeth.or.at, www.elisabeth.or.at ,
www.indivocal.com

Elisabeth Kinsky

Die Frequenzen einer Stimme sind genauso einmalig wie ein Fingerabdruck

»In den Tiefen meiner Seele liegt ein Lied,
das keine Worte hat.
Ein Lied, das aus dem Samen meines Herzens lebt.«
(Khalil Gibran)

»Angeblich mit einer Stimme für eine große Karriere beschenkt, gelang es mir nicht immer, im entscheidenden Moment das zu bringen, was vorher oft gelungen war«, erzählt Elisabeth Kinsky aus ihrem beruflichen Werdegang. Um bessere Einsicht in die Ursache dieses Versagens zu gewinnen, besuchte sie ein Selbsterfahrungsseminar. Dort hatte sie ein Erlebnis, das ihr Leben von Grund auf ändern sollte: »Wie so oft bei solchen Seminaren tauchen Situationen und nicht bewältigte Zustände aus der Vergangenheit auf. So auch bei mir. Ich zog mich zurück und tönte irgendwo meinen Frust vor mich hin.«

Aus der Musiktherapie weiß man, dass bei spielerischem Üben mit der Stimme, dem Tönen von Buchstaben, Vokalen und Konsonanten alle Körperräume neu belebt werden. Nach dieser Übung traf Kinsky eine Seminarkollegin, der es auch nicht besondes gut ging: »Sie fragte mich, ob ich eben getönt hätte. Auf meine Bejahung hin meinte sie, es hätte sie so berührt und ginge ihr jetzt viel besser.«

Die Seminarkollegin erzählte dem Leiter von ihrer Erfahrung mit Kinsky, die an dem Tag der Gruppe fern blieb. Eigentlich wollte Elisabeth Kinsky gleich nach Hause fahren. Aber schon am Vormittag holte sie der Seminarleiter vor die Gruppe und forderte sie auf zu singen. Sie war entsetzt und weigerte sich. Er ließ jedoch nicht locker: »Ich geriet in Panik und war wütend auf ihn. Da stellte er sich hinter mich, legte die Hände auf meine Schultern, forderte mich auf, ganz ruhig zu atmen und mich mit allen guten Geistern zu verbinden. Plötzlich ging es los – und es tönte, sang, schrie, schluchzte und jubelte aus mir heraus. Ich weiß selbst nicht, was da geschah. Nachher waren alle still, manche weinten.«

Seither kommen immer wieder Menschen zu ihr, die sich besingen lassen wollen: »Angeblich löst mein Singen Emotionen aus. Auch auf der körperlichen Ebene gibt es Reaktionen. Ich stehe dem Ganzen sehr vorsichtig und beobachtend gegenüber und höre staunend von etwaigen Erfolgen. Das Besingen basiert auf rein intuitiver Ebene und hat nichts mit gezielten Schwingungen oder bestimmten körperbezogenen Frequenzen zu tun.«

Irgendwann las Kinsky in einem Buch über die Aborigines einen Satz, der ihren innersten Empfindungen entsprach und ihr nicht mehr aus dem Kopf ging: »Die Stimme ist dazu da, um zu heilen und Gott zu preisen.«

Danach begann sie, sich systematisch mit der Wirkung des Klanges auf den menschlichen Körper zu befassen. Dabei stieß sie auf den Obertonsänger Markus Riccabona und lernte bei ihm zwei Jahre lang Klangbehandlungsmethoden. Mantren und der Umgang mit Klangschalen gehören zu den Grundlagen dieses Systems: »Mantra« ist die Bezeichnung für eine hinduistische oder buddhistische mystische Zauber- oder Geheimformel. Diese wird in der Regel dem Schüler vom Guru nach dessen Einweihung in den Ritus verliehen und muss geheim gehalten werden. Mantren sind in vielen Naturreligionen bekannt und stellen aus psychologischer Sicht den »Rettungsanker der Seele« für die Erschütterungen des alltäglichen Lebens dar. Bei einer Klangmassage – auch Klangschalenmassage oder Klang-Massage-Therapie genannt – werden mehrere Klangschalen auf den bekleideten Körper des liegenden Klienten gelegt und angeschlagen. Dabei berühren feine Vibrationen und Töne Körper, Geist und Seele, fließen durch den Körper und erreichen alle Zellen. Die Schalen helfen, Missklänge in der betreffenden Person auszugleichen und aufzulösen. Die Folge ist eine tiefe Entspannung. Schon nach wenigen Minuten fällt die seelische Last vom solcherart Behandelten ab und er kommt in Einklang mit sich selbst. Kinskys Resümée: »Die wohltuende Erfahrung dieser Praxis war ein großer Schritt auf dem Weg, der mir vorschwebte.«

Danach lernte sie die Möglichkeiten der »Indivocalen Musiktherapie« nach dem »Nada-Brahma-System« von Vemu Mukunda kennen, der ursprünglich in der Kernforschung tätig war, seine Karriere aufgab und sich 20 Jahre der Erforschung des Klanges auf Körper und Bewusstsein des Menschen widmete. In Seminaren und bei musiktherapeutischen Kongressen im In-und Ausland machte er dieses System bekannt.

Vemu Mukunda war, abgesehen von seiner wissenschaftlichen Tätigkeit, auch ein Meister der Vina, eines alten indischen Saiteninstruments. Der Tempelmusik Südindiens, der karnatischen Musik, die seit Jahrtausenden für ihre spirituelle und heilende Wirkung bekannt ist, galt seine besondere Liebe. In der Ära Willy Brandts wurde er damit beauftragt, deutsche Schulen zu besuchen und den Jugendlichen indische Musik nahe zu bringen. Bei einem Festival in Avignon brachten ihn Freunde auf die Idee, mit dem Publikum – Studenten aus aller Welt – einen Test zu machen. Mukunda improvisierte über drei Ragas, unterschiedlich strukturierte Tonskalen, die in Indien von jeher bestimmten Emotionen zugeordnet werden (indisch: Raga = Gefühl). Zu Mukundas großem Erstaunen deckten sich die Reaktionen der internationalen Gäste in so hohem Maße mit den in Indien bekannten emotionalen Erfahrungen, dass dies kein Zufall mehr sein konnte. Hier musste ein überkulturelles Phänomen vorliegen.

Diese Erfahrung war für ihn Anstoß zu vielen weiteren Versuchen und 20 Jahren weiterer Forschung und Analysen. Im Mittelpunkt des »Nada Brahma-Systems« steht die menschliche Stimme. Die Identifikation mit dem Klang der eigenen Stimme war stets so selbstverständlich, dass man sich mit dem individuellen Aspekt der Stimme vorher kaum auseinandergesetzt hatte. Elisabeth Kinsky: »Die Frequenzen in einer Stimme sind genauso einmalig wie ein Fingerabdruck. Sprache und Gesang als Klangformen der menschlichen Stimme sind Ausdruck der individuellen Gedanken- und Gefühlswelt. Jeder Mensch ist eine Persönlichkeit – im Sinn des lateinischen per-sonare, also durchklingen –, ein Einzelwesen, das stimmlich einem unwiederholbaren Klangmuster entspricht. Unsere Stimme ist nicht nur unser wichtigstes Kommunikationsmittel, sondern bildet sogar die Persönlichkeitsstruktur ab und weist einen individuellen Grundton auf. Durch ihre enge Verbindung zu Emotion und Körper hat sie sehr wohl Einfluss auf die energetische Selbstregulierung.«

Der im »Nada-Brahma-System« nach Vemu Mukunda Geschulten ist es möglich, eine Persönlichkeitsanalyse zu erstellen, die Auskunft über Begabung, Verhaltensweise und Veranlagung gibt: »Diese ist allerdings nicht vergleichbar mit einem Horoskop. Man macht damit keine Prognosen, indem man aufzeigt, was in einem Jahr sein könnte, sondern stellt die Ressourcen des Einzelnen fest.« Mit dem positiven Aspekt: »Wenn Sie die Übungen machen, könnte das zum Blühen kommen, was in Ihnen steckt.«

Aufgrund ihrer Ausbildung kann Kinsky bei ihren Klienten den signifikante Grundton, zu dem die Stimme immer wieder zurückkehrt, herausfinden. Er ist anschließend Basiston für die »Grundton-Übung« und alle anderen Übungen des »Nada-Brahma-Systems« zur Harmonisierung und Stärkung der Persönlichkeit. Werden die entsprechenden Übungen wie das Tönen mit dem individuellen Grundton, gezielte Skalen-, Atem- und Rhythmusübungen regelmäßig durchgeführt, so wird das seelische Gleichgewicht des Betreffenden entscheidend gefördert. Emotionale Blockaden, häufige Ursachen psychosomatischer Erkrankungen, werden dabei direkt angesprochen und können wieder in Fluss kommen.

Elisabeth Kinsky bietet seit einem Jahr wöchentlich ein Gruppen-Tönen an, inklusive Grundton-Übung, dem Tönen von Ragas und rhythmischen Übungen. Alle Übungen der »Indivocalen Musiktherapie« sind idealerweise Hilfen zur Selbsthilfe, die begleitend zu anderen Behandlungsmethoden aller Art eingesetzt werden können. Keinesfalls ersetzten sie den Besuch beim Arzt, wenn ernste Symptome auftreten.

Eine begeisterte Gruppenteilnehmerin schickte ein Dankschreiben: »In meinem beruflichen Alltag brauche ich viel Energie, geistige Klarheit und Kreativität. Im Frühjahr 2005 lernte ich die Grundton-Übung kennen und wandte die Methode mehrere Monate kurz an. Ich war überrascht, wie schnell sich mein Mut, meine Entschlossenheit und meine Durchsetzungskraft steigerten. Ab Herbst besuchte ich regelmäßig die offenen Abende bei Elisabeth Kinsky, ein wöchentliches Vergnügen, manchmal eher ruhig, oft sehr dynamisch, immer abwechslungsreich und stets harmonisch. Ohne viel zu denken taucht man einfach in Töne, Klänge und Bewegungen ein – ein wundersames geistiges Training. Gereinigt, klar, erfrischt und in gehobener Stimmung kehrt man heim, bereit für neue Herausforderungen.«

Klienten kommen heute mit verschiedenen Anliegen zu Elisabeth Kinsky: zur Stimmbildung, ihrem ursprünglichen Beruf, zur Sprechtechnik, und zur »Indivocalen Musiktherapie«. Außerdem kommen auch viele zum Besingen in ihre Praxis: »Wobei ich den Körperkontakt durch Berührung mit den Händen herstelle, um die Energie aufzunehmen. Manchmal kommen auch meine tibetischen Klangschalen aus Kathmandu zum Einsatz. Heilen im eigentlichen Sinn kann ich nicht. Heilen kann sich der Mensch nur selbst, wenn er dazu bereit ist. Bereit ist, etwas aufzunehmen und dabei auch Veränderungen in Kauf zu nehmen. Meine Stimme ist nur ein Kanal dafür.«

Sabine Knoll studierte Publizistik- und Kommunikationswissenschaften (Nebenfach: Theaterwissenschaft). Sie lebt als freie Autorin und Journalistin in Niederösterreich. Bereits als Schülerin der Handelsakademie erhielt sie für ihre eingereichte Lyrik und Kurzprosa den 1. Österreichischen Jugendpreis und den Literaturpreis des Landes Niederösterreich. Nach 14 Jahren als Kulturjournalistin wurde für sie Gesundheit und Ganzheitlichkeit immer mehr zum Thema ihrer Arbeit. Seit einem Schamanismus-Seminar bei Felix Mindt-Paturi 1999 verbindet sie das Schreiben mit dem Schamanismus. Ihr Buch »Reisen ins Licht« entstand auf schamanischen Trance-Reisen mit Hilfe von Kristallen und anderen Kraftgegenständen.

Sabine Knoll hält Seminare über »Schreiben in Trance – Schamanisches Schreiben« ab – mit den Programm-Inhalten »Die Kraft der Visionen« und »Die Sprache der Seele« – sowie »Reiki und Schamanismus«. Ihr Ziel: Lebensaufgaben und -inhalte finden, die das Herz zum Singen bringen, und die Kreativität leben sowie ganz entfalten lernen.

Knoll leitet außerdem das »New Peace«-Österreichbüro und fungiert als »Free Spirit«-Trainerin.

Kontakt: Telefon: +43 (0) 2732 70 452 oder +43 (0)664/ 792 11 95
Internet: sabine.knoll@utanet.at www.sohreya.net
oder sabine@freespiritinfo.com, www.sabine.freespiritinfo.com

Sabine Knoll

In jedem Menschen sind Geschichten verborgen

»Mein Weg ist, das Schreiben und den Schamanismus zu verbinden«, ist Sabine Knoll überzeugt. Der Einstieg in den veränderten Seinszustand gelang der Niederösterreicherin schon beim ersten Besuch eines Kurzseminars, das sie als Journalistin zu Recherchearbeiten besuchte: Sie bekam sehr schnell den Eindruck, dass hier der einzig für sie gangbare Weg in die Spiritualität zu finden war.

Unter Schamanismus versteht man üblicherweise ein religiös-magisches Phänomen, das zuerst bei verschiedenen indigenen Völkern Sibiriens beobachtet und beschrieben wurde. Wesentliche Elemente des Schamanismus sind Trance beziehungsweise Ekstase (veränderte Bewusstseinszustände), das Motiv der Seelenreise und die Interaktion mit Geistwesen. Zentrale Figur des Schamanismus ist der Schamane, der eine Mittlerrolle zwischen diesseitiger und jenseitiger Welt einnimmt und seine besonderen Fähigkeiten zum Wohl seiner Gemeinschaft einsetzt.

Um in den Trancezustand zu kommen, werden vom Schamanismus-Tätigen unterschiedliche Mittel eingesetzt, vor allem rhythmisches Trommeln, Tanz und Trancetanz. Die Verwendung psychedelischer Drogen wird in den schamanischen Ursprungsländern sehr wohl ebenfalls akzeptiert, von europäischen Schamanen werden diese im Allgemeinen jedoch nicht als Hilfe eingesetzt, um in einen anderen Seinszustand zu gelangen. Dem Schamanen werden besondere Fähigkeiten der Heilung und Weissagung zugesprochen sowie verschiedene spezifische magische Kräfte. Durch seine Kontakte zur Anderswelt und Kommunikation mit Geistern spielt der Schamane kulturspezifisch verschiedene Rollen – vom Heiler und Exorzisten über den

Psychopompos (Begleiter der Seelen ins Totenreich) bis hin zum Zeremonienmeister.

Auf Sabine Knolls erster schamanischer Reise begleitete sie bereits ihr Krafttier. Dabei handelt es sich um ein Geistwesen in Tierform. Krafttiere sind im Schamanismus die spirituellen Wegbegleiter der Menschen. In einigen schamanischen Lehren heißt es, dass jeder Mensch bis zu neun Krafttiere hat, mindestens aber eines. Eines der Krafttiere begleitet ihn sein ganzes Leben lang, andere Krafttiere wechseln je nach Lebensabschnitt und haben große Macht in der Ober- und Unterwelt. Sie helfen ihrem Menschen, sich in diesen Welten zurechtzufinden und diese Welten zu verstehen. Auch sollen diese Geistwesen die Seele des Menschen begleiten, beschützen, heilen und führen.

Nicht jeder Mensch oder auch Schamane kennt sein Krafttier direkt. Um es kennen zu lernen, kann eine schamanische Reise unternommen werden. Oftmals zeigt sich das Krafttier jedoch im Traum von selbst.

Schon in ihrem Einstiegsseminar gewann Sabine Erkenntisse: Die Titel »Schreiben in Trance« für ihre künftigen Seminare und »Reisen ins Licht« für ihre Trancegeschichten waren geboren. Von da an machte sie zwei- bis dreimal pro Woche schamanische Reisen: »Eine Zeitlang hatte ich dazu eine CD verwendet, ich habe aber bald bemerkt, dass selber zu trommeln und dabei die Schwingung zu spüren, noch viel intensiver ist, als das Trommeln nur über die Kopfhörer zu hören. Außerdem hat eine Freundin getrommelt, während ich geschrieben habe.«

Irgendwann benötigte Sabine Knoll keine Trommel mehr. Sobald sie im Wald oder irgendwo sonst in der Natur wach saß und sich eine Frage stellte, kam der Text dazu: »Wenn ich das Gefühl habe, ich suche jetzt eine Vision oder einen Weg, oder die Antwort auf irgendwelche Fragen, kommt das Gewünschte heute wie von selbst. »

Zuerst schrieb sie ihre eigenen schamanischen Reisen auf und lud schließlich Freundinnen ein, die ebenfalls an schamanischen Reisen interessiert waren. Über die Jahre haben sich eigene

Schreib-Seminare entwickelt: »Die Texte kommen möglicherweise aus dem Höheren Selbst oder von Wesenheiten aus der geistigen Welt.«

Auch Personen mit Schreibblockaden, die Knolls Seminare besuchen, haben stets Erfolgserlebnisse: »Das sind die, für die ich ungefähr eine Stunde lang trommle, bis sich der Knoten löst. In jedem Menschen sind Geschichten verborgen, ich habe noch niemanden erlebt, der vor einem weißen Blatt sitzen geblieben ist. Und wenn nur ein Satz kommt, der alle Probleme des Betreffenden auf den Punkt bringt. Es sind nur die eigenen Erwartungen, die oft im Weg stehen, und die großen Ansprüche an sich selbst. Das kann blockieren, und dadurch dauert es vielleicht etwas länger, aber dann fließt die Tinte förmlich von selbst aufs Blatt.«

Als sie auf den schamanischen Weg kam und das Seminarhaus am Loschberg im Waldviertel übernommen hatte, drehte sich durch diesen neuen Weg plötzlich alles für sie um: »Ich hatte vorher noch nie Geldprobleme, und hier war ich plötzlich gefordert, an meine Grenzen zu gehen.« Ihr schamanischer Lehrer hatte schon mehrmals beobachtet, dass es Menschen, die sich auf einen geistig geführten Weg begeben, zunächst scheinbar die Existenzgrundlage wegzieht. Er ist der Meinung: »Wahrscheinlich lernen wir Vertrauen nicht anders.«

Heute hat Sabine Knoll das Vertrauen, dass ohnedies immer alles da ist: »Ich habe heute das Gefühl, es geht dabei darum, zuerst gefestigt zu werden, und die Sache nicht wegen des Geldverdienens zu machen, sondern um die Aufgabe zu erfüllen. Dann kommt das Geld von selbst. Aber der Fokus ist wichtig, warum ich es mache.«

Die langjährige Journalistin findet es wichtig, das alte Wissen wieder in die Welt zu bringen und den Menschen wieder bewusst zu machen, dass alle Fähigkeiten in jeder Person stecken: »Sie daran zu erinnern, wer sie wirklich sind. Bei meinen Schreib-Seminaren bekommen die Klienten Zugang zu ihrem inneren Wissen. Wenn ich erlebe, welche Texte dabei entstehen, freut mich das sehr. Wie viel Weisheit da drinnen steckt, wie viel

Kreativität! Die Geistverbindung spricht – auch durch die Seele. Das finde ich wirklich schön. Visionen zu finden für das eigene Leben, Potenzial zu entfalten, die eigene Kreativität, das sind die Dinge, die ich bei anderen gerne unterstützen möchte. Wenn man sich nur als das Rädchen sieht, sehr klein und unbedeutend, und vom anderen Abgetrenntheit empfindet, so fühlt sich das sehr einsam an. Dann meint man vielleicht, dass man nichts ändern kann. Aber sobald man sich im größeren Kontext mit den anderen Rädchen sieht, die Einheit wieder fühlt, gibt einem das wieder Kraft. Auf diese Weise kannst du einen Schritt vom Opfer zum Schöpfer machen.«

Sabine Knoll wollte schon als Kind kein Fleisch essen, es schmeckte ihr ganz einfach nicht, da es sie ihrem Gefühl nach in einen Stein verwandelte: »Und erst viel später bin ich draufgekommen, dass Pflanzen ja auch die höchste Schwingung haben. Indem wir Pflanzen essen, transformieren wir uns und kommen in eine höhere Schwingung. Wenn heute immer mehr Menschen vegetarisch leben, kann sich der Körper transformieren und damit im Endeffekt auch die Welt.«

Ihrem Gefühl nach ist nichts wirklich fest geschrieben: »Wie ich schon gesagt habe: Wir sind keine Opfer sondern Schöpfer, wir können wirklich etwas verändern. Vielleicht sogar den Plan, den wir uns vor unserer Geburt als Seele einmal vorgenommen hatten. Je mehr ich in die geistige Welt und in den feinstofflichen Bereich meiner selbst gehe, desto mehr habe ich das Gefühl, dass ich dort an den richtigen Hebeln drehe.«

Sabine Knoll arbeitet nach dem ganzheitlichen Bewusstseinstraining, das von Bruno Würtenberger in »Free-Spirit«-Kursen entwickelt wurde. »Es geht darum, hier wirklich den freien Geist oder die freie Seele, die wir sind, in die Welt zu bringen«, so Knoll, »und mit verschiedenen Methoden den inneren Frieden herzustellen. Bruno bringt darin vieles, was er selbst gelernt hat, in einer eigenen Form zusammen, wobei die Erkenntnis wichtig ist, welche Überzeugungen das individuelle Leben prägen.« Dazu gehören auch Erfahrungen wie Versöhnung, Mitgefühl, bis hin zu mystischen Erlebnissen, dann auch Jenseitskontakte, Aurasehen, mediales Schreiben, Energieübertragung.

Gleichzeitig bauten beide das Österreich-Büro von »New Peace«, einer spirituellen Friedensbewegung auf. Der Motor der Bewegung ist nach Ansicht Würtenbergers aber immer noch Sabine Knoll: »Ich bin dahinter, dass wir uns vernetzen und mehr Aktivisten dazu bekommen«, sagt sie. Bei ihrer Bewusstseinsarbeit für New Peace vernetzen sich die einzelnen Mitglieder auch mit anderen spirituellen Friedensbewegungen und organisieren immer wieder Aktionen, allerdings alles auf freier Basis, unbezahlt und ehrenamtlich: »Viele Künstler unterstützen uns und treten für die gute Sache ein.« Das Schöne daran: »Je mehr Menschen in sich selbst den Frieden finden, den Kampf gegen die eigenen ungeliebten Anteile und im eigenen Umfeld beenden, desto mehr verändert sich auch die Welt. Umso eher können wir in einer friedlichen Welt leben. Wenn wir im Frieden sind, dann ist die Welt im Frieden, denn wir sind die Welt.«

Irene Köck wurde 1970 im Sternzeichen Stier (mit Löwe-Aszendenten), in Leoben in der Steiermark geboren und erlernte zunächst den Beruf einer Bürokauffrau, ehe sie ins Hotel- und Gastgewerbe und danach zehn Jahre als Assistentin in eine Arztpraxis wechselte. Köck ist Medizinische Masseurin, Referententrainerin – sie absolvierte auch eine Managementausbildung – und Künstlerin. Mit geopathogenen Störfeldmessungen beschäftigt sie sich bereits seit 18 Jahren, seit acht Jahren führt sie Magnetfeldtherapieberatungen durch. Auslandsreisen führten die Sensitive, die schon viele prominente Persönlichkeiten beraten hat, nach Amerika, Mallorca, Türkei, Schweiz, Frankreich und Thailand.

Kontakt: Telefon und Fax: +43 (0)3842/ 24 137,
oder +43 (0)650/ 497 97 97,
Internet: irene@irene-koeck.at, irene.koeck@A1.net,
www.irene-koeck.at

Irene Köck

Ich kann durch den Körper hindurch schauen

Irene Köck war schon als Kind sehr sensitiv: »Dauernd hörte ich Schritte und hatte ganz stark das Gefühl, es will jemand zu mir herein.« Schweiß gebadet rannte das Mädchen zu seiner Mutter, einer gütigen, verständnisvollen Frau, und suchte bei ihr Schutz. »Sie hat, wie auch meine Oma und meine Schwester, Heiler-Fähigkeiten. Aber alle Drei leben ihre Begabungen nicht aus. Meiner Schwester ist die Sache sogar unheimlich.« Auch Irene konnte mit ihren besonderen Fähigkeiten als Kind überhaupt nichts anfangen. Doch seit einigen Jahren arbeitet sie mit der Fähigkeit des Hellsehens und der heilenden Hände: »Wenn mich wer anruft, weiß ich sofort, was mit ihm los ist. Ich kann den Menschen heilende Energie schicken, indem ich sie auffordere, sich darauf zu konzentrieren. Einem Mädchen habe ich die Energie für die Maturaarbeit bis nach Süditalien schicken können.«

Irene ist ein Multitalent: Sie tanzt leidenschaftlich gern Ausdruckstanz, singt und spielt seit 19 Jahren Theater und hatte deshalb die Wahl, entweder die Musicalschule in Wien oder eine Schwesternschule zu besuchen. Sie entschied sich für letzteres. Nach einem Jahr stand jedoch fest: ihre Wirbelsäule verkraftete das ständige Heben und Legen der Patienten nicht. In der Heilmassageausbildung hatte sie bald ihren eigenen Stil entwickelt und bemerkt, dass sie dabei im Körper der von ihr Betreuten Punkte sah: »Ich erkannte sofort, dass ich diese Punkte mit bestimmten Atemtechniken miteinander verbinden muss.«

Eines Sonntags läutete ein erzürnter Mann an ihre Tür. Er fluchte, dass er nun doch »bei dieser Hexe« gelandet wäre. Dieser Ort wäre das letzte, wo er hin gewollt hätte. Aber: »Sie haben meiner Freundin so gut geholfen, und darum bin ich hier.« Es stellte sich heraus, dass der gute Mann trotz 20 Therapien in Krankenhäusern kaum gehen konnte. Nach der von Irene Köck entwickelten und bei ihm angewandten Methode konnte der Herr Magister flott über die Stiege in den ersten Stock und wieder hinunter gehen.

Eine Zeitlang brachte jeder Tag neue Sensationen. Eine Krebspatientin hatte beispielsweise von einer Operation eine 20 Zentimeter lange, schlecht verheilte Narbe zurück behalten, die ziemlich unschön aussah. Außerdem hatte sie ein taubes Gefühl im Oberschenkel. Weil sie mit dem Resultat der Massagetherapie nicht ganz zufrieden war, schlug Köck der Frau vor: »Wir probieren jetzt etwas aus: Ich hole Energie von oben her, und Sie machen dabei mit.« Mit dieser Technik brachte Köck die Narbe bis auf einen kleinen Rest zum Verschwinden. Und auch das taube Gefühl im Oberschenkel war verschwunden. Solche Erfolge freuen Irene Köck und bestätigen ihr, dass Ungewöhnliches möglich ist.

In die Zukunft schaut die Seherin prinzipiell nicht, sie ist überzeugt: »Das beeinflusst.« Wenn beispielsweise Frauen wissen wollen, ob sie schwanger werden, so schweigt sie eisern. »Auch wenn ich es sehe. Ich habe diese Sperre, die ich von einer höheren Macht bekomme, ein paarmal übertreten und hatte dabei stets ein ganz eigenartiges Gefühl. Beim Reden hörte sich meine Stimme irgendwie teigig an. Heute weiß ich, wenn das passiert, darf ich nicht sprechen.«

Als sich ihre Fähigkeiten im Ort herumgesprochen hatten, wurde sie sogar auf der Straße angesprochen. Eine Bekannte bat sie, sie genau zu betrachten und die Diagnose des Arztes, von dem sie gerade kam, zu bestätigen. Darauf kam eine Gegenfrage: »Meinst du das Problem mit deinem Darm?« Die Bekannte bejahte. »Und den Knoten in deiner Brust hat er auch angeschaut?« Damals begriff Irene Köck, dass sie mit ihrer Fragestellung sehr vorsichtig sein muss: »Ich habe oft angenommen, das die Leuten wissen, was ihnen gesundheitlich zu schaffen macht, aber das ist nicht immer so, und man muss sie ganz vorsichtig damit konfrontieren.«

Die Bekannte glaubte ihr nicht. Als sie später im Zuge ihrer Darmuntersuchung auch ein Lungenröntgen machen lassen musste, wurde sehr wohl der Knoten festgestellt. Und bei der Mammographie wurde dann eine Zyste entdeckt.

Vor ein paar Monaten kam ein vierjähriger Bub in Köcks Praxis, der sowohl von Psychotherapeuten wie Ärzten aufgegeben worden war: Er hatte drei Jahre lang überhaupt nicht gesprochen. Die Eltern kamen mit ihm und ihrem zweiten Kind in einer vierstündigen Autofahrt sogar aus Deutschland angereist. Irene Köck befasste sich zwei Stunden lang mit dem Kind. Seither spricht er wieder.

Der Bub war von ihrem Computergerät »Scio« überhaupt nicht wegzubringen. Mit dem »Scio« hat Bill Nelson, der in Ungarn lebt, eine Computer gestützte Mess- und Behandlungsmöglichkeit auf der Basis von Biofeedback und Bioresonanz entwickelt, der in rund acht Minuten die Resonanz der Testperson misst (über die Psyche, die Emotionen, das Vorleben, Mineralstoffe, Spurenelemente, Herz, Lunge und so weiter) auf die Frequenzen von 9000 gespeicherten Parametern (Viren, Pilze, Vitamine, Mineralstoffe, geopathische Belastungen), und die wichtigsten Abweichungen vom jeweiligen Normalwert aufzeichnet. Irene Köck: »›Scio‹ schreibt ca. 300 Seiten über eine Person. Der Körper reagiert auf diese Messung sofort, denn Wut, Zorn oder Trauer aber auch psychische Krankheiten bis hin zur Schizophrenie haben eine eigene Frequenz. Sobald das Gerät die energetischen Defizite festgestellt hat, kann man die Blockaden korrigieren.« Ein befreundeter Arzt, der ihr acht Jahre lang bei ihrer Arbeit über die Schulter geschaut hat, ist allerdings überzeugt, dass hier auch Irene Köcks Fähigkeiten eine Rolle spielen und nicht das Gerät allein verantwortlich ist. Das Gerät hatte sie sich in erster Linie deswegen gekauft, weil ein paar Skeptiker gerne sehen wollten, was mit ihnen geschieht – und das sieht man am »Scio« sehr wohl.

Eine verzweifelte Kärntnerin bat Irene Köck telefonisch um Hilfe für ihren Vater, der im Koma lag. Die Therapeutin weiß inzwischen, dass sie sich, ehe sie eingreift, mit dem Höheren Selbst verbinden muss, um herauszufinden, ob sie überhaupt eingreifen darf. »Früher habe ich immer gleich drauflos gearbeitet, und danach ist es mir oft nicht sehr gut gegangen.« In diesem Fall war Hilfe ausdrücklich gestattet. Sie schob ausnahmsweise am Wochenende zwei Stunden Frequenzarbeit ein. Als die Dame danach am Bett ihres Vaters saß, ergriff dieser sofort ihre Hand. Von Mal zu Mal, wenn Köck sich ihrer Frequenzarbeit widmete, ging es dem alten Herrn besser: »In der Zwischenzeit ist er schon auf der Rehabilitation. Später hat mir die Anruferin gestanden, dass die Ärzte bereits die Herz-Lungenmaschine abdrehen wollten. Aber wie durch ein Wunder erholte er sich plötzlich.«

Irene Köck ist es gewöhnt, dass sie immer erst dann um Hilfe gebeten wird, wenn die Schulmedizin nicht mehr ausreicht. Sie weist die Anrufer freilich behutsam darauf hin, dass sie nichts versprechen kann: »Ich kann nur über die Ferne arbeiten.«

Dass sie früher mit ihrem Können Raubbau betrieben hat, ging auf Kosten ihrer Gesundheit: »Das Leid der Menschen hat mich stark mitgenommen. Mit der Radiästhesie habe ich deshalb schon lange aufgehört, dabei habe ich alle möglichen Zustände bekommen. Heute gehe ich sehr vorsichtig mit meinen Kräften um. Vermutlich muss ich alle diese Krankheiten durchmachen, damit ich dann durch das Wissen, wie sie zu heilen sind, anderen helfen kann. Das ist ja bei den meisten Heilern so.«

Bei ihrer ersten Arbeitsstelle hatte Irene Köck schnell 15 Kilogramm zugenommen, weil sie den Patienten ihren seelischen »Müll« abgenommen hatte: »Ich habe damals genauso viel gegessen wie jetzt, aber ich wusste nicht, wie ich mit diesen Belastungen umgehen sollte. Ich musste im Lauf der Zeit selbst alte Muster auflösen, die mein Vorleben betrafen. Mit Hilfe wunderbarer Menschen ist mir das gelungen.« Davor ging es ihr allerdings drei Jahre lang sehr schlecht, sie hatte Lungen- und Darmentzündung, Nagelbett- und Kiefereiterung: »Bei meiner Gehirnhautentzündung hatten mich die Ärzte überhaupt als Simulantin hingestellt. Sie meinten, ich bräuchte eigentlich nur mehr zu schlafen, die Kopfschmerzen kämen von einem Burn-Out-Syndrom. Der Arzt, der mich aus dem Spital heim schickte, obwohl er gesehen hatte, wie schlecht es mir ging, meinte ironisch, wenn es mir wieder besser ginge, käme er auch einmal zu mir in Behandlung.«

Irene Köcks »Scio« hatte sofort die richtige Diagnose gewusst. Er schrieb: »Gehirnhautentzündung.« Ein befreundeter Arzt erkannte, dass sie sich in Thailand, wo sie gemeinsam mit ihrer Freundin ein vermisstes Kind gesucht hatte, die Viren eingefangen hatte. Mit Mineralstoffen, »Scio«-Behandlungen, Entgiftungen und viel Schlaf konnte Irene Köck zum Glück ihre Gesundheit wieder vollkommen herstellen: »Menschen, die von Ärzten aufgegeben werden, kann ich heute jedenfalls sehr gut verstehen. Genau die sind es, die zu mir kommen.« In ihrem kleinen Büro arbeitet Irene Köck Hand in Hand mit Experten: »Medizinern, Psychotherapeuten und Krebsspezialisten, die wie ich sehr sensitiv sind.«

Köck ist neuen Ideen und Betrachtungsweisen gegenüber stets aufgeschlossen und – das rät sie auch ihren Klienten – kritisch. Mit einfachen Mitteln gut und günstig helfen und nie stehen bleiben ist ihre Berufs-Maxime. Während auf ihrem »Scio«-Gerät ein Programm für Gehirnwellensynchronisation viel länger dauert und mehr kostet, kann sie jetzt mit einer neuen Meditations-CD den Menschen helfen, Stress, die Hauptursache vieler Krankheiten, abzubauen, sich wieder besser zu konzentrieren, persönliche und berufliche Ziele zu fokussieren, Konzentrationsvermögen, Lern- und Leistungsfähigkeit zu steigern, den Körper bewusst zu entspannen und vor allem das energetische Gleichgewicht wieder zu finden. »Mittlerweile interessieren sich auch schon Schulen dafür, denn für Kinder ist es so wichtig sich konzentrieren zu können, um endlich wieder Ruhe zu finden und sich umzuprogrammieren. Die heutigen Kinder sind überfrequentiert vom Fernsehen, Playstation-Spielen und so weiter.« Sie selbst hält es mit dem französischen Schriftsteller Antoine de Saint-Exupéry und seinem Kleinen Prinzen: »Das Wesentliche siehst du nur mit deinem Herzen.«

Reinhard Leeb ist im niederösterreichischen Mostviertel aufgewachsen und lebt und arbeitet heute in Wien. Er begann nach der Matura zunächst mit einem Chemiestudium, ehe ihn die Pflanzenalchemie in ihren Bann zog und bis heute nicht mehr losließ. Er absolvierte neben seiner Arbeit als EDV-Spezialist verschiedene Studien, unter anderem in Yoga, Astrologie und Schamanismus. Bei seinen Seminaren und Vorträgen über Pflanzenalchemie und speziellen Kräuterwanderungen geht es nicht nur darum zu wissen, wie die einzelnen Heilpflanzen verarbeitet beziehungsweise erkannt werden können, sondern auch darum, den Pflanzengeistern vorgestellt zu werden. Aus schamanischer Sicht ist erst dann eine Verwendung der Pflanzen zielführend. Unter anderem werden bei den Kräuterwanderungen auch die Sammelzeit und der Sammelort, zu sammelnde Pflanzenteile, Aufbewahrung der Pflanzen, Verarbeitung und mögliche Verwendungen diskutiert.

Kontakt: Telefon: +43 (0)699/ 1 925 14 17,
Internet: info@pflanzenalchemie.at, www.pflanzenalchemie.at

Reinhard Leeb

Destilliere, bis sich am Kolben Tropfen bilden wie vom Taue

Die Pflanzenalchemie ist ihm »eher passiert«, meint Reinhard Leeb. Er hatte sich schon aus Tradition immer für Pflanzen interessiert: »Mein Urgroßvater hat Kräuter gesammelt, danach die Großmutter, und jetzt die Tante. Andererseits faszinierte mich immer die Chemie: Wie Stoffe aufeinander reagieren.« Dazu kam noch das Interesse für Kunst: »Ich habe viel gezeichnet und grafisch gearbeitet. Mit 17, 18 wollte ich eigentlich noch Kunst studieren, bis ich mich dann doch für Chemie entschieden habe. In meinem Leben bestand immer die Verknüpfung von Kunst und Wissenschaft.«

Das »Praktische Handbuch der Pflanzen-Alchemie« von Manfred M. Junius, das Leeb mit Anfang 20 in die Hände fiel, war für ihn dann mehr oder weniger der Auslöser, sich näher mit der Materie zu befassen. Schon beim Durchlesen hatte er sofort verstanden, worum es hier ging, und gleich angefangen zu experimentieren.

Manfred M. Junius hatte die Pflanzenalchemie im Wesentlichen mit dem Begriff »Spagyrik« gleichgesetzt. Unter Alchemie verstand er das »Große Werk«, die alchemistische Arbeit mit Erzen und Metallen – und als Spagyrik das »Kleine Werk«, die Arbeit mit Pflanzen: »So halte ich es in meiner Arbeit auch«, so Leeb. Wie in der Alchemie allgemein findet auch in der Pflanzenalchemie eine Trennung in die drei Prinzipien Sulphur (Schwefel), Merkur (Quecksilber) und Sal (Salz) statt. Die stofflichen Träger dieser Prinzipien in der Pflanzenalchemie sind, in groben Zügen: die ätherischen Öle als Träger des Sulphurs, der Alkohol als Träger des Merkurs und die pflanzlichen Salze als Träger des Sal-Prinzips. Sie werden durch Destillation, Fermentation (Gärung) und Calcination (Veraschung) getrennt, gereinigt und wiedervereinigt. Ganz nach der Philosophie des »Solve et Coagula« (latein: Lösen und Wiedervereinigen).

Zur Gewinnung einer spagyrischen Essenz werden im Wesentlichen sechs Schritte durchgeführt: Die Gewinnung der ätherischen Öle durch Wasserdampfdestillation, die Vergärung der Pflanzen, die Destillation des Alkohols aus der Vergärung, die Veraschung der Pflanzenreste, die Gewinnung der wasserlöslichen Salze aus der Pflanzenasche und die Vereinigung von ätherischem Öl, Alkohol und dem Salz. Eine spagyrische Tinktur ist etwas einfacher in der Herstellung, allerdings auch nicht so feinstofflich in der Wirkung und nicht so lange haltbar wie die Essenz. Die Prozesse, die dazu führen, sind: Die Mazeration der Pflanzen (Herauslösen der Wirkstoffe) mit Alkohol, die Veraschung der Pflanzenreste, die Gewinnung der wasserlöslichen Salze aus der Pflanzenasche und die Vereinigung des alkoholischen Auszugs mit dem Salz.

Reinhard Leeb begann mit der Herstellung von einfachen Tinkturen und experimentierte in jahrelanger Laborarbeit: »Die erste Tinktur, die ich entwickelt habe, war aus der Eichenmistel, aber nicht aus der weißen, die die alten Druiden verwendet haben, sondern bei uns hat die Eichenmistel gelbe Beeren. Wobei sich mein Labor damals immer in der Küche befand. Denn Alchemie sollte ja nicht vom Leben abgespalten oder abgehoben sein, sondern – genauso wie schamanische Tätigkeiten – mitten darin stattfinden.« Getreu seiner Erkenntnis »Wenn ein Alchemist gut kochen kann, ist er auch ein guter Alchemist, denn dann weiß er, wie man mit Stoffen und Materie umgeht« kocht auch Leeb gern und gut.

Das letzte Stückwerk in seiner Entwicklung zur Pflanzenalchemie war die Beschäftigung mit Schamanismus: »Als ich gesehen habe, was Schamanen machen, habe ich viele Gemeinsamkeiten mit meiner Arbeit entdeckt. Da war sehr viel dabei, was ich vorher schon ganz automatisch gemacht hatte.«

Dazwischen gab es für ihn auch wichtige Phasen der Beschäftigung mit Astrologie, Yoga und anderen esoterischen Wissenschaften: »Ich habe dann festgestellt, dass die verschiedenen Teile alle zusammenpassen. Es gibt einen Konnex. Wobei die Pflanzenalchemie absolut mein Ding ist.« Er hat sich trotzdem jahrelang gesträubt, Alchemist genannt zu werden: »Und ich habe nach wie vor ein ungutes Gefühl dabei. Denn was ich eigentlich betreibe, ist die Spagyrik, dabei werden Präparate aus Pflanzen, Mineralien, Metallen oder anderem bereitet, die man dann zu Heilzwecken anwenden kann.« Allerdings wird die Spagyrik vom öffentlichen Gesundheitssystem nicht anerkannt. »Es finden sich zwar im homöopathischen Arzneimittelbuch Vorschriften für die Herstellung spagyrischer Arzneien, aber meines Erachtens kann man diese Vorschriften mit ganz wenigen Ausnahmen vergessen, denn dabei geht soviel von dem verloren, was eigentlich wertvoll und wichtig wäre. Mehrere Vorschriften dürften auch nicht ›spagyrisch‹ genannt werden, da wichtige Arbeitsschritte ganz fehlen oder nur halbherzig durchgeführt werden. Es wird in den Vorschriften leider auch nicht wirklich auf die Ausgangsstoffe Wert gelegt, die aber das Um und Auf sind. Wenn ich zum Kochen schlechte Lebensmittel verwende, kann ich auch keine supertolle Speise daraus bereiten. Ich brauche schon auch gute Ausgangsprodukte.«

Die Wurzeln der Alchemie als Wissenschaft oder vielmehr Lebensphilosophie beziehungsweise ganzheitliche Weltanschauung lassen sich mehrere tausend Jahre zurückverfolgen. Ihre Ursprünge finden sich in Indien und im alten China, und führen über den arabischen Raum nach Europa. Die Zeit des Mittelalters war eine Blütezeit des alchemistischen Arbeitens, damals waren berühmte Männer wie Albertus Magnus, Abu Ali al-Husain ibn Sina-e Balkhi (latinisiert: Avicenna), Nicolaus Flamel, Hollandus, Basilius Valentinus oder Paracelsus entsprechend tätig. Über Johann Wolfgang von Goethe und Sir Isaac Newton reicht die Tätigkeit im alchemistischen Labor bis hin zu unseren Zeitgenossen Manfred M. Junius und Frater Albertus.

In den Klöstern wurde nur selten Alchemie betrieben. Es gab zwar einzelne Mönche, die sich dieser Wissenschaft widmeten, wie Basilius Valentinus, aber sie waren eher die Ausnahme. Das, was uns heute als Klostermedizin bekannt ist, hat nichts mit Pflanzenalchemie zu tun. Dabei handelt es sich um gute alte Kräuterrezepte, aber nicht um Alchemistisches. Die Ursprünge der Alchemie werden Hermes Trismegistos (bei dem es sich um eine fiktive Figur handeln dürfte – sein Name kommt aus dem Griechischen: »Dreimal größter Hermes«) zugeschrieben, der für den ägyptischen Mondgott Thoth steht, und auf den auch die Entwicklung der Hieroglyphenschrift zurückgehen soll. Er ist auch der Meister aller drei Reiche: des seelischen, geistigen und weltlich-materiellen.

Der letzte große bekannte Alchemist in Europa war Paracelsus. Er hat noch viel Spagyrik und Pflanzenalchemie betrieben. »Wobei ich davon ausgehe, dass es in seiner Zeit und davor üblich war, Pflanzenauszüge oder anderes so zuzubereiten, wie es die Kunst der Pflanzenalchemie vorschreibt«, meint dazu Leeb. Im Lauf der Zeit wurde viel von dem weggelassen, was eine alchemistische Essenz ausmacht. Schüssler-Salze beispielsweise oder die üblichen Tinkturen, die man in der Apotheke zu kaufen bekommt, sind Teil von einem solchen Elixier. Auch die ätherischen Öle der Aromatherapie gehören zur Pflanzenalchemie.

Der Alchemist geht davon aus, dass die Natur unvollkommen ist und ihrer Vollendung entgegenstrebt. Diese Verwandlungsprozesse (Transmutationen) benötigen normalerweise sehr lange und erstrecken sich teilweise über mehrere Erdzeitalter. Die Kunst des Alchemisten besteht darin, diese Prozesse zu beschleunigen, und die Stoffe oder »Wesen« in einem sehr kurzen Zeitraum zu ihrer Bestimmung zu führen. In dieser vollkommenen Form dienen diese dann dem Menschen zur Heilung und Weiterentwicklung.

Das Streben nach dem alchemistischen Gold – die Verwandlung von Blei in Gold und der »Stein der Weisen« – hat der westlichen Welt unter anderem die Rezeptur für die Porzellanherstellung und die Entdeckung einiger chemischer Elemente (zum Beispiel

Phosphor) eingebracht. Die Transmutation unedler Metalle in Gold und das ewige Leben spendende Elixier sind für den Alchemisten nur oberflächlich betrachtet eine Motivation, sich auf die verschlungenen Wege der Alchemie zu begeben. Während seiner Arbeiten ist er nämlich selbst Entwicklungen ausgesetzt. Diese Ent-Wicklungen entsprechen der inneren oder seelischen Alchemie, die parallel zur Arbeit im Laboratorium stattfindet. Nach dem Leitspruch »Wie oben, so auch unten« finden diese Verwandlungsprozesse sowohl im Innen (im Alchemisten selbst) als auch im Außen (in den Reaktionsgefäßen des Labors) statt. Sie stellen im Grunde einen spirituellen Weg dar, dessen Ziel die eigene Vollendung und Bestimmung bedeutet, so auch für den gebürtigen Niederösterreicher Leeb. Dass dabei Produkte und anderes zu Heilzwecken »abfallen«, ist ein angenehmer Nebeneffekt: »Wenn ein Yogi unterschiedliche Übungen macht – körperliche und auch geistige, die mit Konzentration oder Atemtechnik zu tun haben – entstehen als Nebenprodukte besondere Fähigkeiten. Das ist mir passiert: Ich habe eine als ›Pranayama‹ bezeichnete Atemtechnik geübt, und dabei hat sich bei mir mehr oder weniger als Nebenprodukt ergeben, dass ich plötzlich Krankheitsherde an anderen Personen erkennen konnte.«

Solche »Nebenprodukte« gibt es auch in der Alchemie: Die Heilkräfte und die Essenzen, die dabei entstehen, sind eine Art Nebenprodukt, und sie werden im Lauf der Zeit besser, weil die eigenen Fähigkeiten sich verbessern, daher sind die Produkte immer nur so gut wie der Alchemist, der sie herstellt. Das eigentliche Ziel aber ist, auch für Leeb, die Vervollkommnung: »In erster Linie die eigene, und in zweiter Linie die der Welt. Der Gedanke, der dahinter steht, ist, dass man den göttlichen Plan in größerer Geschwindigkeit durchführt.«

Gemeinhin wird die Naturwissenschaft der Chemie als Nachfolgerin der Alchemie gesehen. Bei genauer Betrachtung ist jedoch die Chemie nur ein Teilbereich der Alchemie, der auf den spirituellen Teil der Arbeit, auf zeitliche und räumliche Qualitäten verzichtet. Alchemie beruht auf dem Trennen der Prinzipien, deren Reinigung und der Wiedervereinigung. Die Chemie legt ihren Schwerpunkt in die Trennung der Stoffe und hat dabei die Techniken der Reinigung verbessert. Eine Wiedervereinigung findet jedoch nicht statt.

Bei alchemistischer Arbeit ist Fingerspitzengefühl gefragt, weiß Reinhard Leeb aus Erfahrung: »Ich sehe an der Veränderung der Substanz, wann die Destillation fertig ist. Eine alte Schrift von Hollandus aus dem 15. Jahrhundert erwähnte damals schon die Anleitung: ›Destilliers bis sich am Kolben Tropfen bilden wie vom Taue!‹ Das kann man leicht nachvollziehen: Wenn man Alkohol aus so einer Vergärung destilliert, hat man vorher die feinen Alkoholschlieren. Wenn der Alkohol aber überdestilliert ist, dann fängt das Wasser an, sich im Kolben wie mit Tautropfen zu beschlagen. Dazu braucht man kein Thermometer. Darum konnten die Menschen damals auch ohne Thermometer sehr genau arbeiten.«

Spagyrik und Homöopathie haben überhaupt nichts miteinander zu tun. Der wesentliche Unterschied zwischen den beiden: Homöopathie arbeitet viel mit Information. Leeb lernte auch damit umzugehen, er »schwört« auf Homöopathie und findet sie wunderbar. Bachblüten bezeichnet er dagegen als sehr »weiche Drogen«. Das gern zitierte Credo für alle diese Mittel, »Hilft es nichts, so schadet es nichts« gilt für ihn jedoch sicher nicht: »Man kann sich mit Homöopathie, wenn man es darauf anlegt, sicherlich auch umbringen. Und ich gehe davon aus, dass man es mit Bachblüten unter Umständen auch kann. Von der Menge her könnte man auch ein Kilo einer homöpathischen Arznei auf einmal zu sich nehmen, und es würde einem nicht schaden, denn die Dosierung ist bei der Homöopathie völlig egal. Die Frequenz ist jedoch sehr wichtig. Wenn ich das Mittel über einen Zeitraum von drei Wochen alle halben Stunden nehme, dann entwickle ich genau die Symptome, die die Arznei im Vergiftungsfall auslösen würde. Und auch der Tod gehört zum Symptombild mancher Arzneien …«

In der Spagyrik ist es ebenso: Die Mittel sind zwar alle ungiftig, aber sie sind nicht harmlos: »Die Natur kann ziemlich gefährlich sein, oft sogar tödlich. Ich arbeite derzeit an einer Belladonna-Essenz, dabei ist aber von den Alkaloiden, die normalerweise in der Tollkirsche enthalten sind, in der Essenz nichts mehr zu finden. Aber sie haben natürlich trotzdem die Wirkung einer Tollkirsche. Diese Zusammenhänge kann man über physikalische Grundlagen teilweise nicht erklären. Tausendguldenkraut zum Beispiel ist ein extrem bitteres Kraut. Und Bitterstoffe gehen normalerweise durch die Destillation verloren. Wenn man aber die fertige Essenz kostet, lässt sie einen Bitteres schmecken, obwohl stofflich nichts Bitteres da ist. Hier ist sicher zum Gutteil die Information dafür verantwortlich, eine Art Vital-Kraft scheint dennoch mitzukommen.«

In der Alchemie ist es einer der wichtigen Prozesse, Salz flüchtig zu machen. Dieser Prozess wird als »Sal Volatile«, fliegendes Salz, bezeichnet. Solche Salze gehen in jede Zelle und machen einen sehr wichtigen Anteil der Tinkturen und Essenzen aus. Und auch die Gärung nimmt eine zentrale Stellung ein, Putrefactio ist der Überbegriff. Bei Mineralen und Metallen gibt es keine Gärung, sondern da wird die Putrefactio über Zugabe von Schwefel oder Salpeter sowie durch Kochen bei sehr hohen Temperaturen erreicht.

Die Basis der Alchemie ist die Reinheit im Labor: »Wobei das nichts mit staubfrei oder klinisch sauber zu tun hat«, so Reinhard Leeb, sondern mit der Einstellung, mit der man an die Arbeit herangeht: mit Verantwortungsgefühl und Respekt den Pflanzen gegenüber.« Dazu Reinhard Leebs Leitspruch: »Wenn man schlecht drauf ist, dann holt man keine Kräuter und geht nicht ins Labor. Dann ist es besser, die Arbeit zu lassen, sich mit dem zu beschäftigen, was einen belastet – und das andere später zu machen.«

In seine Seminare kommen teilweise Menschen, die sich dafür interessieren, was Alchemie ist: »Der Begriff macht sicherlich ein bisschen neugierig. Auf der anderen Seite gibt es einige Firmen, die spagyrische Mittel mit unterschiedlicher Qualität für alle Gesundheitsbereiche produzieren. Angefangen von schweren Erkrankungen bis zu leichtem Schnupfen, mit ähnlicher Bandbreite wie homöopathische Mittel. Und manche Menschen wollen einfach einmal reinschnuppern und erfahren, wie diese Mittel hergestellt werden.«

Die zweite Gruppe der Interessenten kommt eher aus der Richtung Schamanismus, und die dritte »aus dem Kräutereck«, die vierte Gruppe bilden die Apotheker: »Diese Seminaristen haben meistens schon selbst viel mit Kräutern gearbeitet, viele Tinkturen, Ölauszüge oder Salben hergestellt und wollen ihr Spektrum erweitern.«

Alles, was aus der Natur kommt, ist aber nicht automatisch harmlos, so Leeb: »Es gibt durchaus Pflanzen, die einem nicht sonderlich gut gewogen sind. Die Beziehung Mensch-Pflanzengeist ist sehr individuell und wirkt sich bei verschiedenen Menschen auch unterschiedlich aus.« Bis jetzt arbeitet er hauptsächlich mit Pflanzengattungen, mit denen er sich gut versteht und bereitet auch Essenzen von exotischen Pflanzen: »Man muss darauf Rücksicht nehmen, dass diese auch eine andere Mentalität haben. Ich habe zum Beispiel mit weißem Salbei gearbeitet, der aus kalifornischen Reservaten kommt. Oder mit der kanadischen Roten Zeder: Die Einstellung, mit der sie gesammelt wurde, merkt man an der Pflanze, sobald man sie in der Hand hat, obwohl sie getrocknet ist und eine lange Reise hinter sich hat.«

Als Beispiel weiß Reinhard Leeb folgendes zu berichten: »Ich bekomme die Zeder immer in Bündeln geliefert, die man normalerweise zum Räuchern anzündet. Um die Essenz machen zu können, musste ich natürlich das ganze Bündel aufmachen, und dann die Zeder klein schneiden. Und während der Arbeit habe ich die ganze Zeit gesungen. Ich weiß vom Lieferanten, wer die Bündel gemacht hat: eine Frau, die während der Arbeit singt. Und ich habe beim Auspacken wieder gesungen. Da merkt man erst, was eigentlich alles im Hintergrund läuft.«

Beim Experimentieren mit Mineralen oder Metallen hält sich Reinhard Leeb noch zurück, damit hat er erst letztes Jahr zu arbeiten begonnen: »Ich finde es gut, dass man in dem Bereich nie auslernt. Meiner Überzeugung nach ist alles beseelt, jedes Tier, jede Pflanze, auch jeder Stein. Das ist die schamanische Sicht.«

Viki Mertens, Parapsychologin, Metaphysikerin, Hellseherin, Hellhörende und Hellriechende, lebt schon seit ihrer Kindheit mit einem »Zweiten Gesicht«. Die Skorpion-Geborene (Aszendent: Löwe), die auch als Schreibmedium beste Erfolge vorzuweisen hat, machte zunächst ein Diplom als medizinische Kosmetikerin und jobbte als Sängerin in einer Tanz-Band, um sich ihr Musik- und Psychologiestudium zu finanzieren. 1982 wurde sie Mitglied der anerkannten Spiritual Association of Great Britain am Belgrave Square London und gründete im dritten Wiener Gemeindebezirk das »Institut für Biophysik und angewandte Bioenergie« zur Kommunikation und Wissensvermittlung. Schwangerschaften und Eheschließungen (auch ihre eigene) hat die 42-Jährige bereits genauso erfolgreich vorhergesagt wie beispielsweise 1976 den Fall der Berliner Mauer für Ende der 1980er Jahre. Ihr exakt prognostiziertes Wahlergebnis der Wiener Landtagswahl im Oktober 2005 wurde mit anderen Hellsehern und dem Gallup-Institut im Vergleich abgedruckt – alle anderen lagen weit daneben. Viki Mertens trat unter anderem in der »Barbara Karlich-Show« auf, bei Pro 7 »Arabella«, »Schiejok täglich«, »Willkommen Österreich«, und »Panorama« mit Walter Pissecker. Artikel über sie erschienen bereits in »Die Zeit«, »Die ganze Woche«, »Para«, »Maxima«, U-Bahn-Express« und vielen anderen Zeitungen oder Zeitschriften. Viki Mertens mediale Lebensberatung wird weit über die österreichischen Landesgrenzen hinaus geschätzt, unter anderen in Deutschland, England, USA oder Spanien.

Kontakt: Telefon: +43 (0)664/ 65 44 001

Viki Mertens

Bei Katastrophen spüre ich die Angst schon vor dem Ereignis

Vikis Großmutter, bei der sie hauptsächlich aufwuchs, hatte einen sehr schönen Garten mit blühenden Apfelbäumen, den die Kleine liebte: »Ich habe bereits als Vierjährige um jeden Menschen herum Farben gesehen, schöne oder hässliche.« Schlechte Gedanken zeigen sich oft wie eingeschmutzte Farbe, Dunkel bedeutet jedoch nicht generell negativ: »Verschiedene Farbintensitäten korrespondieren mit verschiedenen Ebenen. Gelegentlich ist es vielleicht gar nicht schlecht, ein dunkles Blau in der Aura zu haben, weil man dadurch für jemanden, vor dem man geschützt wird, nicht wahrnehmbar ist. Dass ich den Leuten, die keine gute Aura hatten, partout nicht die Hand geben wollte, trug mir von den Erwachsenen so manche Rüge ein. Aber man muss ja nicht von allem haben.«

Die Großmutter war die einzige, die nach und nach ihr »zweites Gesicht« akzeptierte. Als sie elf Jahre alt war, stand eines Tages Urgroßmutter – »Urli« – mit einem Koffer in der Hand vor Vikis Kinderzimmer. Sie sah wunderschön aus und meinte: »Ich mache jetzt eine Reise. Sag allen, dass es mir gut geht.« Erst eine ganze Weile später konnte das Mädchen erfahren, dass die hochbetagte Urli just zu diesem Zeitpunkt im Spital verstorben war. Auch wenn Erlebnisse wie dieses für die Hellseherin etwas völlig Normales waren, wollte die Großmutter nicht, dass etwas über ihre Fähigkeiten nach außen dringt. Als Klosterschülerin hatte Viki trotzdem einige Schwierigkeiten: »Ich kam lange Zeit gar nicht auf die Idee, dass ich über eine spezielle Begabung verfüge, und habe immer gesagt, was der Wahrheit entsprach, und bin mehrfach angeeckt. Als ich beispielsweise einmal an den grünrosa Schwingungen in der Aura einer unverheirateten Lehrerin gesehen hatte, dass sie sehr wohl mit ihrem Freund zusammen war, obwohl sie uns immer gepredigt hatte, dass Sex vor der Ehe verboten ist, habe ich ihr das auf den Kopf zugesagt. Es gab einen Riesenskandal – und ich lernte endlich, den Mund zu halten.«

Als Mertens 1979 zum ersten Mal konsultiert wurde, handelte es sich um eine Schuldirektorin, die bis zu ihrem Tod mit 90 Jahren zu ihr kam: »Viele fanden, ich wäre viel zu jung für mein Metier als Hellseherin, doch für meine erste Klientin spielte das keine Rolle. Das war sehr aufbauend für mich.«

Viki Mertens hat immer schon gern Patiencen gelegt. Sie besitzt heute eine umfangreiche Kartensammlung, am liebsten verwendet sie aber jene, die ihr eine sehr alte Dame vor ihrem Tod schenkte: »Die Karten wurden vor rund 150 Jahren in Wien gedruckt und sind wahrscheinlich die ersten Karten, die ähnlich wie die Zigeuner-Wahrsagekarten sind – aber anders gezeichnet und mehr als 36 Stück. Ich habe vor, diese Karten neu aufzulegen, denn sie sind phänomenal.«

Viki Mertens weiß, dass es völlig gleichgültig ist, was auf dem Tisch liegt: Man könnte ihr Papierbögen in tausend Schnipsel zerschneiden, irgendetwas darauf vermerken oder zeichnen und kunterbunt auf den Tisch werfen – sie würde daraus das Nämliche lesen wie aus Karten. »Ich habe unter anderem auch eine Zeitlang als Sängerin in Griechenland gelebt. Und immer, wenn die Musiker zur Zerstreuung Karten spielten und ich in ihre Blätter hineinschaute, habe ich sofort alle möglichen Geschichten darin gesehen. Ich habe zum Beispiel in den Karten schon die Scheidung des Lokalbesitzers gesehen, da war der gerade frisch verheiratet und Vater seines ersten Kindes.«

Erst nach und nach hat sie gelernt, »zuzumachen«, denn wenn man ununterbrochen Dinge sieht, die man zum Teil gar nicht sehen möchte, ist das sehr anstrengend: »Bei Katastrophen spüre ich die Angst schon vor dem Ereignis, das ich geographisch aber nicht immer zuordnen kann. Meine oberste Maxime ist, die Menschen nicht in Panik zu versetzen, sondern ihnen im Gegenteil Lösungsmöglichkeiten anzubieten.« Zur Belastung wird diese Fähigkeit, sobald man sieht, dass auf einen Menschen etwas zukommt, was er verhindern könnte, indem er in irgendeiner Art und Weise seine Einstellung oder sein Verhalten verändert. Doch der Betreffende geht wie mit Scheuklappen schnurgerade auf den Punkt zu. Dazu Mertens: »Ich sage trotzdem nur dann etwas, wenn Derjenige es auch wirklich wissen will.«

Viki Mertens stellt den Klienten frei, andere Hilfen in Anspruch zu nehmen, ehe sie eine wichtige Entscheidung treffen: »Im Idealfall holen sich Kinder ja auch bei ihren Eltern Rat, weil sie deren größeres Wissen schätzen. Aber die Möglichkeit, bewusst in sein Leben einzugreifen, sollte jedem freistehen. Denn das Leben ist ein Lernprozess. Bei einem Lernprozess muss ich fragen dürfen. Es ist unnötig, sich 20 Mal an der gleichen Stelle am Finger zu verbrennen, um am Ende zu wissen, dass man sich verbrennt, wenn man ins Feuer greift. Die einen wollen wissen, warum sie sich verbrennen, und die anderen lernen aus Erfahrung, sobald sie sich verbrannt haben. Jeder ist anders.«

Im Lauf der Zeit hat die Sensitive bemerkt, dass sie manche Ereignisse im Vorhinein weiß, die sie nicht interpretieren kann: »Und dann soll das auch gar nicht sein, weil die Dinge schon geregelt sind.«

Sehr häufig kommen Menschen zu ihr, die Probleme mit Mitmenschen haben, mit denen sie sich überhaupt nicht verstehen – auch wenn dies scheinbar jeder Grundlage entbehrt. Auch im umgekehrten Fall, wenn man sich nämlich mit Menschen auf Anhieb besonders gut versteht, können irgendwelche Vorleben, sprich: Inkarnationen, dabei eine Rolle spielen. »In so genannten Karma-Readings, die als Einzelsitzungen stattfinden, kann man Rückblicke auf vergangene Leben in Bezugnahme auf Personen und Ereignisse, das gegenwärtige Leben betreffend, halten. Manche Menschen verstehen nach so einer Rückschau besser, warum sie in bestimmten Situationen so und nicht anders reagieren. Da wird dann oft ein Faden aufgegriffen, der das Problem in diesem Leben löst, beispielsweise gesundheitliche Probleme wie Kopfschmerzen. Freilich ist nicht jedem, der Kopfschmerzen hat, als Römer ein Stein auf den Kopf gefallen«, gibt Mertens lachend zu bedenken. Auch auf der Beziehungsebene gelten ähnliche Erfahrungen. Mertens: »Das, was die Menschen am meisten peinigt, ist immer die Frage nach dem Warum. Manche werden mit dem nötigen Hintergrundwissen dem anderen gegenüber dermaßen tolerant, dass dieser ihn nicht mehr kränken kann.«

Man muss eine Erfahrung nicht unbedingt ein zweites Mal machen: »Will man wissen, wie Schokolade schmeckt, genügt ein Stück davon: Man braucht nicht gleich eine ganze Tafel zu essen. Leider werden manchen Menschen ihre Erfahrungen nicht bewusst. Keine Rede davon, dass sie nicht lernen wollen: Sie wissen nur nicht, dass sie etwas Bestimmtes lernen sollen.«

Viki Mertens ist davon überzeugt, dass sich jeder Mensch vor der Geburt verschiedene Aufgaben stellt, die er in seinem Erdendasein zu erledigen gedenkt. Mit diesem Gedächtnis wird der Mensch geboren, doch zunächst ist der Säugling nicht fähig, all dies zu artikulieren. Zwischen dem sechsten und siebenten Lebensjahr verankert sich die Seele fix mit dem Körper, die Fontanelle schließt sich – dann fängt das große Vergessen an. In der Pubertät wird der Emotionalkörper schließlich mit seinen Erinnerungen konfrontiert, aber nicht mit dem Verstand verbunden. »Hier liegt das Problem mehr als in der hormonellen Umstellung«, meint Mertens.

Seit ihrem siebzehnten Lebensjahr beschäftigt sich Mertens gezielt mit dem Jenseits. Dabei steht sie zum Teil in Verbindung mit anderen Wesenheiten. Über verschiedene Zeitabschnitte wurde sie von unterschiedlichen Gruppen unterstützt, beschützt und geleitet: »Eingehüllt wie in einen Kokon. Denn bei dieser Arbeit ist man ja sehr offen.« Die Informationen, die Viki Mertens durchbekommt, sind oftmals ganz banal: »Weil die im Jenseits soviel Humor haben. Es ist unwahrscheinlich, was dort für ein Gelächter und Jubel herrscht. Jeder von uns kennt das Gefühl, plötzlich lachen zu müssen, scheinbar ohne jeden Grund. Das bedeutet aber nichts anderes, als dass man in diesem Moment mitten in der Energie der Engel steht. Das löst im Körper ein grundloses

Lächeln oder Lachen aus. Es kitzelt einen richtig, man ist total amüsiert und weiß gar nicht warum. In dieser Sekunde ist man mitten in der Energie der Engel.«

Mit den Jahren hat die Fähige gelernt, sich vor schlechten Energien zu schützen: »Ich wurde zum Glück mehr und mehr Herrin der Lage, obwohl ich weiterhin meinen Schutzengel und andere Wesen habe, die mich weiter beschützen. So wie man in der Volksschule damit anfängt, ein wackeliges ABC zu schreiben, und später in seiner Handschrift fließend dahinschreibt.«

Die Professionalität hat sich schließlich von selbst ergeben, so haben sich zum Beispiel auch ihre Seminare wie von selbst zusammengestellt. »Menschen haben mich dabei nie unterstützt, aber ich hatte unglaublich viel Hilfe von drüben, das fasziniert mich heute noch.«

Um ihre Erfahrungen weiter zu geben, arbeitet Mertens derzeit an verschiedenen Buch-Manuskripten gleichzeitig. Eines davon handelt von den Genien der Erdgürtelzone: »Das ist etwas ganz Besonderes. Dabei kann man mit einem Siegel – wie mit einer Telefonnummer – die Geistwesenheit ansprechen und um Hilfe bitten. Mein zweites Thema beschäftigt sich mit der Frage, wie es im Jenseits aussieht, denn das wird am meisten an mich herangetragen. Und viele Bücher darüber sind so verschroben geschrieben, dass man fast Angst davor haben muss. Für dieses Buch habe ich viel Material von Klienten mit Jenseitskontakten gesammelt.« In einem weiteren Buch geht es um Gedankenkraft und die dazu von ihr entwickelte patentrechtlich geschützte Methode »Mind Power – Power Mind«, mit der man sehr viel bewegen kann. Aus allen ihren Erfahrungen weiß Viki Mertens genau, dass »der Körper ein wertvoller Tempel ist, ein Geschenk, auf das man aufpassen und das man auch instand halten muss. Wir inkarnieren, um dieses Leben in den Griff zu bekommen, das ist das Wichtige auf diesem Planeten. Es stehen uns allerlei Möglichkeiten und Mittel offen, die wir sehr wohl nützen dürfen.«

Ingrid Noé-Nordberg, geboren im Sternzeichen Fische mit Aszendent Jungfrau, hatte ursprünglich bereits die Sängerlaufbahn eingeschlagen, ehe sie die Stimme bei einem winterlichen Autounfall verlor. Sie arbeitete danach als Angestellte in einer Vertriebsfirma für landwirtschaftliche Geräte und als Journalistin für Lokalzeitungen. Nebenher machte sie sich nicht nur als Conferencier und Organisatorin von Modenschauen einen Namen, sondern auch als Astrologin. Sie absolvierte eine Ausbildung in klassischer Astrologie mit Schwerpunkt auf karmapsychologischer Lebensberatung und kam über eine Buddhistin schließlich auch zur Zahlenkabbala. Sie ist ausgebildete Reiki-Meisterin und Obfrau des von ihr gegründeten Vereins zur Ausbildung und Förderung des emotionalen Bewusstseins und hält regelmäßig Seminare über »Karmapsychologische Astrologie und Zahlenkabbala«.

Kontakt: A-2380 Perchtoldsdorf, Tirolerhofallee 9
Telefon und Fax: +43 (01) 869 71 86
Internet: astronordberg@aon.at , www.deinesterne.cc

Ingrid Noé-Nordberg

Die Zahlenkabbala zeigt mir das ganze Leben

»Ich empfinde es als meine Mission, die Menschen mit ihren Situationen umgehen zu lehren, ob sie nun unbehaglich sind oder nicht«, sagt Ingrid Noé-Nordberg. Jeder kann lernen, zu seinem Zorn, seiner Traurigkeit oder Angst zu stehen. Bei den Einzelsitzungen ruhen Ingrid Noé-Nordbergs Klienten entspannt auf einem bequemen Fauteuil im Wohnzimmer, die Kabbalistin nimmt ihnen gegenüber Platz und zeichnet auf einem Tonband, das sich die Besucher am Ende mitnehmen können, das Gespräch auf. Bei den Seminaren »Karmapsychologische Astrologie und Zahlenkabbala« nehmen die Teilnehmer für sechs Doppelstunden rund um einen großen Tisch Platz. Wichtigste Übung: An jedweder Situation Freude zu haben. »Auch, wenn etwas vorbei gegangen ist. Man soll die Freude verankern.« Auch wenn Noé-Nordberg die Dinge gern auf den Punkt bringt, wird in ihren Seminaren doch auch sehr viel gelacht. Mit Humor geht alles etwas leichter.

Die Wurzeln der Kabbala finden sich in der Tora, der Heiligen Schrift des Judentums. Die Juden bekamen ihre spirituellen Schriften von Moses, der von ägyptischen Hohepriestern in den Tempeln in die geheimen Lehren eingeweiht worden war. Er übergab seinem Volk sein gesamtes Wissen, fügte aber seinen Büchern, die er in ägyptisch-hebräischer Schrift ohne Vokale abgefasst hatte, einen geheimen Schlüssel hinzu, nach welchem die Vokale in den Text einzusetzen sind. Diesen geheimen Schlüssel finden wir in der Kabbala. Der Begriff Kabbala (Qabbalah) taucht erstmals Ende des 12. Jahrhunderts innerhalb der deutschen chassidischen Bewegung auf und bedeutet den Akt des Empfangens der mündlich oder schriftlich von Generation zu Generation weitergegebenen Tradition. Die Kabbala enthält das ursprüngliche Wissen über

Zahlen, Buchstaben, Symbole, Namen, Farben, Klänge und Mystik und galt lange Zeit als Geheimlehre. In unserer Zeit wird sie immer mehr zu einer Art »Modereligion«: Prominente wie Madonna, Demi Moore oder Mick Jagger sind davon überzeugt, dass in den fünf Büchern Mose alle Prinzipien des Universums überliefert sind. Wer deren geheimen Code versteht, hält ihrer Meinung nach den Schlüssel zu Reichtum und Glück in der Hand.

Die Zahlenkabbala macht anhand der Geburtszahlen sichtbar, welches Karma sich der Mensch von seinen früheren Leben mitgebracht hat. Karma (indisch) bezeichnet den die Wiedergeburt erzeugenden oder Charakter und Geschick der Wesen beeinflussenden heilsamen oder unheilsamen Willen, der sich in körperlichen Taten, in Worten oder bloßen Gedanken äußert: So schafft man sich Karma, das über die Grenzen des Todes hinweg wirkt.

»Kabbala heißt Überlieferung, und die Zahlenkabbala ist die Überlieferung von der Wertigkeit der Anzahl, die über das Althebräische Alphabet geht, wo Buchstaben und Zahlen gleiche Zeichen sind. Und die Zahlenkabbala gibt an, welche Zahlen welche Werte haben.« Ingrid Noé-Nordberg ist von der Beschäftigung mit der Zahlenkabbala sehr angetan, weil sie im Gegensatz zur Astrologie lediglich das Geburtsdatum ihrer Klienten benötigt, um Voraussagen zu machen.

Aus ihrem Grundwissen über die Zahlenkabbala, sechs Stellen, woraus sich sechs Grundzahlen errechnen lassen, hat Noé-Nordberg durch ihre Beschäftigung mit Tarot und Astrologie ein eigenes System entwickelt, mit dem sich errechnen lässt, welchen karmischen Auftrag ein Klient hat. Die ersten drei Grundzahlen bedeuten die karmische Last, die sich der Mensch aus den Vorleben mitgenommen hat, die letzte Grundzahl die karmische Lösung, und dazwischen liegt das Auf und Ab eines Lebens: »Weil der Mensch nicht in einem Leben alles lernen kann, durchläuft er einen Reinkarnationszyklus. Und damit der so genannte Reparaturauftrag auch funktioniert, sucht er sich ein ganz bestimmtes Elternpaar aus, einen ganz bestimmten Ort und eine ganz bestimmte Geburts-Viertelstunde.« Mit der Zahlenkabbala kann die erfahrene Astrologin sofort die Stellung des Einzelnen innerhalb seiner Familie erkennen, seine Bindungserfahrung aus der Kindheit – die er unbewusst auch auf jeden Partner überträgt – und seine Schatten, die Eigenschaften, die der Mensch an sich selbst absolut nicht mag. »Das ist dennoch positiv, denn man hat sich dieses Muster gewählt, um zu lernen. Wenn man nicht lernen will, erzeugt man sich Schicksalsschläge, mit denen man umgehen muss.«

Weil sie als Beraterin immer wieder mit der emotionalen Not ihrer Klienten konfrontiert ist, hat Noé-Nordberg vor ein paar Jahren den Verein zur Ausbildung und Förderung des emotionalen Bewusstseins gegründet: »Ich habe bemerkt, dass niemand sein Unbehagenspotenzial annehmen möchte, sondern das eigene Unbehagen – stellvertretend für die eigene Not an der Mutter in der Kindheit – lieber der nächsten Bezugsperson um den Hals hängt. Mit dem Effekt, dass diese Bezugsperson ihrerseits, als ›Lohn‹-Forderung, Stillung des Unbehagenspotenziales fordert.« Solche Forderungen werden in Form von Druck ausgeübt, unter Prämissen wie Dankbarkeit, Gegenliebe, Verständnis und vielem mehr: »Die Aufarbeitung solcher Verwicklungen ist komplex und nicht bei einer Sitzung, bei einem Vortrag oder einem Gespräch lösbar. Sie bedarf der konkreten Problemnennung, der Zielarbeit und des Trainings im Alltag. Ein guter Anfang dazu ist das von mir angebotene Fehlerseminar. Mobbing im Beruf, Partnerschwierigkeiten, Geldkalamitäten und andere Probleme – in Wirklichkeit nur selbst gemachtes Unbehagen – sind mit entsprechender Übersicht aufgrund eines Trainings behebbar.« Wer lernt, mit seinen Emotionen heiter, gelassen, geduldig und freundlich zu sich selbst umzugehen, der verändert seine Sicht der Welt, so Frau Noé-Nordberg: »Sein Weltbild wird heller, annehmbarer und fröhlicher. Lebensfreude entsteht durch Können. Vor allem das mit sich selbst freundlich Umgehen können, überall und mit allen, lässt sofort Lebensfreude entstehen.«

Der Oberösterreicher Dietmar Reitsammer lernte den Beruf eines Einzelhandelskaufmannes. Durch starke Migräne-Anfälle, die bei ihm in der Pubertät begannen, erlebte er sich jahrelang körperlich stark reduziert. Nachdem kein Arzt Rat wusste, wandte er sich, ermutigt von seiner Schwester, einer Naturheilerin, mit 22 Jahren an die Schamanen der amerikanischen Nordwestküste, um dort endlich Heilung zu erfahren. Dietmar Reitsammer war so fasziniert von seinem Lehrer Johnny Moses und dem Wissen der Schamanen, dass er dieses seither selbst in Seminaren und im Rahmen des Red Cedar Circle an Interessierte weitergibt.

Kontakt: Telefon: +43 (0)650/ 820 06 24,
Internet: info@redcedarcircle.at

Dietmar Reitsammer

Man sagt, dass jeder Mensch ein eigenes Lied hat

Dietmar Reitsammer hatte ursprünglich Einzelhandelskaufmann erlernt und diesen Beruf auch, soweit es ihm möglich war, einige Jahre ausgeübt – denn durch starke Kopfschmerzen befand er sich stets in einem halb benommenen Zustand. Seit seinem 15. Lebensjahr wachte er jeden Morgen mit starker Migräne auf – und ging am Abend damit ins Bett. Dieses immerwährende Leiden zog sich über Jahre hin, der junge Mann konsultierte einen Arzt nach dem anderen, aber niemand konnte ihm helfen beziehungsweise herausfinden, was die Ursache für den Schmerz war. Trotzdem sagte ihm eine innere Stimme, dass sich das Blatt wendet, wenn er erst 25 Jahre alt ist: »Als Vierjähriger hatte ich einen essentiellen Traum, der mich später immer ermutigt hat weiterzuleben und mir auch die Kraft dazu gab. Nach diesem Traum war ich Schweiß gebadet aufgewacht: Ich hatte geträumt, in einer Hütte eingesperrt zu sein, in der es heiß war. Es gab zwar kleine Spalten, wo das Sonnenlicht durch konnte, aber als ich versuchte, hinaus zu kommen, bemerkte ich, dass die Eingangstür versperrt war. Ich gab meine Bemühungen schließlich auf und legte mich nieder, weil ich realisiert hatte, dass es hier keine Möglichkeit gab, den Ort zu verlassen.« Im Traum öffnete plötzlich ein Mann, cirka 40 Jahre alt, die Türe und führte den jungen Mann hinaus. Draußen waren saftig gelbe Weizenfelder …« Für Dietmar Reitsammer war dies ein wichtiger Traum. In der schwersten Zeit erinnerte er sich daran und wusste: »Ich komme hier heraus.«

Seine ältere Schwester Elisabeth Pieringer, die später Naturheilerin wurde, hatte sich zu dieser Zeit bereits mit Schamanismus beschäftigt. Sie war mit 20 Jahren selbst schwer erkrankt – starke Anämie an der Grenze zur Leukämie. Ein

Tierarzt, der mit Schüssler-Salzen arbeitete, hatte sie gerettet. Im Lauf der Jahre beschäftigte sie sich selbst mit allen möglichen spirituellen Lehren. 1975 begann sie mit dem Pendeln, in Österreich damals noch ziemlich unüblich, und entdeckte, dass sie auch mit der Wünschelrute umgehen kann. Nachdem sie für einen Arbeitskollegen ihres Mannes Schüssler-Salze ausgependelt und ihm damit geholfen hatte, kamen immer mehr Menschen zu ihr um Hilfe. Als in den frühen 1980er Jahren Efigenia Barrientos, eine bekannte Schamanin aus Paraguay, nach Österreich kam, um hier einige Seminare abzuhalten und speziell im Raum Salzburg einigen Leuten wirksam zu helfen, war Elisabeth Pieringer sofort von ihr fasziniert. Sie hatte ihre Meisterin gefunden. Sie organisierte einige Seminare für Efigenia, die bei ihr wohnte. Barrientos Vorfahren waren Medizinmänner, und sie hatte die Gabe von ihrer Großmutter geerbt. Der junge Dietmar, damals im Außendienst tätig, fand sich auf der Suche nach Hilfe ebenfalls bei der Schamanin ein. Sie schaute ihn an und legte ihm auch die Karten. Dann meinte sie: »Ich kann dir nicht helfen, du musst nach Kanada gehen.«

Im Februar 1991 hatte Reitsammer einen Traum, in dem er einen Autounfall erlitt. Beim Frühstück erzählte er der Mutter davon, mit dem Versprechen, beim Autofahren besonders aufzupassen. Trotzdem war für ihn an diesem Tag bereits nach fünf Kilometern Endstation: Er war gegen einen Lichtmast gekracht, zum Glück ohne große Verletzungen davonzutragen. Damals wurde ihm bewusst, dass er in seinem Leben etwas ändern musste. Er wusste nur noch nicht, ob er sich einen neuen BMW kaufen oder lieber doch nach Kanada fliegen sollte.

Er entschied sich für Kanada. Er flog nach Vancouver und machte sich auf die Suche nach einem Schamanen. Auf Empfehlung einer Galeristin fuhr er zu den Queen Charlotte Islands. Dietmar Reitsammer reiste trotz der längeren Dauer mit dem Schiff. Als er in Victoria, der Hauptstadt der Provinz British Columbia, die heute um die 75.000 Einwohner hat, ankam, sagte ihm eine innere Stimme, er sollte sich in der Bücherei einfinden.

Lesen, noch dazu englische Bücher, war damals überhaupt kein Thema für ihn, und er haderte ein bisschen mit seiner inneren Stimme: »Ich war viel zu sehr mit mir selbst beschäftigt, dachte sogar an Selbstmord, als dass ich literarisches Interesse gehabt hätte. Und wenn ich wirklich einmal eine Seite gelesen hatte, konnte ich mich danach mit Sicherheit nicht mehr daran erinnern, was ich gelesen hatte. Eines aber wusste ich freilich mit Sicherheit, nämlich dass meine intellektuellen Fähigkeiten damals gerade ausreichten, um das alltägliche Leben zu meistern.« Aber genau das musste er ändern.

Er betrat die Bücherei und blätterte – wieder auf Geheiß der inneren Stimme – ein bestimmtes Magazin durch. Darin entdeckte er einen Artikel mit dem Foto von Johnny Moses »Whis.stem.men.knee« (englisch: Walking Medicine Robe): »Als ich Johnnys Foto sah, hatte ich das Gefühl, dass ich diesen Mann kenne.«

Der junge Dietmar blieb vorerst skeptisch, denn Johnny Moses lebte in Seattle beziehungsweise in seinem Haus im Reservat Lacona. Dieser Platz, auf dem sich auch eine heilige Quelle befand, wird schon seit Jahrtausenden als eine Art Wallfahrtsort der Indianer genützt: »Ich bin bei meinem Entschluss geblieben und zunächst einmal zu den Queen Charlottes' gefahren. Dort habe ich mich mit ein paar Europäern angefreundet, beschloss aber, fünf Tage lang allein den Strand entlang zu wandern. Dabei habe ich keinen Bissen gegessen, nur ein wenig getrunken. Das war die erste Zeit, die ich ohne Kopfschmerzen verbringen durfte.« Eine gewaltige Euphorie war die Folge.

Von Visionssuche hatte Reitsammer bis zu diesem Zeitpunkt noch nichts gehört. Er wusste nicht, dass das in manchen Kulturen praktiziert wird. In seiner Euphorie beschloss er aber, Johnny Moses und seinen Red Cedar Circle kennen zu lernen. Als er einem Japaner, den er in einer Jugendherberge kennen gelernt hatte, davon erzählte, stellte sich heraus, dass dessen Gastfamilie in Lacona wohnte und er ihn dorthin empfehlen konnte.

Die beiden Männer überquerten gemeinsam die amerikanische Grenze, und Reitsammer verbrachte drei Nächte bei seinem

Gastfreund. Ein einschneidendes Erlebnis war für ihn, dass er in dessen Appartement zum ersten Mal Heilungslieder hörte, die dem anderen verborgen blieben.

Als er im Indianerreservat in Lacona ankam, 50 Kilometer nördlich von Seattle am Pazifik gelegen, fand er Johnnys Haus, das tatsächlich allen Leuten offen stand, die dort leben wollten.

Johnny Moses ist ein »Native American Storyteller«, ein anerkannter Meister des Geschichtenerzählens, traditioneller Heiler und als spiritueller Führer an der gesamten Nordwestküste der USA respektiert. Er wurde auf Vancouver Island/Kanada geboren und bis zu seinem neunten Lebensjahr von seinen Großeltern mütterlicherseits in der Tradition der Nootka erzogen. Nach einer schweren Krebserkrankung fühlte er sich dazu berufen, die Heilertradition der Familie weiterzuführen. Er wurde von sieben traditionellen Meistern unterwiesen und beendete mit 18 Jahren sein Universitätsstudium. Johnny Moses ist Priester einer christlich-indianischen Kirche und spricht acht native Sprachen. Auf diese Weise wurde er zum Sprachrohr der gesamten nativen Kultur der Nordwestküste.

Mit Erlaubnis und Ermutigung seiner Großeltern teilt er die Geschichten, Lieder, Tänze und Heilzeremonien seiner Tradition mit Menschen mit offenem Herzen und offenem Verstand. Er unterrichtet die Lehren der »Si.Si.Wiss« (des heiligen Atems) in einem für alle offenen Kreis, dem »Red Cedar Circle« (roter Zeder-Kreis), führt Energiearbeit an sich selbst und anderen durch, lehrt die Wirkung von Lauten auf Körper und Organe und erklärt den spirituellen Tanz und seine transformierende Wirkung, die spirituelle Reise als Seelenarbeit und die transformierende Wirkung von erzählten Geschichten. Johnny Moses ist bis heute für alle Interessierten zugängig. Aus einem ganz bestimmten Grund: »Ende 1979, Anfang 1980, als ich in Kanada war, wollten nur sehr wenige Einheimische etwas mit der alten Tradition der Indianer zu tun haben, Kommentar: ›Old-fashion staff!‹ Weiße – auch Hippies – haben mir aber interessiert zugehört und waren fasziniert.«

Natürlich gab es auch Leute, die Johnny vorwarfen, dass die Weißen den Indianern nicht nur Land und Traditionen gestohlen hatten, sondern nun mit Johnnys Hilfe auch das heiligste Wissen an sich reißen werden. Er musste im Lauf der Zeit sehr viele Anfeindungen über sich ergehen lassen, von schwarzmagischen Angriffen bis hin zu direkten Attacken – er hat heute noch Narben mehrerer Messerstiche am Rücken.

Als Dietmar Reitsammer in Lacona angekommen war, wurde er sogleich in die Zeremonien eingebunden. In der »Si.Si.Wiss« -Tradition wird getrommelt und gesungen. Manche Lieder sind Tausende Jahre alt, von Generation zu Generation überliefert und teilweise Familieneigentum. Sie sind der größte Reichtum der Familien. Im Vergleich zum Diebstahl eines Sachgutes ist das Stehlen eines Liedes – das heißt, dass es ohne Erlaubnis gesungen wird – eine schwere Verfehlung. Die Wertigkeit war bei den Ureinwohnern stets ganz anders gewichtet als in westlichen Kulturen – und ist es teilweise immer noch. Die Indianer an der Nordwestküste nennen sich auch »Potlatch«-People, das bedeutet »Leute, die weggeben«. Der Reichtum einer Familie oder einer Person wird nicht daran gemessen, was er hat, sondern in welchem Maße er fähig ist, sich von Dingen zu trennen.

Als Dietmar Johnnys Haus betrat, wurden jene Lieder gesungen, die er zuvor im Appartement gehört hatte. Er hatte zum ersten Mal in seinem Leben das Gefühl, zu Hause zu sein. An seinem Ankunftstag fand ein so genanntes »Giveaway« statt. Auf mehreren Decken lagen eine Menge Geschenke. Manche der Geschenke waren auch materiell sehr wertvoll. Reitsammer bekam bei seinem ersten Giveaway eine Gebetstrommmel geschenkt: »Obwohl ich diese Menschen nicht kannte, wurde ich so reich beschenkt. Das war für mich eine absolut neue Erfahrung.«

Heilungslieder, die bei Heilungszeremonien gesungen werden, sind für Schamanen auch Fortbewegungsmittel in der spirituellen Welt. Der Reichtum dieser traditionellen Lieder besteht nicht zuletzt darin, dass sie umso mehr Kraft bekommen, je mehr Generationen sie verwenden. Dietmar Reitsammer war unendlich gerührt: »Sie haben auch mir die Seele geöffnet, ich konnte die eigenen Tränen weinen und auch die Tränen meiner Vorfahren. Das war für mich ein wunderbares – aber gleichzeitig auch schmerzvolles – Erlebnis.«

Immer mehr Menschen erkennen, dass die Erde und alle auf ihr beheimateten Geschöpfe untrennbar miteinander verbunden sind. Diese Erkenntnis mit Gleichgesinnten zu teilen, ist dem Oberösterreicher seit damals ein Bedürfnis: »Trommel, Gesang und Tanz werden seit Jahrtausenden dazu verwendet, um mit unser aller Mutter in Verbindung zu treten. In der Sprache meines Lehrers Johnny Moses ist das Wort für Singen und Weinen dasselbe. Durch die heilende Wirkung der Trommel und des Gesangs ist es möglich, unsere Seele von Verwundungen zu reinigen, sodass wir uns von alten destruktiven Gedanken oder Verhaltensmustern lösen können.«

Wir leben in einer Zeit, in der eine Vielzahl von Gedanken und Einflüssen von außen auf die eigene Psyche einwirken, weiß Reitsammer: »Man sagt, dass jeder Mensch ein eigenes Lied hat. Ein Lied, das der eigenen Einzigartigkeit entspricht. Daher sind die in unserer Seele wohnenden Lieder oder auch Tänze ein einfaches und wirkungsvolles Mittel, um wieder zu uns zu finden. Speziell für die Schamanen der Nordwestküste, aber im Prinzip für alle von der Natur geprägten Gesellschaften – seien es die Mongolen oder die Tibeter – und auch für uns gilt: Sprache, Gesang, Lied spiegeln die Landschaft. Und auch die Heilungskräfte, die in der Natur sind.«

In der Nordwestküsten-Tradition – und sicher nicht nur dort – ist es so, dass Flüsse, Berge und Pflanzen ihre Lieder haben. Und diese Lieder sind zugleich ein Schlüssel zu dem innewohnenden Geist. Dietmar Reitsammer: »Es gibt verschiedene Schutzengel, Guardian Spirits oder auch Medizinkräfte: Wenn man deren Lieder singt, ist das der Schlüssel zu deren Kraft. Mit der Kraft, den beispielsweise der Geist eines Zedernbaumes hat, kann man für andere aber auch für sich selbst beten. Es gibt auch Zeremonien, wo die Menschen sehr stark mit diesen Energien arbeiten.« Aufgabe eines Schamanen ist es, dass er die Tür zum Geist dieser Pflanze, dieses Platzes, eines Vorfahren, eines Steines, eines Tieres öffnet. Und eben dann mit diesem Geist für den Betreffenden oder für das Land oder was auch immer betet. Wobei das Wort Schamane oder Schamanismus in Gesellschaften wie etwa der Nordwestküste sehr differenziert ist. Reitsammer: »Nach unseren Begriffen wäre dort jeder ein Schamane. Aber es gibt eben doch Unterschiede, ob jemand ein Meisterschamane ist. Ein wirklicher Schamane wird dies nie von sich selbst behaupten.«

Es gibt Überlieferungen, dass durch Schamanismus Tote wieder ins Leben zurück kehrten, doch kann kein Schamane in den Schicksalsprozess eingreifen. Außerdem tragen diverse Krankheiten oder Gebrechen oft zur Gesundung der menschlichen Seele bei, eine Voraussetzung für die Gesundheit des Körpers.

An der Nordwestküste ist der Winter die härteste Zeit. Eine Zeit, in der die Menschen traditionell zusammenkamen, um die Epic Stories, die traditionellen Geschichten zu hören. Deshalb besteht die Tradition der Wintertänze – im Gegensatz dazu gibt es bei verschiedenen Stämmen im Süden die Sonnentänze – die auch jetzt noch abgehalten werden. Im Red Cedar Circle wurden schon in den späten 80ern die ersten weißen Tänzer zu diesen Winter dances initiiert: Man betet für sich und geht anschließend ins kalte Wasser baden. Dietmar Reitsammer hat ausprobiert, wie es ist, im Winter baden zu gehen: »Dabei wird das eigene Ego sehr klein. In dieser Situation öffnet man sich für geistige Dinge. Es gibt Plätze in der Natur, die heilig sind oder eine besondere Ausstrahlung haben. Für mich war das damals ein Berg in der Nähe von Seattle, wo traditionellerweise auch Medizinmänner hingingen, um zu beten.«

Nach seiner Rückkehr aus Kanada waren die Kopfschmerzen wieder zurückgekehrt, und Dietmar Reitsammer wusste, was zu tun war: Er hatte gefastet, gebetet, und war auch im eiskalten Wasser. »Und dann kam ein Lied zu mir ...«

An der Nordwestküste sagt man, dass jeder Mensch, jedes Kind mit einem Lied geboren wird. Und zu dem Lied kommt auch ein

Tanz: »Das ist eine der größten Segnungen, die man von Mutter Natur bekommt, und es ist auch einige Verantwortung damit verbunden. Wenn nun die Wintertänze abgehalten werden, bringt man dieses Lied bewusst aus. Man verbindet sich mit der Erde auch indem man Farbe am Gesicht oder am Körper trägt, rote Erde oder andere Farben, die wie ein Verstärker oder wie eine Antenne wirken, sodass man noch einen direkteren Zugang zum eigenen Schutzgeist erhält. Wenn man allein draußen ist, betet man zum Schutzgeist oder auch darum, einen Schutzgeist zu bekommen.« Für eine Indianergemeinschaft bedeuteten Menschen, die einen Schutzgeist hatten, Reichtum, weil schließlich alle davon profitierten. So beteten sie zu einem Schutzgeist, bevor sie zum Walfang fuhren, damit sie von ihm ein Zeichen erhielten, wann der richtige Zeitpunkt zur Ausfahrt gekommen war.

Es ist wichtig zu erwähnen, dass Schamanismus viele Facetten aufweist und somit auf unterschiedliche Art und Weise praktiziert wird. Manche Stämme der Nordwestküste Amerikas leben nur 30 Kilometer von einander entfernt, haben jedoch eine völlig andere Tradition, weiß der Experte: »Was jedoch alle schamanischen Traditionen verbindet, ist der Glaube an die Schöpfung, und dass alles in ihr lebt und beseelt ist. Diese Verbundenheit mit der Natur spiegelt sich in schamanisch geprägten Traditionen in allen Bereichen des Lebens wieder. Wird zum Beispiel rituelle Kleidung oder ein ritueller Gegenstand angefertigt, betet man vor Beginn der Arbeit um einen Traum oder eine Vision. Die Bilder zeigen dem Menschen dann, wie der Gegenstand aussehen soll oder wo das richtige Stück Holz für das Schnitzkunstwerk zu finden ist.«

Wird jemand zum Schamanen berufen, geht dem in der Regel eine sehr harte Vorbereitungszeit voraus: »Deshalb werden Schamanen, Medizinmänner oder -frauen auch als verwundete Heiler angesehen. Erst nachdem diese Berufenen aus dem Schatten ihrer eigenen Krankheit herausgetreten sind, haben sie die Fähigkeit, anderen bei diversen Krankheiten und spirituellen Problemen zu helfen. Manche Leute heilen mit ihren Händen, andere mit Pflanzen, manche mit Liedern und Tänzen.«

Während der vier Jahre, die Reitsammer in Kanada und den USA verbrachte, gewann er tiefe Einblicke in die erdverbundene Tradition und die Praktiken der Nordwestküstenvölker. Durch Autorisierung und Ermutigung seines Lehrers Johnny Moses, von dessen Großeltern und seiner Tante Vi Hilbert teilt er diese Erfahrungen und Praktiken nun seit 2003 auch mit anderen in der Tradition der Indianer der Nordwestküste. Doch letztendlich muss jeder seinen eigenen Zugang zum Göttlichen finden.

Reitsammers Leitspruch: »Es ist wichtig und gut, miteinander zu meditieren, zu singen und sich gegenseitig zu stärken und zu ermutigen.«

Gerhard Rudolph-Becker wurde zu Halloween, am 1. November 1947, in Wien geboren (Skorpion/Aszendent Waage). Parapsychische, metapsychische, metaphysische und magische Fähigkeiten sind in seiner Familie der Normalfall. Im Alter von zwölf Jahren wurde er durch Visionen auf seine eigenen Fähigkeiten aufmerksam und arbeitet seither autodidaktisch an seiner spirituellen Entwicklung, unter anderem mit Yoga und Meditation.
1969 führte er aufgrund eines akuten Notfalles erstmals eine nicht medizinische Hypnose an einem Menschen durch, die diesen vor dem Ersticken rettete. Gerhard Rudolph-Becker war bis 1982 in seinem Beruf als Innenarchitekt tätig, danach eröffnete er eine Praxis als alternativer Hypnotiseur, Metaphysiker und Energetiker. TV-Moderatorin Arabella Kiesbauer ließ sich von ihm vor laufender Kamera in Hypnose versetzen, und Schlagerstar Simone machte bei ihm für die ORF-Sendung »Schiejok täglich« eine Rückführung in ihre früheren Existenzen. Daneben war Rudolph-Becker unter anderem in »Willkommen Österreich«, »Orientierung«, »Treffpunkt Wien« und der »Barbara-Karlich-Show« zu Gast sowie unzählige Male im »ORF Radio Wien« und zahlreichen Printmedien (»Die Ganze Woche«, »Signora«, »Wiener«, »Para«, »Anima« etc.) präsent.

Kontakt: A-1040-Wien, Schaumburgerg. 18/14,
Telefon: +43 (0)1 504 33 00,
Internet: aarbergrb@chello.at , www.aar-beratung.net

Gerhard Rudolph-Becker

Leid und Not sind notwendig, um die Not zu wenden

Gerhard Rudolph-Becker hat in seiner langjährigen Erfahrung als Heiler erfahren, dass »Heilung dann stattfindet, sobald die unbewussten Schichten eines Menschen diese Heilung ermöglichen, denn sie sind es auch, die Krankheit hervorrufen: Der Mensch heilt sich daher immer selbst. Der Anstoß dazu kann ganz unterschiedlich sein: Das können ebenso Worte, also Informationen sein oder Arzneimittel, zugeführte Energien oder ein Erlebnis, das den Menschen dazu bringt, seine Einstellung, sein Verhalten, seine Lebensweise zu verändern. Um die Not dauerhaft zu wenden, also um wirklich gesund zu werden und zu bleiben oder Probleme nachhaltig zu beseitigen, sind aus Rudolph-Beckers Sicht allerdings drei Dinge unbedingt erforderlich: »Erstens ein bewusst erkannter Leidensdruck – also eine Leidenserkenntnis, zweitens der entschlossene Wille, das Leiden loszuwerden, drittens die Bereitschaft, alles dazu zu tun, um das Leid dauerhaft zu beseitigen.«

In die Praxis des Wieners kommen die Menschen hauptsächlich deshalb, weil sie psychische oder physische Probleme haben. Und manche haben auch schon erkannt, dass sie etwas ändern müssen: »Ich helfe ihnen dann mit verschiedenen Methoden, ein anderes neues Programm zu erlernen und umzusetzen. Dieses Programm entwerfen wir gemeinsam, ich bringe es dann in die richtige Form, damit es das Unterbewusstsein und die unbewussten Schichten auch akzeptieren.«

Auch Rudolph-Becker arbeitet mit dem Begriff »Karma«, den man aus seiner Sicht verschieden übersetzen kann. Für ihn ist es der Status, den der Mensch hat, wenn er in dieses Leben eintritt: »Mit seinem Karma verbunden sind ganz bestimmte Probleme, die seine Weiterentwicklung erst ermöglichen oder erzwingen. Das heißt, die Bedingungen sind derartig, dass man Erlebnisse hat, die einen schließlich dazu hinführen, dass man etwas ändern muss. Leid und Not sind notwendig, um die Not zu wenden. Man muss sich empor entwickeln.«

Jeder Mensch bekommt gewisse Aufgabenstellungen mit. Tut er nichts, ist uneinsichtig, träge, so wird der Leidensdruck immer größer bis hin zu Krankheit und Tod. Gerhard Rudolph-Becker: »Krankheiten kleiner Kinder können nicht nur das Karma der Kinder, sondern auch das Karma der Eltern sein. Man muss davon ausgehen, dass Ereignisse Wirkungen und Auswirkungen auf verschiedene Menschen haben, also in dem Fall auf die ganze Familie. Deshalb haben alle etwas damit zu tun, wenn das Kind ein Problem hat. Es ist ein Irrtum zu glauben, dass wir als unbeschriebene weiße Blätter zur Welt kommen. Wir kommen mit Aufgaben hierher. Unser Dasein hat einen Sinn, und der Sinn heißt Empor-Entwicklung. Ich bin weder Buddhist noch Hinduist, ich glaube nicht an die Reinkarnation, ich weiß, dass sie stattfindet. Ich glaube nicht an Gott: Ich weiß, dass es ihn gibt. Eben aus Überzeugung.«

Natürlich kann jeder Erlebtes, Gesehenes oder Gefühltes unterschiedlich interpretieren gemäß einer gewissen Vorausannahme, Philosophie oder Religion. Rudolph-Becker versucht die Dinge möglichst wertfrei, realistisch zu sehen: »Ich missioniere nicht.« Er geht davon aus, dass das Schicksal es will, dass er dem Menschen, der zu ihm in die Praxis kommt, seine Sicht präsentiert: »Also bin und bleibe ich authentisch. Wenn jemand zu mir kommt, ist anzunehmen, dass er schon mehrere Inkarnationen hinter sich hat. Eine ältere Seele ist sicherlich eher bereit, mehr zu akzeptieren als nur die Materie. Denn soweit muss man erst einmal kommen, dass man akzeptiert, dass es geistige Programme gibt, die einen lenken, und dass man diese geistigen Programme ändern kann. Aber die materialistische Weltsicht ist natürlich anders.«

Gerhard Rudolph-Becker arbeitet bei solchen Programmen mit Suggestionen und Affirmationen, mit Mentalsuggestionen im herbeigeführten Alphazustand oder alternativer Hypnose im herbeigeführten Trancezustand – je nachdem, was sein Klient bevorzugt. Im Alphazustand erzeugt das Gehirn Ströme im Frequenzbereich von etwa acht bis zwölf Hertz. Der Mensch ist dabei geistig wach, befindet sich aber in einem Entspannungszustand, der von Ruhe und Harmonie geprägt ist. Dieser Zustand begünstigt Kreativität und Phantasie, Problemlösungen fallen hier leicht. Beide Gehirnhälften (links verstandesbetont, rechts emotional) sind dabei aktiv.

Um die Psyche umprogrammieren zu können, bedarf es eines veränderten Bewusstseins-Zustandes. Und natürlich des grundsätzlichen Willens sich zu ändern. Rudolph-Becker: »Manche Klienten sind der Meinung, dass eine Änderung ihres Programms ihre Persönlichkeit verändern würde.« Was für Rudolph-Becker bedeutet, dass sich die Menschen über ihre Eigenschaften definieren. Wenn sich aber jemand über seine Krankheit definiert, tut er sich schwer, diese loszulassen. Dabei kann es auch so etwas wie Krankheitsgewinn geben. Dann handelt es sich um eine Flucht in die Krankheit, um Aufmerksamkeit zu erzeugen und die Umwelt zu manipulieren. Ob das bewusst oder unbewusst gemacht wird, sei dahingestellt. Das einzige, was man dabei von außen tun kann, ist, dafür zu sorgen, dass der Betreffende den Leidensdruck selbst realisiert. Rudolph-Becker: »Ich möchte auch eines klarstellen: Man kann niemanden retten. Der Betroffene muss selber wollen. Wenn sich ein Mensch in die unheilbare Krankheit flüchtet oder lieber freiwillig durch Selbstmord stirbt, weil er nicht bereit ist, etwas zu ändern, so wird ihm das gleiche Problem mit Sicherheit in einem anderen Leben wieder serviert.« Was noch nicht gelernt wurde, muss irgendwann gelernt werden. Da führt kein Weg daran vorbei. Probleme wollen den Menschen auf etwas hinweisen und ziehen sich wie ein roter Faden durch das ganze Leben, so lange, bis man es begriffen, erledigt, erlöst, harmonisiert hat.

Die Menschen sind zwar verschieden, aber nach Rudolph-Becker gibt es bestimmte Verhaltensmuster, die sich immer wiederholen: »Manche Menschen leben und verhalten sich introvertiert – und andere extravertiert. Die einen können Geben oder Nehmen – und die anderen eben nicht. Es gibt auch Menschen, die prinzipiell die anderen so sehen, wie sie sie gern sehen möchten, aber nicht wie sie wirklich sind. Ich nenne solche Leute Realitätsverweigerer.« Und es gibt Menschen mit Fluchttendenzen, Flucht aus Verantwortung, Flucht vor Belastungen. Dazu gehören zum Beispiel Alkoholiker oder Drogenkranke. Aber alle Typen von Suchtkranken, auch die Magersüchtigen oder die so genannten Workaholics, die sich dermaßen in die Arbeit stürzen, dass sie auf die Familie keine Rücksicht mehr nehmen, sind im Prinzip Flüchtende vor ihrer eigenen Realität.

Rudolph-Beckers Resümee: »Wenn jemand keine Leidenseinsicht hat, hat er auch keine Therapiewilligkeit. Das heißt, ich kann nicht helfen, wenn ein Klient zu mir kommt, nur weil ihn jemand anderer hergeschickt hat.«

Es gibt so gut wie überall spirituelle Energien. Plätze können genauso gesund- oder krankmachend sein wie Menschen. Für Rudolph-Becker ist das Entscheidende dabei, ob die Aura beim Menschen dicht ist, beziehungsweise wie groß die Empfänglichkeit für Energien von außen ist. Menschen mit sehr viel positiver Energie können anderen Menschen, die weniger davon haben, Energie übergeben. Im Idealfall können sie darüber hinaus anderen erklären, wie sie ihren Missstand beenden können, also lernen, Energie hereinzuholen. Denn Energie ist überall um uns herum, genauso wie Luft. Und auch in der Luft ist Energie. Man nennt diese Energie »Od« (nach Baron Karl von Reichenbach), »Prana« (indisch) oder »Chi« (chinesisch), um ein paar Beispiele in verschiedenen Sprachen zu bringen, man könnte auch sagen Lebenskraft »Vis Vitalis« (latein) oder »Bioenergie« (griechisch). Diese Energie kann man aufnehmen, um die Heilung zu verstärken. Natürlich kann man auch negative Energie herausziehen. Auch dieser umgekehrte Prozess ist möglich, dazu benötigt Rudolf-Becker nur einige Informationen: »Mit Konsequenz und Ausdauer kann man sich selber sehr wohl helfen, die Aura mehr zu verschließen oder mehr zu öffnen«, so Rudolph-Becker.

Unter den Tieren gibt es so genannte Biomarker, das sind Lebewesen, die positive oder negative Energien durch ihr Verhalten anzeigen können. Katzen sind unter den wenigen Tieren, die Energien »umdrehen« können, im Gegensatz zu einer Kuh, einem Pferd oder einem Hund. Wobei es der Hund meistens leichter hat, störenden Energien auszuweichen als die Kuh oder das Pferd, die an ihren fixen Plätzen im Stall stehen. Der Energetiker rät: »Wenn man bis zu einem gewissen Grad ›medial‹ ist und die Fähigkeit hat, mit Rute oder Pendel umzugehen und diese Energien gut wahrzunehmen, sollte man auf Störfelder immer auch entsprechend reagieren.«

Für Gerhard Rudolph-Becker ist es nichts Ungewöhnliches, wenn bei manchen Menschen – geht man davon aus, dass wir immer wieder zu verschiedenen Zeiten inkarnieren – Prägungen einer bestimmten Inkarnation durchkommen, dass also jemand beispielsweise einem anderen Volk zuzuordnen wäre, als die derzeitige Lebensform vorgibt. »Es ist nicht gesagt, dass das die letzte Inkarnation war. Es kommt häufig vor, dass die Menschen aus unserer Umgebung auch schon in früheren Leben mit uns waren. Vor allem Menschen, die einen prägenden Einfluss auf uns ausüben wie zum Beispiel Eltern. Es kann aber auch der Partner oder irgendein langjähriger Freund sein, jemand, der eine wichtige Rolle in unserem Leben spielt, im positiven wie im negativen Sinn.« Durch Rückführungen in ein früheres Leben, kann bewusst gemacht werden, weshalb Probleme auftauchen. Rudolph-Becker führt Rückführungen mit zwei verschiedenen Methoden durch: »Die eine Methode hat etwas mit Visualisieren zu tun, und die andere mit Hypnose. Aber, wohl gemerkt, nicht medizinischer Hypnose, denn die Menschen sollen ja nicht das Bewusstsein verlieren. Abgesehen davon bin ich kein Mediziner, das möchte ich ausdrücklich betonen. Ich helfe ausschließlich mit alternativen Methoden, und daher ist der Mensch in der Art von Hypnose die ich mache, die eine alternative metaphysische ist, mit dem Bewusstsein dabei. Allerdings ist das Bewusstsein nur passiv als Beobachter oder Zuhörer dabei. Jeder Mensch kann in

Trance kommen, das ist eine natürliche Fähigkeit; die Frage ist nur, wie weit ist dieses In-Trance-Gehen steuerbar, erlernbar. Im Prinzip sagt man auch: Jeder Mensch kann singen. Nur: Es kann höchst Unterschiedliches dabei herauskommen. Meistens ist es ein Talent, und dann sollte man etwas daraus machen. Genauso kann man Rückführungen machen oder rückgeführt werden, wenn man eine gewisse Prädisposition dafür hat.«

Der leichte Trancezustand stellt dabei überhaupt kein Problem dar, auch ein mittlerer Trancezustand nicht, aber Tieftrancen im Sinne von Bewusstseinsverlust oder Somnambulenz (totaler Bewusstseinsverlust) sind relativ selten – und vom alternativen Hypnotiseur auch gar nicht erwünscht: »Da geht dann nichts mehr weiter, oft ist dies auch ein Art Flucht. Ob jemand nun in der Rückführung mehr passiver Beobachter ist oder sich mehr als aktiver Täter fühlt, ob er das in einer Dritten-Person-Perspektive von außen sieht oder ob er sich mit der handelnden Person identifiziert, hängt von Faktoren ab, die man im Vorhinein nicht wissen kann. Ich merke erst bei der Rückführung, ob jemand die Sache wirklich mit Gefühlsbeteiligung dramatisch miterlebt oder nur eben zuschaut. Gefühlsbeteiligung ist natürlich wünschenswert, denn in einer Rückführung wäre es sinnvoll, etwas aufzulösen und nicht nur einfach einen Film anzuschauen. Genau genommen fällt aber die Seele die Entscheidung darüber, ob und wie sich das darstellt. Ich möchte aber ausdrücklich darauf hinweisen, dass die unbewussten Schichten auch lügen können.« Anzunehmen, in der Hypnose müsse jemand die Wahrheit sagen, hält Rudolph-Becker für »pure Romantik. Und es ist genauso Romantik zu glauben, dass alles, was bei einer Rückführung herauskommt, die Wahrheit ist. Die meisten wissen das aber nicht. Und darüber hinaus: Auch Geister können lügen. Und eine Seele ist, nur weil sie verstorben ist, noch lange nicht allwissend. Die weiß genau so viel, wie sie eben Wissen in den vergangenen Leben angesammelt hat – und das nur, sofern sie es nicht schon wieder vergessen hat. Genauso klug ist eine verstorbene Seele, sofern man wirklich in Kontakt mit ihr kommt.«

Er »channelt« nicht, und sagt auch seinen Klienten nicht die Zukunft voraus: »Mir bekannten Klienten gebe ich mit Hilfe der Astrologie lediglich Tendenzen bekannt und Ratschläge bezüglich Geschäftsabschlüssen, Reisen oder Übersiedelungen; man sieht recht gut, welcher Termin günstig ist. Das ist genauso, wie wenn man sieht, dass Wolken aufziehen, und man entscheidet, den Regenschirm mitzunehmen oder nicht. In diesem Sinn Astrologie zu verwenden, um sich zu schützen oder etwas Positives zu erreichen, ist sinnvoll. Wenn man aber glaubt, es ist alles vorausbestimmt, determiniert, wird man zum Opfer.« Gerhard Rudolph-Becker möchte seine Klienten dahin bringen, ihre Zukunft positiv zu gestalten, mündig und authentisch zu sein, selbst bestimmt statt fremd bestimmt: »Das bedeutet aber auch Selbstverantwortung. Manche Menschen bekommen kalte Schauer, wenn sie das Wort Verantwortung hören. Kluge Seelen reagieren auf einen Wink mit dem Zaunpfahl, weniger Kluge brauchen den Zaunpfahl auf den Kopf. Das heißt, wer großen Leidensdruck erleiden muss, hat nicht rechtzeitig reagiert. Meine persönliche Intention ist Hilfe zur Selbsthilfe. «

Abschließend zitiert er dazu ein chinesisches Sprichwort: »Wenn du heute jemandem, der hungert, einen Fisch schenkst, dann wird er heute und vielleicht auch morgen noch nicht verhungern, aber vielleicht übermorgen. Wenn du ihm aber heute erklärst, wie man einen Fisch fängt, dann wird er auch in Zukunft nicht verhungern.«

Zur Astrologie kam die am 29. März 1935 in Wien geborene Adelinde Rumpler bereits vor dreißig Jahren. Um zu erfahren, ob ihr Mann zu ihr zurückkehren würde oder nicht, konsultierte sie zahlreiche Sterndeuter – und begann schließlich, sich selbst für Astrologie zu interessieren. Kurse in Österreich, der Schweiz und Frankreich, wo sie auch ein Diplom erwarb, machten sie zu einer anerkannten Größe in der Branche. Heute zählt Prominenz aus Kunst, Kultur, Wirtschaft, Wissenschaft und Politik zu Rumplers Klientel. Auch in Zeitungen oder Zeitschriften – 19 Jahre in der »Ganzen Woche« und seit einiger Zeit regelmäßig in der »Kronen Zeitung« – erscheinen immer wieder von ihr verfasste Beiträge. Adelinde Rumpler ist Yoganandaschülerin, Mitglied der Rosenkreuzer und hat entscheidend an der Gründung des UFO-Verbandes sowie am Verein für Tonbandstimmenforschung mitgewirkt.

Kontakt: Tel.: +43 (0)1/586 10 01 oder +43 (0)664/ 100 70 04,
Internet: adelinde.rumpler@chello.at und Alia1@A1.net,
www.kuschelhoroskop.at

Adelinde Rumpler

*Mars auf 14 oder 15 Grad im Zwilling bedeutet:
Sofort zur Mammographie*

Befragt man Adelinde Rumpler, wie sie zur Astrologie kam, so bekommt man die überzeugte Antwort: »Mir war mein Weg vorgezeichnet.« Sie wurde nach dem Krieg als Elfjährige vom Roten Kreuz zur Erholung nach Arlesheim ins Baselland in der Schweiz geschickt. Sowohl ihr dortiger Pflegevater, Vorstand im Schweizer Bankverein, als auch ihre Pflegemutter, Lyrikerin, Anthroposophin und Malerin, haben ihre Entwicklung entscheidend beeinflusst: »Meine Pflegemutter hat mich regelmäßig in den Nachbarort Dornach ins Goetheanum mitgenommen, ins Zentrum der Allgemeinen Anthroposophischen Gesellschaft und Sitz der Freien Hochschule für Geisteswissenschaft.«

Rudolf Steiner (1861–1925) begründete mit der Anthroposophischen Gesellschaft zu Beginn des 20. Jahrhunderts eine geisteswissenschaftliche Weltanschauungs- und Erkenntnislehre, in deren Zentrum der Mensch steht (anthropos = griechisch Mensch, sophia = griechisch Weisheit). Auf deren Einflüsse sind unter anderem die Waldorf-Schulen und -Kindergärten sowie verschiedene so genannte heilpädagogische Therapieformen zurückführen. Auch die biologisch-dynamische Landwirtschaft unter dem Namen »Demeter« hat hier ihren Ursprung.

Steiner gab auch der Medizin zahlreiche Impulse. Allein in Deutschland gibt es heute rund ein Dutzend anthroposophisch orientierte Kliniken oder Stationen und einige hundert niedergelassene anthroposophische Ärzte. Auch international ist die anthroposophisch erweiterte Medizin etabliert, von Brasilien über Großbritannien bis in die Schweiz, wo sich in Arlesheim mit der »Lukas Klinik« die einzige anthroposophische Spezialklinik zur Krebsbehandlung befindet. Nach anthroposophischem Verständnis ist der Mensch eine Einheit aus Körper, Seele und Geist. Krankheit betrifft daher nie den Körper allein, sondern den Menschen in seinen ganzheitlichen Lebenszusammenhängen: Ziel anthroposophisch-ärztlichen Handelns ist also, das durch Krankheit aus den Fugen geratene Gleichgewicht zwischen den Seins-Ebenen eines Menschen weitgehend wiederherzustellen und ihn wieder in Einklang mit der Umwelt zu bringen.

Zahlreiche Berühmtheiten waren und sind Anhänger der anthroposophischen Lehre. So starb 1954 der Dirigent Wilhelm Furtwängler in der »Lukas Klinik«. Ihn und den deutschen Bundeskanzler Ludwig Erhard hatte die kleine Adelinde noch persönlich in der Schweiz kennen gelernt. In der Lukas-Klinik und der Weleda AG, dem führenden Hersteller anthroposophischer Arzneimittel und ganzheitlicher Naturkosmetik, die sich in der Nähe befindet, absolvierte Adelinde in jungen Jahren Diätkurse; im »Goetheanum« lernte sie Eurythmie und Porzellanmalerei.

Mit jährlich rund 150 Tagungen, Konferenzen, Kolloquien, Vorträgen, Podiumsgesprächen und Workshops sowie 200 Schauspiel- und Eurythmieaufführungen, Gastspielen, Konzerten, Rezitationen und Figurenspielen ist das »Goetheanum« ein Haus der Kultur und ein Ort der Begegnung. 150 000 Besucher aus aller Welt kommen jedes Jahr dort hin. Und auf der dort befindlichen größten Bühne Europas wird alljährlich »Faust« aufgeführt.

Adelinde Rumpler war von Anfang an von der Stimmung im Dornacher »Goetheanum« fasziniert: »Wenn du dich dort in die Wiese setzt, scheint der Boden zu vibrieren. Du spürst richtig, wie du die Erdkräfte aufsaugst. Die Gefühle, die man hat, wenn man unter dem einige Meter hohen Christuskreuz steht, welches aus einem Stück Holz geschnitzt ist, sind unbeschreiblich.«

Bei ihren Pflegeeltern entdeckte sie die Liebe zu den Pflanzen: »Im Garten meiner Pflegeeltern waren viele Blumen und drei Springbrunnen, und meine Pflegemutter war überzeugt, dort Elfen zu sehen. Und ich habe sie auch gesehen. Es gab hier einen

Baum, bei dem ich merkte, dass er atmet. Als junges Mädchen litt ich furchtbar unter Migräne. Aber wenn ich meinen Kopf an eine bestimmte Stelle des Baumes hielt, waren die Migräne-Anfälle nach einer Viertelstunde vorbei. Bei meinen Pflegeeltern habe ich auch einen Bezug zu Engeln bekommen. Sie hatten wunderschöne Engelbilder, in Rosa, Rot und Hellblau – wie der Himmel. Ich war bis zum Tod der Pflegemutter jedes Jahr in der Schweiz, auch noch mit meinem älteren Sohn Thomas.«

Als ihre Ehe in eine Krise geriet, freundete sich die Wienerin mit ihren Wohnungsnachbarn an, die im 9. Gemeindebezirk das erste Geschäft für biologisches Gemüse aufgemacht hatten. Sie gaben ihr das Buch »Autobiographie eines Yogi« von Paramahansa Yogananda zu lesen. Adelinde hatte ihren Meister gefunden. Sie »verschlang« die einzelnen Textpassagen regelrecht: »Perlen und andere Edelsteine, auch Metalle und Pflanzen, die direkt die menschliche Haut berühren, üben einen elektromagnetischen Einfluss auf unsere Zellen aus.« Genauso hatte sie in Dornach selbst empfunden.

Yogananda faszinierte sie, aber sie zweifelte zunächst daran, ob diese Sicht der Dinge mit ihrem christlichen Glauben in Einklang zu bringen war. »Eines Tages bat ich Gott während der Frühmesse, die ich regelmäßig aufsuchte, um ein Zeichen. Und nach drei Wochen bekam ich es tatsächlich: Denn als unser Pfarrer den neuen Kaplan vorstellte, kam aus der Sakristeitür ein Inder. Ich war tief betroffen: Hier war für mich der Beweis, dass Yogananda mein geistiger Führer ist. Es stellte sich nämlich heraus, dass der neue Kaplan aus der Region Bengalen stammt, wo auch Yogananda gelebt hatte.«

Nach 22 gemeinsamen Jahren wurde die zweifache Mutter von ihrem Mann geschieden. Sie war damals 38, die Buben elf und 14 – mitten in der Pubertät: »Schrecklich für mich. Ich bezog eine kleine Wohnung, wo ich heute noch lebe. Der Größere, Thomas, blieb bei seinem Vater, und der Jüngere, Michi, kam mit mir. Kaum ein Mann verträgt es, wenn eine Frau stark ist. Ich war in unserer

Ehe immer die mental Stärkere gewesen und hatte ihm seinen beruflichen Aufstieg ermöglicht. Seiner ersten Frau verdankte er seine Karriere, und seiner Karriere verdankte er seine zweite Frau. Denn die zweite Frau ist seine ehemalige Sekretärin.«

Sobald Adelinde ihre ersten Astrologie-Kurse absolviert hatte, fand sie die Erklärung für ihre Situation: »Saturn im Fisch im VII. Haus, dem Partnerschaftshaus, war in meinem Leben oft trennend. Damit bist du viele Jahre allein, auch wenn du einen Partner hast. Denn er kann dir nicht helfen, sondern nimmt dir noch die Kraft. Der Saturn meines Ex-Mannes steht 7 Grad 56 im Steinbock, exakt im Quadrat zu meiner Sonne im Widder, ebenfalls auf 7 Grad 56. Es ist interessant, dass unser Sohn Thomas ebenfalls seinen Saturn im Steinbock auf genau demselben Grad hat wie sein Vater und auch sein Saturn ein gradgetreues Quadrat zu meiner Sonne bildet. Das erschwert natürlich eine dauerhafte, harmonische, innige Beziehung.«

Tritt ein Mensch mit einem anderen in Kontakt, egal ob beruflich oder privat, so beginnen die Planeten des einen im Horoskop des anderen zu wirken. Wobei allerdings nicht die Wandelsterne unseres Sonnensystems im astronomischen Sinne mit »Planeten« gemeint sind – diese stehen nämlich nur symbolisch für verschiedene, dem Menschen innewohnende Prinzipien. Ein erfahrener Astrologe kann aus einem Horoskopvergleich der Partner mit großer Sicherheit voraussagen, ob zwei Menschen dauerhaft miteinander harmonieren oder ob es irgendwann zu einer Entfremdung mit nachfolgender Trennung kommt.

Der Sonnenstandastrologie entsprechend vertragen sich Feuerzeichen mit Feuerzeichen besonders gut, genauso wie Wasserzeichen mit Wasserzeichen. Ein Widder-Geborener wird demnach mit Löwe oder Schütze besonders gut harmonieren, ein Krebs hingegen mit Fisch oder Skorpion. Diese Art von Harmonie gilt allerdings nur in geistigen Belangen und ist keine Faustregel für eine glückliche Partnerwahl. Es genügt nämlich nicht, nur die Sonne für einen Partnervergleich heranzuziehen; die Stimmung des Menschen wird vom Mond symbolisiert, ebenso wie dessen seelische Bedürfnisse und sein bevorzugter Lebensstil. Wie ein Mensch denkt und sich ausdrückt, wird von Merkur beeinflusst; die Planeten Venus und Mars deuten an, welche Rolle die Liebe im Leben des einzelnen spielt. Venus ist gleichzeitig das Sinnbild für Erotik; Mars symbolisiert das Sexualleben. Laut Adelinde Rumpler ist vor allem wichtig, ob man beim Partner den Gleichklang im Lebensrhythmus sucht, also mit ihm einer Meinung sein will, oder ob man in der Partnerschaft mehr eine Ergänzung anstrebt: »Im Idealfall ist neben dem geistig-seelischen Verstehen auch eine sinnlich-sexuelle Anziehung vorhanden. Meistens ist es Jupiter, der durch seine günstigen Verbindungen mit anderen Planeten diese Harmonie schafft. Solche Paare können viele Hürden nehmen und dauerhaftes Glück finden.«

Der Stellung des Schicksalsplaneten Saturn kommt im Partnervergleich enorme Bedeutung zu. Negative Saturnaspekte bringen zumeist Sorgen und Leid. Steht der Saturn in Disharmonie, zum Beispiel im Quadrat oder in Opposition zu Planeten des Partners, so ist zwar keine abrupte Trennung zu erwarten, eine allmähliche Trennung hingegen kaum vermeidbar. Was ehedem so harmonisch begonnen hatte, mündet nun in Unverständnis, Abneigung oder sogar Hass.

Dass man in der ersten Verliebtheit der Astrologie wenig Glauben schenkt, versteht sich von selbst. Außerdem suchen viele Menschen unbewusst gerade die Probleme, an denen sie lernen und sich bewähren müssen – das können auch bestimmte Partnerschaften sein. Mit »Schicksal« hat dies jedoch überhaupt nichts zu tun.

In Kursen können Adelinde Rumplers Überzeugung nach bestenfalls die Grundbegriffe der überaus umfangreichen und vielgestaltigen Materie Astrologie vermittelt werden: »Was darüber hinausgeht, muss man sich selbst durch jahrelanges Studium erarbeiten. Einer solchen Mühe unterzieht man sich idealerweise weniger aus Gewinnsucht, sondern vielmehr aus echtem Interesse, mit dem Wunsch, anderen Menschen zu raten und zu helfen.« Wer ein Horoskop auszulegen versteht, kann in jedem Fall die Veranlagung des Horoskopeigners erkennen, sein Verhalten in Problemsituationen richtig einschätzen und mitunter auch Dispositionen zu Krankheiten. Die gefragte Astrologin benötigt bei der Beratung in Partnerschafts- und Berufsproblemen oder gesundheitlichen Belangen im Sinne einer Vorbeugung selbstverständlich viel psychologisches Fingerspitzengefühl: »Astrologie hat nur dann einen Wert, wenn das Erstellen eines Horoskops mit persönlicher Beratung Hand in Hand geht. Leider ist bei uns in Österreich die Astrologie noch immer nicht so anerkannt wie in der Schweiz oder in Frankreich, wo es sogar einen Lehrstuhl für Astrologie gibt. Man weiß, dass im Lauf der Geschichte auch viele Päpste Astrologie betrieben haben. Wenn ich ein Horoskop deute, muss ich mir vor Augen halten, dass ein Drittel genetisch geprägt ist, ein Drittel durch die Einflüsse der Sterne bei der Geburt und ein Drittel durch die Beeinflussung der Umwelt. Darum kann man nur einen Trend vorhersagen, aber keine Ereignisse, weil die unberechenbar sind. Wenn die Umwelt nicht etwas dazu beiträgt, hilft das schönste Horoskop nichts. Wenn man beispielsweise aus Armut nicht zur Schule gehen kann, nützen die besten Jupiter-Aspekte nichts.«

Wenn das Horoskop von einem guten Astrologen erstellt wird, kann man ihm trauen. Irgendwelche Texte zusammenzuwürfeln, ergibt für die seriöse Astrologin keinen Sinn: »Ich versuche immer, die genauen Planetenstände zu berücksichtigen. Ein Horoskop ist für mich vergleichbar mit der Erbsünde der katholischen Kirche. Es zeigt uns, was wir aus dem vorigen Leben mitnehmen.« Ihrer Meinung nach sollte man öfters an die Worte Jesu denken: »Denn was der Mensch sät, das wird er ernten.« Adelinde Rumpler glaubt hundertprozentig an die Wiedergeburt: »Karma bedeutet nichts anderes, als dass alles, was ein Mensch in Worten oder durch Taten aussendet, zu ihm zurückkehren wird, er wird empfangen, was er gibt. Karma ist das Resultat aus Ursache und Wirkung.«

Dass sie irgendwann begonnen hat, mit Tieren und Pflanzen zu sprechen und ihre Wohnung mehr mit Pflanzen als mit

Möbelstücken ausgestattet ist, wundert Adelindes Freunde längst nicht mehr. »Im Lauf der Jahre gelingt es mir immer besser, die Schwingung oder Ausstrahlung anderer Menschen wahrzunehmen. Ich spüre natürlich auch die schlechten Absichten, und als typische Widder-Geborene reagiere ich oft sehr spontan und werfe meine Vorhaltungen den anderen gleich an den Kopf. Das macht mir leider auch Feinde, denn niemand lässt sich gern freiwillig durchschauen.«

Manchmal haben ihre Deutungen keine astrologischen Grundlagen, dann erfühlt Rumpler Situationen intuitiv: Einmal war eine Klientin bei ihr, die vorgab, sie wäre nur hergekommen, um ganz allgemein zu erfahren, was bei ihr anstünde: »Als ich die Dame anschaute, konnte ich ihr auf den Kopf zusagen, dass sie in Wirklichkeit gekommen war, weil sie um ihre Ehe Angst hatte, was sie auch zugab. Ich schaute sie wieder an, und auf einmal hatte ich ein Bild vor Augen: Ich sah eine kleine Blondine in einem geblümten Kleid, die aus einem großen Gebäude trat, dahinter ging ein Mann. Nach einiger Zeit gingen die beiden wieder zurück durch das große Tor, zuerst sie, und dann er. Ich erzählte der Dame davon und fragte sie, ob sie damit etwas anfangen könne.« Die Dame konnte. Sie vermutete, dass es sich bei dem Gebäude um den Arbeitsplatz ihres Mannes handelte: »Mein Mann ist bisher immer zu Mittag zu mir nach Hause essen gekommen, aber seit ungefähr zwei Monaten sagt er, dass er durcharbeiten muss und sich daher etwas zum Essen bringen lässt.«

Die Astrologin schlug ihr vor, das Gebäude zur Mittagszeit zu beobachten, und die Dame begab sich auf ihren Beobachtungsposten. Tatsächlich geschah es genau so, wie Adelinde Rumpler es in ihrer Vision gesehen hatte. In ihrer Verzweiflung bat die betrogene Ehefrau die erfahrene Astrologin um Rat. Diese schlug vor, nicht den Kopf zu verlieren. »Handeln Sie jetzt bloß nicht impulsiv, das bringt Ihnen nichts. Machen Sie es geschickt: Wenn Sie einmal gemütlich zusammensitzen, sagen Sie zu ihm: ›Du, ich weiß, dass du jemand anderen hast, aber ist das etwas Ernstes?‹«

Der Rat wurde befolgt, der Mann beendete sein Verhältnis sofort, und die Ehe der Klientin besteht seit vielen Jahren weiter. Dafür ist diese der Astrologin heute noch dankbar.

Mehr als 3000 Klienten holten sich bei Adelinde Rumpler Rat, und sie kommen aus allen Gesellschaftsschichten: Hilfsarbeiter, Hausfrauen, Damen der Gesellschaft, Regierungsmitglieder und Universitätsprofessoren. Rumpler verwendet nicht die Ephemeriden zur Berechnung, sondern den PC: »Jeder Punkt im Horoskop ist einem Organ zugeordnet. Das beginnt beim Widder mit dem Kopf und endet beim Fisch mit den Füßen. Wenn zum Beispiel eine Frau den Mars 14 (rechte Brust) oder 15 Grad (linke Brust) im Zwilling hat, so schicke ich sie sofort zur Mammographie, denn sie hat garantiert ein Problem in den Brüsten. An dem Punkt, wo der Mars steht, ist meist der Immunschutz der Zellen gestört. Eine Ärztin, die zu mir kam, hatte genau diese Konstellation, Mars auf 14 Grad im Zwilling. Ich riet ihr zur Brustuntersuchung. Ungefähr vier Wochen später rief sie mich an – und ließ mir anschließend einen Riesenblumenstrauß schicken. Man hatte ihr einen tief liegenden Knoten entfernt, den man nicht ertasten konnte. Somit hatte ich ihr das Leben gerettet.«

Jeder Mensch wird genetisch geprägt, er bekommt seinen kosmischen »Stempel« am Tag der Geburt durch die Planetenstellungen und formt seinen Charakter in steter Auseinandersetzung mit seiner Umwelt. Ab der Mitte des Lebens wirkt der Aszendent, der durch die Position des Tierkreises im Augenblick der Geburt festgelegt ist, stärker als das Sonnenzeichen. Der aus der exakten Geburtszeit errechnete Aszendent lässt erkennen, wie man in seiner Gesamtheit auf die Vorkommnisse in der Welt reagiert, und wie es zu der ständigen Auseinandersetzung mit diversen Einflüssen kommt. Niemand wird mit einem fertigen Charakter geboren. Vererbt, angeboren, sind nur die verschiedenen Anlagen, die man kultivieren sollte. Ob einem dies tatsächlich gelingt, hängt auch von den Lebensbedingungen ab. Die Astrologie soll Hilfe sein, nicht mehr und nicht weniger. Adelinde Rumpler sieht in ihrer Beratung den Sinn, anderen aufgrund ihrer Kenntnisse und

Fähigkeiten zu helfen, wenn sie selbst nicht mehr weiter wissen: »Ich habe es nie an die große Glocke gehängt, wer aller schon bei mir Rat gesucht hat. Mir ist das Vertrauensverhältnis zu den Klienten wichtiger. Wenn ein Klient bei der Tür hinausgeht, habe ich bereits vergessen, was ich gesagt habe.«

Sathya Bartko bin Saif wurde 1965 im Sternzeichen Fische (Aszendent Jungfrau) in Ulan Bator, Mongolei geboren und galt als Wunderkind. Sie begann mit zweieinhalb Jahren, Geige zu lernen und gab mit fünf Jahren ihr Debüt als Violinistin. Ihre Professoren zählen zu den berühmtesten Violinisten des 20. Jahrhunderts: Isaac Stern, David Oistrach und Yehudi Menuhin. Die wichtigsten Gesangsprofessoren Sathyas – sie ist »dramatischer Koloratursopran« und hatte Auftritte in Opernhäusern der ganzen Welt – waren unter anderen Lefabel Huziev bin Saif, Nina Walker, Danny Dayviss, Kurt Moll, Joseph Metternich, Ruthilde Boesch, Christa Ludwig und Ralf Döring. Neben ihrer umfangreichen musikalischen Ausbildung ist sie auch Ärztin für Traditionelle Tibetische Medizin (TTM), Psychologie und Philosophie. In ihren großen Wirkungsbereich fallen nicht nur tibetische Meridianarbeit, ganzheitliches Atem- und Stimmtraining, Kriya Yoga und buddhistischer Philosophieunterricht, sondern die Heilerin arbeitet auch im Beratungsbereich mit großem Erfolg. Die persönliche Schülerin des Dalai Lama und seines verstorbenen Leibarztes Tenzin Choedrak ist in mütterlicher Linie mit Ramana Maharshi (1879–1950) verwandt, der die Selbsterforschung »Atma Vichara« lehrte und als einer der bekanntesten indischen Philosophen gilt.

Kontakt: Telefon: +43 (0)676/ 783 17 65
Internet: www.archetype.in

Sathya

Meine Aurasichtigkeit wird jeden Tag stärker

»Weil ich seit meinem fünften Lebensjahr konzertiere, ist meine Heimat fast die ganze Welt. Überall gibt es Familie, überall gibt es Beziehungen.« Sathyas Geburtsort hat in ihr den Aspekt der Weite geprägt, »in meinen Gedanken, meinen Gefühlen und in der Veränderung – ein inneres Nomadentum, mit der Gewissheit, an jedem Ort ein Zuhause zu finden.« Sobald sie von engen Bergen umgeben ist, spürt sie den Drang auszubrechen, ein Gefühl, das für sie in der ständigen Frage mündet: »Wo komme ich her – und wo gehe ich hin?«

Dass sie mit acht Jahren einen Fahrradunfall hatte, nach dem sie zwei Monate im Koma lag, sieht Sathya heute als »Glücksfall« ihres Lebens: »Ich war auf der linken Straßenseite gefahren, mit dem Geigenkasten auf dem Rücken. Es ging ein bisschen bergab, und ich hatte selbstvergessen anderen Kindern zugesehen. Dabei fuhr ich – im Endeffekt doch wieder sehr praktisch veranlagt – in ein Polizeiauto. Ich hatte mitbekommen, dass mein Körper über das Autodach geschleudert wurde. Ich war dabei völlig angstfrei, ein bisschen Sorge machte mir nur der bevorstehende Streit mit meinem Vater wegen der kaputten Geige und dem kaputten Fahrrad.« Das Mädchen kam sofort wieder auf die Beine, setzte sich, noch im Schockzustand, auf den Gehsteig. Die Frage des Polizisten: »Ist alles Okay?« wurde von Sathya freundlich bejaht – und dann kippte sie ins Koma.

Später wurde ihr erzählt, dass sie bei dem Unfall einen Bruch in der Schädelbasis mit leichter Hirnquetschung davongetragen hatte sowie zahllose Blutergüsse.

Nach zwei Monaten im Koma im Krankenhaus wurde das Kind von den Ärzten beinahe aufgegeben. »Damals hatte ich einen ganz seltsamen Zustand erreicht. Ich wusste überhaupt nicht mehr, wo ich mich befand. Als mein Vater das Krankenzimmer betrat, wunderte ich mich, dass er so bunt gekleidet war. Ich vermutete, dass vielleicht Fasching war oder irgendein Fest. Auch meine Großmutter und die Krankenschwestern waren bunt angezogen. Sie erschienen in eigenartigen Formen und Formationen, und ich dachte mir, die freuen sich, dass ich wieder da bin. Als am Ende noch ein Arzt hereinkam, grau und schmierig, löchrig und zähschleimig, verstand ich endlich, dass der Hintergrund des Ganzen ein anderer sein musste. Bis zu meinem 14. Lebensjahr habe ich dieses Erleben für mich behalten. Ich dachte, mit einer Hirnverletztung bin ich jetzt wahrscheinlich verrückt geworden. Ich beschloss, diese Wahrnehmung für mich zu behalten.« Doch von nun an sah sie um alle Menschen herum Farben. »Damals wusste ich nicht, dass es sich dabei um die Aura handelt.«

Sie konnte damit nur schwer umgehen und fiel zwischen ihrem 13. und 14. Lebensjahr in eine »existenzielle Grunddepression«. Ihre Großmutter, einer Ayurveda-Medizinerin, riet ihr, in die Höhle des heiligen Berges Arunachala in Südindien für drei Monate meditieren zu gehen. Der Rat wurde dankbar befolgt und Sathya hatte nach ihrer Meditation in der Ramana Maharshi-Höhle am Arunachala, der mit einer Höhe von cirka 980 Meter schon seit Urzeiten als heiliger Berg gilt, endlich das Gefühl, von allen Schicksalsschmerzen befreit zu sein: »Als ich anschließend bei meiner Großmutter zum Tee war, sah ich auf einmal bei ihren anderen Gästen deren Organe – und was an ihnen defekt war und Schmerzen bereitete.« Sathya erzählte ihrer Großmutter davon und diese prüfte ihre Behauptung mittels Blutuntersuchungen nach: »Sie stellte fest, dass ich Recht gehabt hatte. Damals war ich aber erst 14, und die Anbindung zum normalen Leben erschien mir furchtbar schwierig.« Ein Teil von Sathyas Familie ist buddhistisch, der andere hinduistisch und muslimisch. Die Großmutter riet dem Mädchen, im Buddhismus zu meditieren und die strenge buddhistische Schule der Philosophie zu erleben und zu erlernen.

Dass die Psychologie und auch die Philosophie im Buddhismus eine sehr analytische Form haben, faszinierte Sathya: »Außer in der Visualisierung ist er in keiner Weise emotional. Hier hatte ich endlich meine Bestätigung.«

Die von Sathya gerne angewandte Tibetische Medizin kommt aus der schamanischen Form des Buddhismus, die ursprünglich aus der Mongolei stammt: »Buddhismus ist keine Religion, sondern eine Philosophie. Es geht darum, aus der Philosophie heraus den emotionalen Zustand, und aus dem emotionalen Zustand heraus den somatischen Zustand zu bestimmen. Der Mensch soll die Erkenntnis gewinnen, woher er kommt und wohin er geht.« Im Gegensatz zur Chinesischen Medizin, die somatischer (griechisch »soma« = das, was sich auf den Körper bezieht, körperlich) arbeitet, legt die Tibetische Medizin eher auf den philosophisch-gefühlsbetonten Aspekt Wert, den menschlichen Entwicklungszustand. Als übergeordnetes Element, das auf die vier archetypischen Untersuchungs-Strukturen Puls-Diagnostik, Antriebs-Diagnostik, Zungen-Diagnostik und Urin-Diagnostik rückbezogen ist, steht bei Sathyas Diagnose ihre Aurasichtigkeit. Zur Überprüfung ihrer Ergebnisse setzt sie, ihrer klassischen Ausbildung als Ärztin entsprechend, die Schulmedizin ein: »Erst wenn diese die Blutbefunde genauso bringt, wie ich sie mit meiner Aurasichtigkeit gesehen habe, ist für mich das Bild rund.«

Mit Meridianarbeit, Akupunktur und ergänzenden Elementen wie Kräutern erzielt Sathya Heilungen. Die Arbeit mit den Meridianen (Energiebahnen des Körpers) ist ebenfalls aus der Tibetischen Medizin übernommen und grundlegender Bestandteil ihrer Arbeitstechnik: »Dabei werden alle feinstofflichen Kräfte, die den physischen, emotionalen und geistigen Körper verbinden, erkannt – und damit aktiviert oder harmonisiert. Diese Meridianarbeit ist für Menschen, die mit sich und an sich arbeiten möchten ideal. Diese Arbeit ist danach ausgerichtet, dass sich das Glücksgefühl im Leben stabilisiert.«

Sathyas Herzenspartner Wolfgang Bernhard hat unter Verwendung der archetypischen Grundeigenschaften des

Menschen und der Logik des I Ging das so genannte »Archetype System« entwickelt und sie hat dieses Wissen in eine direkte Verbindung mit der Tibetischen Medizin gebracht: »Die Basis liegt in der Arbeit von C.G. Jung. Die Meridianpunkte decken sich genau mit diesem Archetype-System! Ich habe alle Punkte bei mir selbst genadelt und daraus eine Technik entwickelt, die sich ›Meridian-Archetype-System‹ nennt. Das Wunderbare dabei ist, dass es durch diese Verbindung zu Heilungserfolgen kommt, die wesentlich rascher und präziser erreicht werden, als dies bisher in der klassischen Meridianarbeit möglich war.«

Dass die Menschen in ihrer »Werkstatt« – sie sagt ungern »Praxis« – zu sich selber wieder den Zugang und Selbstvertrauen bekommen, macht Sathya sehr glücklich: »Meine Aurasichtigkeit wird jeden Tag stärker, jeden Tag analytischer, jeden Tag meditativer. Aus dem Bewusstsein der Meditation und der klaren Sicht der spirituellen Dimension des Menschen bekomme ich immer mehr Aufschlüsse, Einsichten und Erkenntnisse, die im alltäglichen Leben dann auch angewendet werden.«

Sehr oft kommen Patienten zu ihr, bei denen die Schulmedizin bereits ganz spezifische Probleme diagnostiziert hat, die von diesen aber verschwiegen werden. Über die Aura sieht Sathya sofort, worum es sich handelt: »Wenn ich die Menschen darauf anspreche, bestätigen sie mir regelmäßig, dass die Schulmedizin bei ihnen jeweils das Gleiche festgestellt hatte.« Über solche Übereinstimmungen kann sie sich wie ein Kind freuen. Helfen zu können ohne Zeitverschwendung ist für sie ein göttliches Geschenk, das sie gerne allen Menschen zur Verfügung stellt.

Als »einer der hunderttausend glücklichsten Menschen auf diesem Planeten« sind Leben und Arbeit für Sathya eins, ihre Kinder unterstützen sie dabei. Sie lebt »keine karmische Beziehung sondern eine göttliche. Ich wurde nach 21 Jahren illusorischer Liebe, die sehr wichtig für mich waren, karmisch glücklich geschieden. Ohne diese Aufarbeitung hätte ich Vieles nicht gewusst oder erkannt, und nun lebe ich eine Form der Liebe, die wirklich unvergleichlich ist, göttlich. Devine Love!«

Das einzige, worauf sie sich heute verlässt, ist ihr »spirit-center heart« (geistiges Zentrum Herz). Sie ist überzeugt: »Es ist an der Zeit, das Göttliche zu leben. Und das Schöne ist: das Neue ist eigentlich das Uralte. Ohne Gott, ohne Gottesbewusstsein geht gar nichts. Ich bin sehr dankbar, dass ich immer ein Gottesbewusstsein haben durfte.«

Eine Zeitlang hatte Sathya sehr unter Intrige und Neid zu leiden. Damals erkannte sie: »Der Schwächere hat nie das Recht, den Stärkeren zu schwächen. Der Stärkere hat sehr wohl das Recht, den Schwächeren zu stärken.« Seither ist für sie alles leicht geworden, und Intrige und Neid tangieren sie nicht mehr. Der Ausspruch »Take it serious, but not personally« (Nimm es ernst, aber nicht persönlich) kommt direkt aus ihrem Herzen.

Gemeinsam mit Wolfgang Bernhard bildet sie eine immer größer werdende Zahl an Therapeuten, Medizinern und interessierten Laien aus, die mit dem Archetype-Meridian-System beruflich arbeiten oder die Struktur ihrer eigenen Persönlichkeit erfahren wollen – und dafür die Präzision der eigenen Meridiane nutzen. »Die Arbeit mit den Archetype-Meridianen ist wie das Lesen und Schreiben der eigenen Selbst-Bestimmung«, erklärt Sathya. Aus dem Wissen um den Energiezustand der eigenen Archetypen erkennt man nicht nur die Ursache der Krankheit, sondern auch den Sinn und die Lernaufgabe, die dahinter steckt.

Ihre Botschaften und Einsichten, die sie aus der Meditation und bei der Arbeit mit dem Archetype-Meridian-System erfährt, übersetzt Sathya in ihre Stimme: Sie singt Konzerte vor ausverkauftem Haus in der Royal Albert Hall oder in Covent Garden genauso wie für einzelne Klienten – deren Meridiane sie besingt, um den Heilungserfolg zu bestärken. Um ihrer eigenen Bestimmung gerecht zu werden, tauscht die fröhliche Heilerin ganz bewusst die Weltkarriere als Opernsängerin gegen die Arbeit mit Menschen in ihrer Werkstatt: »Ich bin ein Mensch, der gerne Menschen verbindet und gerne mit vielen Menschen zusammenarbeitet, denn jedes offene Herz führt uns ein Stück näher zu Gott.«

Nach Absolvierung ihres naturwissenschaftlichen Studiums war Inge Schreinlechner 30 Jahre in Österreichs größtem Forschungszentrum (Seibersdorf in Niederösterreich) als Wissenschaftlerin tätig. Daneben wuchs das Interesse der Chemikerin an feinstofflichen Energien. Ihr umfangreiches Wissen um Energieflüsse und ihre Intuition, Energiequellen spirituell zu erfassen, machen sie heute zur Expertin für Radiästhesie. Seit ihrer Pensionierung beschäftigt sich die Rutengeherin mehr und mehr mit den Auswirkungen und Entschärfungen des Elektrosmogs, wie er unter anderem auch durch die Mobiltelefonie entsteht.
Inge Schreinlechners Lehrer waren, neben internationalen Radiästheten und Feng Shui-Meistern, der Landschaftsheiler Marko Pogacnik, der Druide Raborne, die Aura-Heilerin Rosalyn Bruyere, der Schamane Brant Secunda sowie viele ihrer Seminarteilnehmer.

Kontakt: Telefon: +43 (0)676/ 920 65 40,
Internet: inge.schreinlechner@newsclub.at

Inge Schreinlechner

Wenn man der Natur eine Frage stellt, bekommt man eine Antwort

Die Motivation »Wie kommt das zustande – und wieso?« war für die ausgebildete Naturwissenschaftlerin Inge Schreinlechner ausschlaggebend, immer weiter zu forschen.

Dass es in elektrifizierten Haushalten zu radiästhetisch erfassbaren Störungen kommt, ist für Schreinlechner Tatsache: »Der Elektrosmog ist vordergründig an Belastungen schuld, weil er die allerorts vorhandenen Erdlinien verbreitert und aggressiv macht. Dazu kommen die Wasseradern, die manchmal noch zusätzlich vorhanden sein können und dadurch die negative Auswirkung noch verstärken.« Alle Arten von Gesundheitsstörungen wie Kopfschmerzen, Nervosität, Bluthochdruck, Herzrhythmus- oder Konzentrationsstörungen können die Folge sein.

Ihre Kenntnisse über den Elektrosmog verdankt Schreinlechner einem Forschungsauftrag von Franz Gabriel, einem Rutengeher aus Hallein, an ihr Institut. Er wollte wissen, ob seine Erfindungen gegen den Elektrosmog hieb- und stichfest seien. Physikalisch konnte nichts nachgewiesen werden. Doch er demonstrierte dem Forscherteam, unter welchen Bedingungen Störungen in elektrifizierten Haushalten entstehen können. »In manchen Fällen reicht es zur Entstörung aus, den Stecker aus der Steckdose herauszuziehen und um 180 Grad verdreht wieder einzustecken. Aus meiner Sicht sind verschiedene Wirkmechanismen im Spiel, für die man erst durch die neue Quantenphysik eine Erklärung finden wird, so Schreinlechner. Die Wissenschaftlerin lernte bald, solche und andere Auswirkungen selbst zu erspüren und zu erkennen.

Starke elektrische, magnetische und elektromagnetische Störstrahlungen können physikalisch gemessen werden. Aus diesen Messdaten lassen sich aber keine Zusammenhänge mit körperlichen Erscheinungen am Menschen ableiten. Es ist daher erforderlich, Auswirkungen von Störungen direkt am menschlichen Körper zu untersuchen.

Nach ihrer Pensionierung begann die Wienerin, in diese Richtung weiterzuforschen, und innerhalb von zwölf Jahren hatte sie ein 10-Punkte-Programm zusammengefasst, mit Empfehlungen, was sie an einem Haus oder einer Wohnung sofort verändern würde, um die Belastungen zu minimieren. Aus diesem Programm geht hervor,

- dass sich Belastungen durch Elektrosmog nicht nur in der Nähe eines entsprechenden Gerätes, das diesen ausgelöst hat, finden, sondern sich über die Stromkreise im gesamten Haushalt innerhalb des eigenen Sicherungs- und Zählerbereiches verteilen;
- dass der stärkste Störeinfluss im Haushalt vom Sicherungs-/Zählerkasten ausgeht, falls dort Gegenstände aufbewahrt werden, die nicht hineingehören, vor allem, wenn sie aus Metall sind;
- dass eine (durch falsche Drehrichtung beim Thermostat) »gestörte« Zentralheizung in der Regel, ebenso wie ein »verkehrt« eingesteckter Computer (siehe Empfehlung, den Stecker umgekehrt einzustecken), die zwei weiteren gravierenden Störungen im Haushalt darstellen können.

Seit 15 Jahren beschäftigt sich die Radiästhesistin hauptsächlich damit, darauf hinzuweisen, wie wichtig ein aufgeräumter Sicherungskasten ist: »Die Menschen sollten unbedingt darauf achten, dass sie in ihren Sicherungskasten nichts hineinlegen, was nicht hineingehört. Nicht einmal ein Blatt Papier. Wenn nämlich zufällig unter dem Zähler etwas zu liegen kommt, so stören diese Gegenstände den Energiefluss und dadurch den gesamten Haushalt.«

1990 erschien die Studie »Risikofaktor Standort« des Mediziners Otto Bergsmann, die sich mit den geopathogenen Standorteinflüssen auf den Menschen beschäftigt. Seither weiß man genau, was sich im Körper ändert, wenn Störungen vorhanden sind. Bergsmann hatte sich von einem Rutengeher einen gestörten

Platz ausmuten lassen und danach 24 Kriterien am Körper gemessen, angefangen von Puls, Blutdruck, Hautwiderstand, Serotonin-Gehalt des Blutes und Vieles mehr. Dabei fand er heraus, dass sich zwölf Kriterien signifikant verschlechterten, wenn sich der Mensch auf einem »schlechten« Platz befand. Wechselte dieser danach auf einen »guten« Platz, so dauerte seine Erholungsphase nur kurz, wenn er gesund war, war er aber krank, so benötigte die Rekonvaleszenz mehr Zeit. Dazu Schreinlechner: »Da sich das Ergebnis der Studie nur auf geopathogene Standorte bezogen hatte, und unsere kleine private Forschungsgruppe am Einfluss des Elektrosmogs auf den Körper interessiert war, machten wir uns mit Bergsmann bekannt und es wurden unter dessen Anleitung die drei wichtigsten der von ihm genannten Kriterien am Körper mit und ohne Elektrobelastung untersucht.« Die Testergebnisse ergaben, dass Elektrosmog dieselben Reaktionen im Körper hervorruft, wie schlechte Erdstrahlen.

Alle Lebensvorgänge werden durch Regelmechanismen geordnet. Die pathogene Störung greift in diese ein und verändert dadurch die Körperfunktionen, weiß Schreinlechner: »Es gibt eine Aufstellung dazu, was sich alles zum Schlechteren verändert. Meist ist nicht nur ein bestimmtes Organ betroffen – außer es handelt sich um ein Organ, das beim Betreffenden von vorne herein anfälliger ist –, sondern der ganze Regelmechanismus des Körpers.« Dadurch hat der Körper viel geringere Möglichkeiten, sich selbst wieder zu regenerieren. Mittels der Dunkelfeldtherapie kann man mikroskopisch messen, dass durch Elektrosmog eine Verklumpung des Blutes entsteht. Diese wiederum geht Hand in Hand mit einer Verschlechterung der Oberflächenspannung.

Durch die Entstörung des Sicherungs-/Zählerkastens wird eine Information an das elektrische Leitungssystem abgegeben. Der Quantenphysiker Anton Zeilinger hat mit seiner Theorie, dass sich Realität und Information von einander nicht trennen lassen würden, für Schreinlechner die Erklärung geliefert, warum die Methode funktioniert. »Die Erkenntnisse aus der Beschäftigung mit dem Phänomen des Elektrosmogs geben mir die Hoffnung, dass wir in absehbarer Zeit die Elektrizität ohne Störfaktoren anwenden können«, so Schreinlechner.

Die Lehre vom Strahlen-Fühlen, die »Radiästhesie«, wird in der Umgangssprache oft dem »Wünschelrutengehen« gleichgesetzt. Die wesentliche Aufgabe der praktischen Radiästhesie besteht in der Erkennung und Handhabung von Strahlungsanomalien. Der Mensch sollte Strahlungsanomalien stets meiden: Ungünstig gewählte Schlafstellen können Energieflüsse hervorrufen, die in der Folge durch ihre Negativenergien zu Schlafstörungen führen. Die Schlafstörungen wiederum begünstigen das Auftreten von schwerwiegenden Erkrankungen. Manche Störungsfelder und -kräfte können freilich mit herkömmlicher Technik nicht gemessen werden, sondern bedürfen einer für solche Energiefelder sensitiven Person. Der geschulte Radiästhesist kann mit seinen Werkzeugen Wünschelrute und/oder Pendel die Strahlungsanomalien nicht nur nach ihrer Qualität, sondern auch gemäß ihrer spezifischen Wellenlänge, Drehrichtung und Intensität unterscheiden. Dadurch können diese anschließend abgeleitet, harmonisiert oder vermieden werden. Der Experte weiß nicht nur sofort, ob man eine ungünstige Schlafstelle ausgewählt hat, sondern er spürt auch die günstigen Plätze im Wohnbereich auf.

In der Natur sieht man laut Inge Schreinlechner die Auswirkungen des Elektrosmogs bereits recht deutlich: »Wenn beispielsweise die oberste Spitze der Nadelbäume nicht mehr gerade nach oben wächst sondern schräg, oder sich überhaupt eine Art Zwiebel statt einer einzelnen Spitze bildet, liegt dort schon eine Störung vor. Denn ein Baum will sich immer nach oben ausrichten, wie eine Antenne. Bei einer Störung erfühlt er die Lage aber nicht mehr und dreht sich in alle Richtungen.«

Um herauszufinden, warum an bestimmten Orten die Energie gestört ist, forscht sie schon seit langem auch bei Verwandten und Bekannten und schreibt anschließend ihre Eindrücke zusammen: »Es ist wirklich interessant, welche Ursachen ich da oft finde. Wie auch aus der Lehre des Feng Shui bekannt ist, können Müllprodukte und ungenutzte Gegenstände negative Energien anhäufen. Die einfachste Grundregel wäre wohl, alles unnötige Gerümpel von Dachböden und Kellern, aus Abstellräumen und Kästen zu entsorgen. Wozu irgendwelche Gegenstände aufheben, die ohnehin nicht mehr gebraucht werden, aber risikobehaftet sind, indem sie Störungen erzeugen?«

Hunde meiden Strahlenplätze normalerweise intuitiv – im Gegensatz zu den Katzen. Trotzdem hat Ingrid Schreinlechner vor einiger Zeit eine Rasse kennen gelernt, die ganz offensichtlich Strahlensucher ist, so wie die Katzen: den Tibetischen Hirtenhund. »Als ich zweimal relativ kurz hintereinander bei einer Familie mit der Rute die Strahlenbelastung austestete, dachte ich automatisch, dort, wo der Hund liegt, brauche ich gar nicht hin zu gehen. Ich habe aber trotzdem pro forma ausgetestet – und plötzlich gemerkt, dass am Schlafplatz des Hundes eine Verstrahlung war. Ich habe mich natürlich sehr gewundert.« Auch als sie ein zweites Mal den gestörten Schlafplatz eines Hundes austestete, war sie überrascht. Es handelte sich in beiden Fällen um einen Tibetischen Hirtenhund.

Tibet liegt auf 3.000 Metern Seehöhe, dadurch herrscht dort eine andere Höhen-Einstrahlung. Das könnte Schreinlechners Überlegungen zufolge auch der Grund für das regelwidrige Verhalten des Tibetischen Hirtenhundes sein: »Eventuell sucht sich diese Hunderasse eine Ersatz-Energie und wählt hierzu einen anscheinend gestörten Platz als Liegeplatz aus.« Inge Schreinlechners Motto war und ist daher stets: »Wenn man der Natur eine Frage stellt, bekommt man eine Antwort.«

Joseph Reuben stand mit sechs Jahren zum ersten Mal auf der Bühne, wirkte bei Film- und Fernsehproduktionen sowie in zahlreichen Konzerten in den USA, Europa und Asien mit. Er trat gemeinsam mit internationalen Sängern wie Diana Ross und Eartha Kitt auf oder mit Eigenkompositionen bei Soloprogrammen.
Schon Joseph Reubens Eltern waren in Arizona, New Mexico und Colorado gefeierte Schauspieler und Sänger. Joseph Ortiz Codona, Silverbirds Vater, stammt aus den Sonora Mountains, südlich von Arizona. Der Nedhni Apache war blutsverwandt mit Geronimo, und begleitete diesen auf all seinen Feldzügen zur Verteidigung der Heimat. Florinda (Silverbird) Blair, Joseph Reuben Silverbirds Mutter, war eine Medizinfrau der Cherokee.
Silverbird spielt Gitarre, Flöte und verschiedene Schlaginstrumente. Er hält Sprituelle Seminare und Vorlesungen über die Kultur der amerikanischen Ureinwohner und reist intensiv für die Föderation Weltfrieden. Als »Botschafter des Friedens« der Vereinten Nationen hat er unter anderen bereits den Dalai Lama, Jassir Arafat und Bill Clinton getroffen und wird laufend von führenden Universitäten wie Columbia, Stanford, Wien und Genf als Vortragender eingeladen. 1999 kam Silverbird als Koordinator eines Indianerdorfes in die Nähe von Wien. Er schloss Österreich so sehr ins Herz, dass er seither von hier aus zu seinen verschiedenen Engagements nach Deutschland, Frankreich, Schweiz, Norwegen und in andere europäische Länder aufbricht. Er spricht perfekt Englisch, Französisch, Spanisch und Italienisch – aber kein Deutsch. Er gab bisher vier CDs heraus und produzierte einen Film: »Spiritual Words of Wisdom«.

Kontakt: Internet: jsilverbird@hotmail.com, www.silverbird.at
oder www.silverbird.us

Joseph Reuben Silverbird

Wenn wir keine Wurzeln haben, fehlt uns der Halt und wir haben nichts mehr

»Wir verlieren alle Weisheit der alten Zeiten«, ist der Nedhni Apache-Cherokee Joseph Reuben Silverbird besorgt: »Viele Kinder von heute haben keine Großväter und Großmütter, die ihnen die Geschichten der Alten erzählen. Es ist aber wichtig, sich auf die Vergangenheit zu beziehen. Wenn wir keine Wurzeln haben, fehlt uns der Halt und wir haben nichts mehr.« In seinen Seminaren – speziell für Kinder – fordert er daher immer seine Zuhörer auf, Personen einzuladen, die Geschichten von früher erzählen können, um daraus zu lernen.

Er selbst lebt sein Leben, wie er in seinem Buch schreibt, »durch die Weisheit meiner Eltern. Durch ihre glückliche Führung habe ich das Leben bekommen. Und sie haben mir Worte der Weisheit hinterlassen. Zum Beispiel den Satz: ›Stille ist Gold!‹« Dabei geht es Silverbird nicht bloß um die Sprichworte der Indianer, die der Europäer tragen genauso viel Weisheit in sich: »Hör zu, und du wirst lernen. «

Die Weisheiten der Alten sollten Silverbirds Meinung nach durch die Familie weiter getragen werden, bevor ein Kind noch in die Schule geht: »Damit wäre der Unterricht auch für die Lehrer viel leichter. Denn sie haben es heutzutage sehr schwer, weil die Kinder von zu Hause auf die Erziehung, die sie in der Schule erfahren sollen, nicht mehr genügend vorbereitet werden.«

Indianische Weisheit wurde von Generation zu Generation weitergegeben, doch auch sie geht nach und nach verloren. »Es ist traurig, dass die Jungen diese wundervollen Worte nicht kennen wie: ›Jedes Wort, das du sprichst, sollte ein Gebet sein!‹ Das bedeutet, es sollte ein gutes Wort sein. Meine Mutter pflegte zu sagen: ›Son, walk in beauty!‹ (Übersetzt: Sohn, geh in Schönheit). Wenn Du in Schönheit gehst, wie kannst du da irren? Wie kannst du dich langweilen? Wie kannst du etwas falsch machen, wenn du immer in Schönheit gehst?«

Joseph Reuben wurde als einziger von sieben Geschwistern nicht in New Mexico geboren, sondern in Placentia, Kalifornien. Seine Eltern waren damals auf dem Weg nach Hollywood, wo sein Vater eine Rolle als Charakterdarsteller in einem Film annehmen wollte: »Ich war aber der Grund, warum meine Eltern Beverly Hills wieder verließen und nach Santa Fé zurückkehrten: Denn ich wurde blind geboren, und es gab keinen Spezialisten in Beverly Hills.«

Silverbirds Eltern vertrauten gläubig darauf, dass Naturmedizin ihr Kind kurieren würde. Wieder daheim in New Mexico ließen sie ein Navajo-Blessing für ihr Kind abhalten: »Ein Blessing ist eine medizinische Erfahrung. Es gab in diesem Teil des Landes heiße Quellen, und die Indianer glauben, dass diese Quellen heilig sind. Tatsächlich handelt es sich um Heilwasser, wie es an den Thermallinien auch überall in Europa vorkommt.«

Joseph Reubens Eltern campierten bei der Quelle, denn außer dem Wasser, das aus der Erde kam, gab es damals dort nichts: »Mit dem Heilwasser wuschen sie täglich mein Gesicht. Mein Vater hatte mich auf einen Karren gesetzt und für mich ein kleines Zelt gebaut. Damals lernte ich die klassische Musik schätzen: Er hat mir beigebracht, mit den dicken Schallplatten umzugehen. Durch die aufopfernde Pflege meiner Eltern und das Wunder des Schöpfers wurde ich mit viereinhalb Jahren tatsächlich geheilt.«

Silverbird glaubt, dass er durch die Tatsache, dass er jahrelang blind war, heute viel mehr sehen kann als Menschen, die sehend geboren wurden. Dem Schöpfer ist er dankbar, sowohl für das Leid als auch für die Genesung. In der Gesellschaft fehle die Demut, die auch Voraussetzung für den richtigen Umgang mit der Technik ist, meint Silverbird und sieht im falschen Gebrauch der Elektronik eine Gefahr: »Die Jugend nützt den Rechner nicht konstruktiv. So, wie die Computer heute verwendet werden, zerstören sie die Kinder.« Dazu ein Beispiel: »Ich habe einen Freund«, erzählt der Indianer, und wenn wir gemeinsam essen gehen, bestellt er für seinen Sohn gleich das Essen mit – der Bub spielt daneben unentwegt mit seinem Computer. Seine Augen hören niemals auf, den Display zu fixieren, er blickt niemals auf. Und wenn er heimkommt, setzt er sich vor den Fernseher. Das Kind nimmt nicht einmal mehr seine Umgebung wahr, das zerstört den Geist.«

Joseph Reuben Silverbird ist auch Filmschauspieler und liebt dieses Medium: »Aber nur die alten Streifen, denn die waren in einem Tempo, dem du folgen konntest. Die heutigen Filme haben viel zu schnelle Schnitte. Der Zuschauer schnappt irgendetwas auf, aber es ist nur Getöse. Aus einer Studie geht eindeutig hervor, dass Kinder zwar die Information aus einem Film erfassen, aber nicht behalten. Dadurch wird sie wertlos, verschwendete Zeit.«

Er ist überzeugt, dass wir zu schnell unterwegs sind: »Diese Geschwindigkeit verursacht Stress. Wir wollen so schnell weiterkommen wie möglich, und in Wirklichkeit wissen wir gar nicht, wohin wir gehen. Und am Ende, wenn wir irgendwo ankommen, wohin der Wind uns geweht hat, sind wir so gestresst, dass wir uns gar nicht mehr darüber freuen können, was wir erleben. Es wäre wichtig, das Tempo zu vermindern.«

Auf seinen zahlreichen Reisen rund um die Welt erfährt Silverbird die unterschiedlichen Geschwindigkeiten ganz besonders: »Auf Plätzen wie in kleinen afrikanischen Dörfern haben die Menschen noch ihre Wurzeln und leben danach. Ich möchte nichts Schlechtes über die westliche Welt sagen, aber die US-›Kultur‹ hat ihr einen Stempel aufgedrückt, der in eine Sackgasse führt. Es ist traurig, was man heute unter Entwicklung versteht – das ist kein wirklicher Fortschritt. Und was vor allem fehlt, ist der höfliche Umgang miteinander.« Höflichkeit ist seiner Auffassung nach unbedingt nötig. »Das ist das Wichtigste, was Kinder von Erwachsenen lernen können. Aber schon seit geraumer Zeit ist unhöflicher Egoismus cool. Deshalb habe ich mit vielen Kindern zu tun, die 45 Jahre und älter sind.«

Silverbird ist Vater dreier musikalischer Söhne: Perry reist wie der Vater mit seiner Musik durch die ganze Welt und schreibt derzeit gemeinsam mit diesem an einem Musical. »Perry ist brillant, exzellent in seiner Arbeit mit Musik«, freut sich der stolze Vater. Musik ist für ihn »sehr spirituell«. Deshalb nannte er ein kürzlich abgehaltenes Konzert simpel: »Musik + Spiritualität = Frieden!«

Joseph Reubens ältester Sohn Marc ist Katholik. Eines Tages berichtete er seinem Vater, dass er ein christliches Lied komponiert hätte. Der riet ihm, noch mehr zu komponieren, um die Lieder auf CD aufnehmen zu können. Selbstverständlich trug er seine Hilfe dabei an: »Und dann stieß auch noch mein Sohn Gil zu uns, der ist überhaupt ein Musikgenie. Er spielt Klavier, Keyboard, singt und komponiert. Wir haben alle Drei zusammen geholfen, und auf diese Weise hat Marc – der wundervoll Gitarre spielt, singt und komponiert – seine CD mit christlicher Musik vollendet.«

Der Musiker und Native American Storyteller (wörtlich aus dem Englischen übersetzt: Indianischer Geschichten-Erzähler – im Sinne von tradierten Geschichten) ist von seinen Kindern begeistert, jedoch nicht im Sinne eines amerikanischen »Backstage«-(englisch: Garderobenraum-)Vaters, wie er humorvoll bekennt: »Es gibt auch die so genannten ›Backstage‹-Mütter. Damit sind Eltern gemeint, die die ganze Zeit nur davon sprechen, wie großartig ihre Kinder sind. Ich brauche gar nicht darüber zu sprechen: Ich weiß, dass meine Söhne großartig sind.«

Joseph Reuben Silverbirds Familie war immer schon sehr musikalisch: »Mein Vater spielte Trompete, Flöte, und sang wunderschön. Und meine Mutter trommelte und sang ebenfalls. Sie klangen wie Vögel, Liebende, wenn sie zusammen sangen und spielten. Musik ist sehr wichtig.«

Viele Leute fragen ihn, warum er sich immer wieder in Österreich aufhält. Aber die Sehnsucht, nach Wien zu kommen, war immer schon sehr groß: »Wegen Wolfgang Amadeus Mozart und Johann Strauß. Mein Vater liebte nämlich Walzer. Viele können sich nicht vorstellen, dass ein Indianer Strauß-Walzer liebt.

Aber Musik ist Musik, sie hat keinen Pass. Sie antwortet mit dem Herzen, und das ist der Schlüssel zur Musik. Musik macht dich lieben, macht dich glücklich, macht dich traurig oder macht dich weinen. Das ist die Macht der Musik.«

Daran, dass Musik heilen kann, gibt es für ihn keinen Zweifel: »Ich habe erst gestern ein Seminar – ich nenne es Circle – abgehalten. Wir haben gemeinsam getanzt, und am Ende hatten alle ihre Augen geschlossen. Ich fragte eine Dame, woran sie gedacht hätte, während sie tanzte und sang. Sie antwortete, sie hätte an überhaupt nichts gedacht.« Das war für Silverbird die erhoffte Antwort: »Das ist der Schlüssel! Denn du vergisst alles andere dabei, wenn du singst, wenn du tanzt oder auch nur Musik hörst. Sie nimmt deine Gedanken, dein Herz und deine Seele ganz ein, sodass du allem anderen entfliehen kannst. Mein Motto dazu ist: ›Du kannst nicht singen? Geh unter die Dusche und sing! Du kannst nicht tanzen, weil du zwei linke Füße hast? Schließ deine Augen und tanze! Du kannst kein Instrument spielen? Kauf dir eine Trommel und schlag darauf! Du wirst erleben, dass du spielen kannst – und vergessen.‹ Das ist das Wunderbare an der Musik.« Die Musik zur Doppel-CD »The World in our Eyes«, die Joseph Reuben Silverbird seinen Vorfahren widmete, produzierte er gemeinsam mit einem Freund.

»Einmal habe ich bei einem zweitägigen Seminar die Teilnehmer ersucht, ein Instrument oder irgendetwas anderes, worauf man spielen kann, mitzubringen. Ein Mädchen brachte ein Cello mit. Am Ende des Tages spielte sie darauf, und irgendwann zog ich meine Flöte hervor und begleitete sie. Als wir zu spielen aufhörten, lud ich sie ein, ihr Cello mitzunehmen, wenn sie bei meiner nächsten CD-Produktion dabei sein möchte. Sie war begeistert und kam am nächsten Tag mit ihrem Cello: So entstand ›Magic Flute‹. Ich habe zwar keine Kompositionen von Mozart darauf, aber ich habe die CD Mozart gewidmet. Elisabeth besuchte das Mozarteum und graduierte dort. Sie spielt heute klassische Musik. Ich arbeite gerne mit Musikern zusammen, denn wenn sich Musiker treffen, trifft sich die Spiritualität.«

Auch schamanische Reisen werden von Musik begleitet: »Nach meinen Flöten-Meditationen frage ich meine Seminarteilnehmer immer, was sie dabei empfunden haben. Darauf kommen die unterschiedlichsten Antworten: Die einen erzählen, dass sie hoch in der Luft geflogen sind, die anderen dass sie auf einem hohen Berg oder im Meer waren. Es ist immer genau die richtige Antwort. Ich kann nicht erklären, woran das liegt, aber wenn man danach die Leute über ihre Erlebnisse befragt, sind sie alle einer Meinung: Es war Frieden, jede Art von Frieden, ein wundervolles Gefühl.«

Der weise Mann glaubt an die Kraft des Gebets: »Aber ich denke dabei nicht an das tausendfach abgedruckte Gebet, sondern an das Gebet, das einem ganz spontan in den Sinn kommt. Viele Menschen beten auf diese Weise, sie müssen gar nicht dasselbe beten, nur die Augen schließen und ihr eigenes Gebet sprechen, dabei können sie stark werden. Das stille Gebet, direkt vom Herzen, ist das mächtigste, manchmal genügt ein Blick zum Himmel, ein Danke und die Bitte, Frieden auf diese Welt zu bringen. Wenn die Beherrscher der Welt sehen, dass eine Masse von Menschen niederkniet und vereint betet, müssen sie realisieren, dass sie gegen das Gebet nicht kämpfen können. Man denke nur an Gandhi oder Martin Luther King: Diese Menschen waren Kämpfer für den Frieden mit friedlichen Mitteln.« Und Silverbird glaubt an das Charisma des Papstes Benedikt, der seiner Meinung nach die Menschen im Gebet vereinen kann.

Reinkarnation ist Teil der indianischen Kultur. Religion ist für Joseph Reuben wichtig, wobei noch wichtiger ist, das Schicksal selbst in die Hand zu nehmen: »Das Gebet zusammen mit der Eigenverantwortung sind Grundpfeiler einer gesunden Seele. Gebet kann auf viele Arten heilen. Ich hatte einmal vor hundert Kindern einen Vortrag gehalten, dabei stellte mir ein achtjähriger Bub eine Frage, die normalerweise nicht von einem Kind kommt: ›Mr. Silverbird, kann sich irgendjemand nur mit den Gedanken heilen?‹ Können Sie sich vorstellen, dass so eine Frage von einem achtjährigen Kind kam? Ich habe ihn gebeten, seine Frage zu wiederholen, damit jeder sie hören konnte. Er wiederholte sie, jeder hörte sie, und dann habe ich die Kinder gefragt, wie sie glauben, dass meine Antwort auf diese Frage sein würde. Es herrschte Stille. Und dann sagte ich: ›Die Antwort ist Ja!‹«

Die meisten Dinge, die uns schmerzen, könnten wir nach Meinung Silverbirds selbst heilen: »Bei allem Respekt vor der Medizin: Gebet und Eigenverantwortung helfen. Das bedeutet nichts anderes, als dass wir lernen sollten, auf unseren Körper zu hören. Unser Körper ist das größte Wunder, das wir haben.«

Silverbird interessiert sich sehr für die Geschichte der Weltreligionen und ist verwundert darüber, wie wichtig hier das geschriebene Wort ist: »Wir Indianer gaben unsere Informationen von Generation zu Generation mündlich weiter. Vor 1492, als die Pilgrim Fathers und Columbus nach Amerika kamen, waren wir schon 10.000 Jahre in diesem Land – ohne Bibel.« Heute sind viele Indianer Christen, wobei Joseph Reuben erstaunt ist über die Vielzahl der christlichen Lehren: »Alle beten zu einem Gott, alle lesen aus derselben Bibel, wozu dann die vielen unterschiedlichen Auslegungen?«

Als Botschafter des Friedens bereist Joseph Reuben Silverbird gemeinsam mit anderen religiösen Menschen unterschiedlicher Herkunft die ganze Welt. Am Islam stört ihn, dass Frauen scheinbar diskriminiert werden. »Ich bin einer der Wenigen, der in seinen Vorträgen, Seminaren und Reinigungs-Zeremonien darüber spricht. Die erste Runde widme ich immer den Frauen, und in der zweiten spreche ich zu den Männern – und die fühlen sich manchmal sehr ungemütlich dabei. Doch ein Mann hat die Pflicht, sich daran zu erinnern, woher er wirklich kommt – von der Frau.« Für Silverbird steht fest: »Es ist heilig, jemandem das Leben schenken zu können. Wenn ein Mann das könnte, so hätten wir weniger Kriege.«

Der Schweizer Peter Singer arbeitet seit über 25 Jahren als Energietherapeut in eigener Praxis für Mensch und Tier. Er ist Medium und Kanal für verschiedene Ärzte aus den feinstofflichen Bereichen (er nennt sie Engelwesen). Aus seinem Körper strahlt so starke Heilenergie, dass oft seine Anwesenheit allein genügt, damit Heilung geschehen kann. Bei jeder Behandlung werden Botschaften über die Ursache der Krankheit oder die Lebensumstände vermittelt und Möglichkeiten aufgezeigt, wie diese Ursachen oder Situationen verändert werden können.
Peter Singer, der der Meinung ist, dass jedes Lebewesen und jede Pflanze das Recht haben, eine energetische Behandlung zu bekommen, wenn es dieser Hilfe bedarf, leitet Seminare in Österreich, Deutschland und der Schweiz über Geistiges Heilen, Schutzengel, Handlesen, Aurasehen, Astralwanderungen, Körpermobilisation, Akupressur, Therapeutische Hypnose, Umgang mit geistigen Helfern und einiges mehr.
In eigenen Erlebnisseminaren für Mensch und Pferd lernt jeder Teilnehmer, energetisch auf sein Pferd einzugehen, um seelischen Kontakt zu ihm aufzunehmen. Außerdem werden Methoden erarbeitet, wie ein Pferd auf Blockaden ausgetestet werden kann und wie diese anschließend beseitigt werden können.
Peter Singer legt großen Wert auf die Feststellung, dass seine Art der Behandlung weder als Ersatz einer ärztlichen Behandlung noch als Ersatz für Medikamente angesehen werden kann, sehr wohl aber als wertvolle Ergänzung und Unterstützung.

Kontakt: CH-5600 Wettingen, Dorfstraße 65,
Telefon: +41 (0)79 25 11 012
Internet: www.petersinger.cc

Peter Singer

Der Umgang mit den Engeln ist ganz einfach

Peter Singer hatte schon als Kind immer die Aura gesehen. Mit 20 Jahren bemerkte er, dass diese Begabung etwas Besonderes sein musste. Damals besuchte er bei einem Heiler ein Auraseminar, das für ihn insofern wirkungslos blieb, als das, was der Seminarleiter den Teilnehmern mühsam beizubringen versuchte, von ihm schon längst gekonnt wurde.

Peter Singer wehrte sich trotzdem eine Weile erfolgreich gegen seine Fähigkeiten, denn er wollte im Hotelfach arbeiten. Für ihn war der auslösende Moment, sich ganz dem Heilen zu widmen, die schwere Erkrankung seiner Mutter: »Sie ist dann auch sehr früh verstorben, und ich war sicher: Es muss auch noch etwas anderes geben als die Schulmedizin.«

Er interessierte sich immer mehr für geistiges Heilen und machte sieben Jahre lang diverse Ausbildungen in dieser Richtung. Mittlerweile lehrt er selbst schon 20 Jahre. Die meisten Schüler, die zu ihm kommen, sind zuerst skeptisch, ob sie diese neuen Einsichten auch wirklich erlernen werden. Peter Singer kann sie beruhigen: »Natürlich, dieses Potential steckt in jedem von uns. Wir müssen es nur wecken und fördern, um es zum Einsatz zu bringen.«

Der Umstand, dass die Menschen meistens vergessen, dass sie einen Schutzengel haben, hat Singer bewogen, sich seit ungefähr fünf Jahren intensiv mit Engeln zu befassen und ihr Wirken in seine Arbeit und in sein Privatleben mit einzubeziehen: »Es gab noch nie eine Zeit, in der so viele Engel arbeitslos waren wie gerade jetzt. Seit mein erstes, dreistündiges Engel-Seminar mit Kindern zwischen vier und zehn Jahren so erfolgreich war, kommen auch die Erwachsenen. Mittlerweile habe ich schon für die

Armee und für Spezialeinheiten der Polizei Schutzengelseminare abgehalten.«

Mit großem Erstaunen stellt der Schweizer immer wieder fest, wie gern und zuverlässig Engel mit den Menschen zusammen arbeiten, und wie sehr sie sich freuen, in unser Leben eingebettet zu werden: »Der Umgang mit den Engeln ist ganz einfach. Gerade in unserer Zeit, in der Krieg und Terror so stark überhand nehmen, erlebt man in diesem Seminar wunderbare Dinge: Der Engel nimmt seinen Menschen an der Hand, beschreibt sein Wesen innerhalb von Sekunden, hilft ihm, Schmerzen aller Art zu lindern und übermittelt ihm persönliche Botschaften, die ihm auf seinem Lebensweg oftmals einen großen Schritt weiterhelfen. Wenn Sie Schmerzen haben, brauchen Sie keine Pulver mehr nehmen, sondern Sie können Ihren Schutzengel aktivieren, um die schmerzende Stelle zu behandeln.«

Der Engel folgt dem Ruf auf der Stelle. Aber, und das ist wichtig: »Er hilft nicht automatisch, sondern er möchte, dass wir ihn wahrnehmen, und er möchte gebeten werden. Natürlich haben auch Tiere einen Schutzengel.«

Bei den Menschen haben es die Schutzengel manchmal sehr schwer, weil sie ja sehr rücksichtslos mit der Natur umgehen, so Peter Singer: »Alles, was mit der Natur zu tun hat – wir sind ja auch ein Teil der Natur –, wird mit Füßen getreten. Wenn man sieht, wie rücksichtslos Tiere behandelt und wie Bäume gefällt werden, dann kommt einem das Weinen. Ich denke, mit meiner Arbeit kann ich ein bisschen etwas verändern, einen kleinen Beitrag leisten.«

Unser Alltag ist geprägt von Rationalität, Effektivität und Effizienz. Wir meinen, mit unserem Verstand sei alles mach- und erklärbar. Wir versuchen stets, alles zu analysieren, zu erklären und zu beweisen. Bereiche wie Emotionalität und Irrationalität sind für den einen oder anderen bereits Reizwörter und teilweise suspekt. Nur was sichtbar ist, ist für uns existent. Die sichtbare und fassbare Spitze des »Eisbergs« ist aber nur ein kleiner Teil unseres Ichs. Der weitaus größte Teil liegt im Verborgenen, Unsichtbaren.

Sofern wir diese, bisher eher verborgene Welt, auch akzeptieren und aktiv zulassen, wird sich unser Bewusstsein entsprechend wohltuend verbessern, ist der Energietherapeut überzeugt. Durch seine Arbeit geht es auch Pferden sehr viel besser: »Da ich schon viele Jahre mit Pferden arbeite, habe ich mich immer geärgert, dass die Pferde in der Sportszene immer wie Sportgeräte behandelt werden. Nicht wie Lebewesen. Sie werden geschlagen und geschunden. Ich habe daher begonnen, mit Spitzenpferden energetisch zu arbeiten, mit Zirkuspferden und hochqualifizierten Turnierpferden – und auf einmal haben die Pferdesportler bemerkt, dass es da noch etwas anderes gibt. Ich habe ihnen beigebracht, dass ein Pferd auch eine Seele hat, und dass das Pferd auch entscheiden kann, ob Pferd und Reiter zusammenpassen oder nicht.«

Mittlerweile arbeiten sehr viele renommierte Reiter mit großem Erfolg nach der Singer-Methode: »Und es macht ihnen auch Freude, weil die Pferde für sie auf einmal einen anderen Stellenwert haben. Ein Pferd ist ein edles Wesen. Die Aura eines Pferdes ist viel edler als die eines Menschen. Ein Pferd hat keinerlei Schlechtigkeit in sich, weder schlechte Energie noch schlechtes Gedankengut.«

Bei seiner Arbeit redet er ganz normal und laut mit den Pferden. Ein Pferd versteht durchaus, was er von ihm will. Den Begriff »Pferdeflüsterer« findet Peter Singer daher nicht sehr passend für sich.

Er hatte schon relativ früh begriffen: »Im Leben ist alles eine Sache des Denkens.« Als Singer eine merkwürdige Schweizer Studie las, die ergab, dass innerhalb von 20 Jahren 325 Menschen an Bissen von Schlangen verstarben – und 195 davon waren ungiftig –, war das für ihn ein Motiv, mehr über die Welt der Gedanken zu erfahren. Derzeit arbeitet er gemeinsam mit einem Züricher Arzt an einer Studie zum Thema Chemotherapie: Bei Patienten, die sehr aggressive Medikamentierungen ertragen müssen, kann Singer durch Handauflegen auf die Medikamente selbst die Nebenwirkungen ausschließen. Durch den Energiefluss ist es sogar möglich, den bei Chemotherapien üblichen Haarausfall hintanzuhalten. »Nehme ich ihre Hand zwischen meine Hände, lädt sich viel Energie auf, die die Patienten aussehen lassen wie das blühende Leben.«

Für Peter Singer ist es an der Zeit umzudenken: »Für mich ist es logisch, dass es so funktioniert, aber für manche Menschen ist diese Wirkweise noch gewöhnungsbedürftig, ein bisschen Zukunftsmedizin.«

Der Allgemeinmediziner Hering hatte schon 1923 erkannt: »Die weiße Benutzung des vegetativen Systems wird einmal den größten Teil der ärztlichen Kunst ausmachen.« Ganz am Anfang seiner Ausbildung hat Singer den Mediziner noch nicht verstanden, doch jetzt weiß er, dass damit die Arbeit an der Aura gemeint ist: »Nachdem ich schon so lange auf dem Gebiet arbeite – und dabei sehr viel gemeinsam mit Ärzten und Tierärzten – verstehe ich Hering genau. Ich habe in meinem ersten Buch geschrieben, dass es mein Wunsch für dieses Leben ist, dass sich die Zusammenarbeit zwischen Schulmedizin und uns Naturheilkundigen verbessert. Und sie hat sich schon sehr verbessert. Im Gegensatz zu dem Zustand vor 20 Jahren ist meine Arbeit heute einfach. Ich bekomme bereits viele Patienten von Ärzten zugewiesen. Das, was ich mache, ist nichts Anderes als uraltes Wissen anwenden.«

Und das Schöne dabei: Singer selbst kostet seine Arbeit keine Energie, sondern je mehr er arbeitet, desto mehr Energie bekommt er: »Ich lasse die Energie durch mich durchfließen und sie lädt auch mich auf. So habe ich heute den ganzen Tag mit 15 Patienten anstrengend gearbeitet, und fühle mich jetzt am Abend noch viel besser als am Morgen. Das ist sehr befriedigend.«

Wenn jemand klagt, dass er nach fünf Patienten total kaputt ist, macht er Singers Meinung nach etwas falsch: »Denn ich gebe ja nicht meine Energie, sondern ich bin nur ein Kanal. Ich verbiete meinen Mitarbeitern und meinen Schülern, Krankheiten zu behandeln. Statt dessen müssen sie herausfinden, warum der Patient krank ist. Sobald ich die Ursache herausfinde, kann er sich selber heilen.«

Peter Singers Patienten kommen in der Regel nur zwischen ein- und dreimal. Er hat keine Karteileichen im Keller: »Wenn sie beim dritten Mal noch nicht begriffen haben, worum es geht, müssen sie zum Arzt gehen. Es ist Zeit, endlich Ursachenforschung zu betreiben. Dazu gibt es ein ganz einfaches Mittel: mit den Menschen reden. Wenn ich sie direkt darauf anspreche, erzählen sie mir ihr Problem.«

Weil Singer in ihrer Aura sehen kann, womit sie sich beschäftigen oder was sie belastet, kann er seine Klienten direkt darauf ansprechen: »Haben Sie finanzielle Probleme?« oder: »Haben Sie existenzielle Probleme?« oder: »Haben Sie private Partnerschaftsprobleme?«

Weil Singer direkt auf den Punkt kommt, hat er mit dieser Methode auch Erfolg: »Ich will nicht, dass die Patienten hinter mir herziehen wie Jünger, das wäre schrecklich.« Sein Ziel ist, dass sie sagen: »Jawohl, ich habe es begriffen: Ich muss mich selber heilen.«

Gerhard Reinhold Steiner-Kraft kam als Widder mit Aszendent Löwe im steirischen Bruck an der Mur als Sohn einer Niederösterreicherin und eines Norddeutschen zur Welt. Zum Broterwerb war er zunächst lange Jahre in seinem Beruf als Buchhalter tätig, ehe er sich seinem Interessensgebiet, den Grenzwissenschaften, voll widmen konnte. 17-jährig begann er mit Yoga und widmete sich später der Astrologie, anschließend der Numerologie und Tarot, das er heute vorzugsweise ausübt und wo er sein umfangreiches Wissen in Workshops weitergibt. Er führt auch per Telefon Tarot-Beratungen durch.

Kontakt: Telefon: +43 (0)650/ 54 11 973 oder +43 (0)699/ 817 17 039

Gerhard Reinhold Steiner-Kraft

Die Utopien von gestern sind die Wirklichkeit von heute

Die Zeitqualität, die beiden Seiten der Zeit, kairos und chronos (griechisch), hatten Gerhard Reinhold Steiner-Kraft immer schon interessiert: »Im biblischen Sprachgebrauch ist Kairos der richtige Zeitpunkt im Gegensatz zu Chronos, der Zeit im Allgemeinen. Der so genannte Zufall ist für mich sowieso ein eigenes Thema: Er ist nicht zufällig, sondern hat Methode, dahinter steckt ein Prinzip. Auch der Physiker Herbert Pietschmann spricht in seinen Vorträgen sehr oft über dieses Thema.« Und C.G. Jung erwähnt in seinen Werken unter anderem den Begriff der Synchronizität: »Synchronizität bedeutet Gleichzeitigkeit, bedeutet Zufall.« C.G. Jung stellt dabei im Wesentlichen fest, dass bei der Synchronizität eine Gleichzeitigkeit vorhanden ist. Jung geht davon aus, dass der Mensch mit seiner unbewussten Wahrnehmung Gegenwart, Vergangenheit und Zukunft gleichzeitig sehen oder abrufen kann. Steiner-Kraft: »Wir rufen sie allerdings aus dem gesamten Hier und Jetzt (= Gleichzeitigkeit) ab – und das Tarot spiegelt das exakt.«

Steiner-Kraft begann bereits in den 1970er Jahren, sich mit Astrologie zu befassen, und beschäftigte sich anschließend mit Numerologie. Ab 1981 kam er zum Tarot – zunächst wiederum über das Studium von einschlägigen Büchern: »Ich bin eigentlich immer über entsprechende Sachbücher auf die verschiedenen Themen gestoßen. Darin spiegelt sich auch der Zufall in meinem Leben, das heißt die Imagination: Man sendet zuerst unbewusst etwas aus. Später dann, wenn man sich erst einmal mit der Materie beschäftigt hat, wird einem bewusst, dass man sich den Auftrag selbst gibt. Es war mein ganzes Leben lang so, dass die Dinge auf mich zugekommen sind. Zwischen 1981 und 1985 habe ich viele faszinierende Bücher gelesen, unter anderem ein Buch über Medialität von Jane Roberts mit dem Titel ›Seth‹ – und plötzlich haben sich auch Menschen zu dieser Thematik manifestiert.«

Die Bestseller-Autorin Bärbel Mohr zeigt dieses Phänomen sehr gut in ihren Büchern. Zum Beispiel in ihrem Werk: »Bestellungen beim Universum. Ein Handbuch zur Wunscherfüllung«. Darin erklärt sie ziemlich humorvoll, wie man sich den Traumpartner, den Traumjob oder die Traumwohnung und vieles mehr einfach herbeidenken und beim Universum quasi bestellen kann. Sie zeigt dem Leser, wie er auf seine innere Stimme hören, sich selbst gegenüber eine stärkere Verpflichtung eingehen und sein Leben positiver gestalten kann.

Gerhard Reinhold Steiner-Kraft setzte sich immer schon intensiv mit seiner Persönlichkeitsstruktur auseinander, mit den Fragen zur Selbstfindung und Selbstentdeckung: »Wer bin ich?« und: »Worum geht es hier überhaupt auf diesem Planeten?«

Dabei kam ihm vor allem die psychologische Astrologie sehr zu Hilfe: »Meine Mutter ist Niederösterreicherin und mein Vater Norddeutscher, aber ich bin in der Steiermark geboren. Mein Vater hieß Kraft. Kraft ist ein typisch deutscher Name. Der Name Steiner stammt von meiner Mutter. Und Reinhold: der Reine und Holde. Hier spiegelt sich in mir auch mein spiritueller Anteil. Ich habe meine Sonne – also mein Wesen – im neunten Haus, das bedeutet Philosophie, Religion, Sinnfindung und Weisheit. Die Widder-Sonne im neunten Haus bedeutet: Durchbruch und Durchsetzung von philosophischen und religiösen Ideen. Mein sehr starker Wassermann-Anteil wirkt sich emotional aus. Die Philosophie-Weisheits-Sonne ist bei mir direkt mit dem 12. Haus verbunden – also mit dem Unterbewusstsein beziehungsweise mit der Bewusstseinserweiterung, der Spiritualität. Bahn brechend sind Widder und Wassermann, immer auf der Suche nach neuen Beschäftigungen. Außerdem habe ich dieses berühmte liegende Rechteck im Radix (Horoskop-Grafik), das sich aus zwei Trigonen und zwei Sextilen ergibt, und das ist ein Hinweis, dass ich ein geborener Mystiker bin. Das hatte ich vorher schon geahnt und mich schon in diese Richtung entwickelt – und hier wurde es mir nun bestätigt. Astrologie ist wirklich ein wunderbares Instrument.«

Steiner-Kraft übt beides beratend aus, Astrologie und Tarot: »Ich bin von Haus aus ein visueller Typ, das hat mit meiner Neptun-Betonung zu tun. Da auch die Welt der Illusionen Neptun zugeordnet wird, war ich zehn Jahre lang Mitglied in einem Filmclub und erhielt für meine cineastischen Arbeiten nationale und internationale Auszeichnungen. Vision hingegen war für mich ein weiteres Thema. Die Seele, das Unterbewusstsein spricht immer in Bildern zu uns, in Symbolen, und dem entspricht das Tarot.«

Die ersten Tarotbücher, die Steiner-Kraft in den 1980er Jahren las, waren von Hans-Dieter Leuenberger, einem Pfarrer, der später Esoteriker wurde. Dieser hatte Tarotbücher in Verbindung zur Kabbala geschrieben. Als er begann, Tarot-Karten zu legen, waren die Aussagen so verblüffend, dass Gerhards Freundin meinte, es handle sich um Zufall.

Der Kartenleger ist überzeugt: »Wenn man immer wüsste, wie die nächsten Schritte zu setzen wären, könnte man das Leben viel einfacher verbringen. Denn das Unterbewusstsein weiß es ohnedies. « Kritiker haben für diese Tatsache freilich eine einfache Erklärung, nämlich die sich selbst erfüllende Prophezeiung, weiß Steiner-Kraft; er weist diese Art von Deutung sofort vehement zurück: »Damit hat das überhaupt nichts zu tun. Das ist eine ganz andere Schiene. Hier passiert der Versuch einer Rationalisierung, der nicht stichhaltig ist. Diese Übereinstimmung, die meiner damaligen Freundin und mir gleich zu Beginn auffiel, ist das Faszinierende.« Man kommt mit den verschiedenen Orakelmethoden im Prinzip immer zu den gleichen Ergebnissen: »Und das kann nur deshalb sein, weil hier ein kosmisches, geordnetes Prinzip dahinter steht, sonst wäre das gar nicht möglich.«

Im Prinzip kann man mit Tarot alles herausfinden, was man möchte, so Steiner-Kraft: »Die Zigeuner haben bereits eine Form von Tarotkarten gelegt. Es ist universal, für alles geeignet, weil aus dem subatomaren Raum alles abgerufen werden kann. Und als Kontakt zum Unterbewusstsein, als Spiegelung, ist es ganz wunderbar, eine ideale Lebenshilfe, die sich in den letzten Jahren mehr und mehr etabliert hat.«

Der Name »Tarot« stammt wahrscheinlich aus Frankreich, wo das Marseiller Tarot 1594 erstmals aufgetaucht ist – und sich die Zunft der Kartenmacher »Tarotiers« nannte. Der Amerikaner Arthur Edward Waite hat darauf – ein wenig abgewandelt – sein Rider-Waite-Tarot aufgebaut, und es gemeinsam mit der englischen Künstlerin Pamela Colman Smith, die es gezeichnet hat, 1910 beim Londoner Verleger Rider & Company herausgegeben. Dieses vollständig bebilderte Tarotkartendeck ist heute unter Kartenlegern weltweit das bekannteste und gebräuchlichste. Auch Steiner-Kraft verwendet es. Waite, der Mitglied des magischen Geheimbundes »Hermetic Order of the Golden Dawn« war (aus dem Englischen: »Der geheime Orden der goldenen Morgenröte«) war auch Autor zahlreicher esoterischer und okkultistischer Schriften, unter anderem zu den Themen Freimaurerei, Hellsehen, Rosenkreuzertum, Schwarze Magie, Kabbala und Alchemie. Als Variante ohne esoterische Symbole wird das in Frankreich weit verbreitete Kartenspiel Tarot gespielt, das von seiner Entstehungsgeschichte her als eines der ältesten in Europa gilt. Es gibt davon sehr viele Abarten, die in Italien und Österreich als Tarocchi oder Tarock bekannt sind, und in der Schweiz als Troccas. Court de Gebelin hat 1781 in seinem Werk »Monde primitif« zum ersten Mal darauf hingewiesen, dass hinter den Kartenbildern eine tiefere Bedeutung steckt. Er sah das Kartenspiel als überliefertes Buch der alten Ägypter. Der Begriff Tarot setzt sich für ihn aus den ägyptischen Wörtern Tar = Weg und Ro = König zusammen. Demnach wäre der Tarot der Königsweg. Aber es ist darin auch das Hebräische »Thora« (das Lehre, Belehrung, Unterricht, Anweisung, Gesetz bedeutet) enthalten, und in der zweiten Karte der Großen Arkana liegt tatsächlich die Rolle der Weisheit (Thora) im Schoß der Hohepriesterin.

Die Karten des Tarot gliedern sich in drei »Pakete«: die 22 Karten der Großen Arkana, die 40 Karten der Kleinen Arkana und die 16 Hofkarten. Jedes dieser so genannten »Pakete« hat eine innere Ordnung – die bestimmten Ordnungen in der wirklichen Welt entsprechen. Die Struktur des Tarot lehrt uns etwas über die Welt und die in ihr wirkenden Gesetze: die Karten der Großen und Kleinen Arkana beschreiben, was Menschen bewegt oder was Menschen bewegen können. Bei den Hofkarten wiederum handelt es sich um eine sehr genaue menschliche Typenlehre. Das Tarot eignet sich also hervorragend dazu, Menschen und die in ihnen wirksamen Schlüsselprogramme zu deuten.

Die 21 beziehungsweise 22 Stufen der Großen Arkana stellen einen Einweihungsweg dar. Der Narr – sprich: der Held, das ist unser Geist, unsere Seele durchwandert diese Stufen. Wenn Gerhard Reinhold Steiner-Kraft bei seinen Workshops alle Teilnehmer eine Karte aus der Großen Arkana ziehen lässt, sind immer alle vom Ergebnis verblüfft. Denn diese Karte antwortet exakt auf die Frage: »Wo stehe ich gerade?«

Die Symbolik der Karten korrespondiert laut Steiner-Kraft mit unseren individuellen und kollektiven Urbildern (Archetypen): »Rein durch die Wirkung der Bilder der Großen Arkana passiert schon ein Prozess beim Betrachter: Denn das sind archetypische Symbole, Muster, Prinzipien, die bewusst und unterbewusst eine Wirkung haben. Man verinnerlicht diese Prinzipien schließlich und lebt sie – und das ist dann das Optimum.«

»Der Tod« beispielsweise muss hier absolut nichts Schlechtes bedeuten, er ist einfach die Veränderungskarte – so wie auch das achte Haus im persönlichen Horoskop, weiß der erfahrene Kartenleger: »Hier passiert immer eine Erneuerung, wir sterben viele Tode im Lauf unseres Lebens, seelisch-geistig. Es geht darum, Altes zu verändern, Vertrautes wegzulassen und Neues zu beginnen. Jedes Ende ist ein Neubeginn: Panta Rhei (griechisch, nach Platon: alles fließt).«

»Der Teufel« hat zur Überschrift den »Verkauf der Seelen«: »Er hat natürlich sehr viel mit Verrat zu tun, mit Sinnlichkeit und seelischer Abhängigkeit – und im partnerschaftlichen Bereich mit Hörigkeit.«

»Der Gehängte« ist laut Steiner-Kraft hochinteressant: »Der Runengott Odin oder Odil hat sich der Sage nach wirklich so aufgehängt und sich die Augen ausgestochen, damit sein Blick nicht getrübt ist, und er nach innen schauen kann. Auf diese Weise sind ihm vor seinem geistigen Auge die Runen erschienen. Diese Karte bedeutet Erleuchtung beziehungsweise Einweihung. Einfach ausgedrückt: Man muss das eigene Weltbild auf den Kopf stellen, um eine neue Sicht zu gewinnen. Spirituell betrachtet, handelt es sich hier im Prinzip um einen Initiationsprozess. Der Auftrag dahinter: ›Lass dich nicht hängen!‹ Wenn die Dinge zu stagnieren beginnen, muss man innehalten und Bilanz ziehen. Solche seelischen Abschnitte hat jeder schon erlebt, dass man irgendwo drinnen hängt, stagniert, dass man sich verlaufen hat, verfahren hat, in einer Sackgasse ist. Dadurch wird einem erst bewusst gemacht, dass man umdenken muss.« Das Beständige im Leben sind die Veränderungen, so Steiner-Kraft: »Der ›Eremit‹ hat eine ähnliche Bedeutung wie der ›Gehängte‹. Wenn der beispielsweise bei einer Legung als ›Quintessenz‹ kommt – bei dieser Methode addiert man die Kartensumme einer Legung, und die Gesamtsumme ergibt dann eine Quintessenz –, dann ist die Zeit noch nicht reif für diese Angelegenheit, für die gelegt wurde. Das ist gleichzeitig ein Hinweis, noch in sich hineinzuschauen und Bilanz zu ziehen. Aber man sollte darauf achten, dass dieser Zustand nicht zu lange dauert. Das ist natürlich von der Persönlichkeitsstruktur abhängig oder vom Wesen des Menschen; es gibt Menschen mit der Zahl sechs oder der Zahl neun, die sozusagen von Haus aus Eremitenmäßig angelegt sind. Die tun sich eben etwas schwerer. Ich habe diesen Aspekt auch in meinen Anlagen. Solche Menschen brauchen auf alle Fälle immer wieder eine Zeit der Kontemplation, des Rückzuges. Sie müssen sich dem Trubel des Alltags entziehen, um nicht in Rotation zu kommen. Ein Spruch von Paulus bezieht sich sehr gut auf diesen Zustand: ›Stirb täglich, um zu leben!‹«

Alles Materielle ist laut Gerhard Reinhold Steiner-Kraft ein Prüfstein für uns: »Die Illusion schlechthin. Denn wir kreieren die Materie so, wie wir sie brauchen.« Dabei taucht der

Begriff Subjektivität/Objektivität auf. Weil das Leben in den letzten Jahrzehnten sehr verdinglicht wurde, brauchen die Menschen heutzutage mehr denn je das persönliche Gespräch, das Mitmenschliche. Und die Beratung soll diesen Bedürfnissen gerecht werden. »Dieser Entwicklungstrend ist spürbar. Meines Erachtens kann man die Dinge für einen selbst nur aus dem Subjekt heraus objektivieren. Samy Molcho hat in einer Fernseh-Sendung einmal gesagt: ›Die Objektivität ist ein Virus, der dem Labor entsprungen ist.‹

In der Quantenphysik ist diese Tatsache auch bereits wissenschaftlich nachweisbar, und zwar mit der Unschärfen-Relation. Der Beobachter und das Objekt gehen eine Wechselwirkung ein. Man weiß, dass die Elementarteilchen oder Moleküle mit einander kommunizieren. Das ist sozusagen ›der Geist‹ der Materie. Der aus Wien stammende Physiker, Systemtheoretiker, Philosoph und Autor Fritjof Capra drückt es so aus: ›Alles ist mit einander in Beziehung.‹«

Wen dieses Thema näher interessiert, für den passen die Bücher: »Wie wirklich ist die Wirklichkeit?« und »Anleitung zum Unglücklichsein« von Paul Watzlawick, oder auch Herbert Pietschmann, der schon 1980 – als Naturwissenschaftler – das Buch »Das Ende des naturwissenschaftlichen Zeitalters« betitelt hat. Steiner-Kraft: »Es gibt nur wissenschaftliche Konstrukte, Ansätze, nichts Endgültiges – denn die Utopien von gestern sind die Wirklichkeit von heute. Alle Angebote von Menschen mit besonderen Fähigkeiten geben uns einen Schlüssel zu uns selbst und zu unserer Welt in die Hand. Wer Ohren hat, kann hören, wenn er will. Tarot ist dazu genauso ein Schlüssel wie das I Ging. Im Gegensatz zu Tarot, das gelegt wird, werden bei der Orakelmethode des I Ging Stäbe oder Münzen geworfen. Was für ein ›Zufall‹!«

Georg Stockhorst, Wassermann mit Aszendent Waage, arbeitet seit 1992 hauptberuflich als Astrologe in Berlin, München, Wien und Mallorca. Der gebürtige Duisburger hat zwischen 1983 und 1993 Astrologie in Indien im Kontext mit Handliniendeutung, Yoga, Indischer Philosophie und Meditation studiert. Schwerpunkte seiner Arbeit sind, neben der astrologischen Psychologie, die Karma-Astrologie, Astromedizin und die Handliniendeutung. Durch seine große Erfahrung in der astromedizinischen Horoskopdeutung, vor allem auch in der astrologischen Supervision für Therapeuten, Heilpraktiker, Ärzte, Psychologen und Astrologen, sind seine Seminare zu Themen der Astrologie und Astromedizin europaweit erfolgreich.

Georg Stockhorst ist Begründer eines eigenen Astrologisch-Geomantischen Systems. Mit Hilfe dieses Systems und aus der Praxis der Beobachtung heraus berechnet er astrologische Landkarten. Seine einzigartigen astrologischen Stadtpläne ermöglichen es dem Leser, mit Hilfe der auf den Karten eingezeichneten Koordinatensysteme die Lage des Wohnortes, des Arbeitsplatzes und anderer Orte selbst astrologisch zu erforschen und zu deuten. Diese astrologischen Stadtpläne zeigen das jeweilige Stadtgebiet in einem astrologischen Rastersystem, das aus Quadranten von 360 Metern Länge und Breite besteht. Zurzeit sind solche Karten von Wien, München, Berlin und Köln im Buchhandel erschienen, ein astrologischer Stadtplan von New York ist in Vorbereitung.

Georg Stockhorst, der in Berlin regelmäßig astrologische Stadtführungen durchführt, hat verschiedene seiner Stadtpläne bereits in deutschen Tageszeitungen veröffentlicht, und in einer Reihe von Fernsehsendern wurden Filmberichte zum Thema gezeigt. Seine Astrologische Deutschlandkarte wurde in der Astroshow »Sternenhimmel« vorgestellt; in Wien (Puls TV, ca. 15 Auftritte) und auf Teneriffa hat er live Standortfragen der Fernsehzuschauer beantwortet.

Kontakt: Telefon: +49 (0)89 589 080 13,
Internet: georgstc@web.de , www.sundance-astro.de

Georg Stockhorst

Mehr als die Hälfte aller Apotheken liegen im Sternzeichen des Gesundheitswesens, in der Jungfrau

Gleich zu Beginn seines Studiums der Literaturwissenschaft erkrankte Georg Stockhorst an Tuberkulose. Er konnte daher das Studium zunächst nur von zu Hause aus fortsetzen und verarbeitete seine Erfahrungen in einer umfangreichen Studie über die Türhüterlegende von Franz Kafka. Dabei ging es ihm darum, die psychische Situation bei Kafka aus der Sicht moderner psychologischer Schulen, schamanischer Heiler und indischer Einweihungsschulen zu untersuchen: »Aus diesem Anlass habe ich mich insbesondere in das weite Feld der astrologischen Literatur und hier wiederum in das der astrologischen Psychologie und Krankheitsdiagnose eingelesen.«

Seit dieser Zeit erschien ihm die wissenschaftliche Literatur im Verhältnis zu den Erlebnisbiographien der esoterischen Literatur inhaltslos und unbedeutend. Georg Stockhorst hatte Feuer gefangen: »In der Türhüterlegende wartet der ›Mann vom Lande‹ ein Leben lang am Eingang zur Pforte des Gesetzes vor dem ›Türhüter‹, um im Augenblick seines Todes vom Türhüter gesagt zu bekommen: ›Ich gehe jetzt, um die Pforte zu schließen, denn sie war nur für dich bestimmt!‹ Mir schien die Situation Kafkas gleichbedeutend mit dem inneren Ort des intellektuellen Ichs, das sich nicht in das Leben traut. Dies war der Grund, warum ich mein Universitätsstudium aufgab und meine esoterischen und astrologischen Studien in Indien und in anderen Ländern fortsetzte.« Durch andere Umstände kam er rund zehn Jahre später dazu, die Astrologie auch beruflich auszuüben.

Aus astrologischer Sicht hat jeder Mensch ein individuell eigenes Verhältnis zu einem Ort. Genau genommen ist die

Astrologische Geomantie ein Forschungsgebiet, bei dem sich die beiden Wissenschaftsbereiche Astrologie und Geomantie überschneiden. Innerhalb der Geomantie sind astrologische Symbole, Techniken und Forschungsergebnisse überaus häufig anzutreffen. Sie sind zum Beispiel im Feng Shui ein wesentlicher Bestandteil von Lehre und Methodik. Zur Astrologischen Geomantie kam Stockhorst über die Astrogeographie.

Astrogeographie unterscheidet sich von der Astrokartographie im Wesentlichen dadurch, dass hier nicht ein Horoskop auf eine Landkarte projiziert wird, sondern die Landkarte durch Methoden der Beobachtung und/oder Berechnung erstellt wird. Nicht die Einzelperson steht im Zentrum des Geschehens, sondern der Mensch befindet sich auf einem Schauplatz, den man astrologischen Zeichen oder Konstellationen zugeordnet hat. Der Schau-Platz oder »Kshetra« (Schlachtfeld), wie er in der indischen Astrogeographie heißt, ist zudem eine feste Größe, denn er hat ja astrologisch gesehen einen Namen, beispielsweise »Widder« oder »Zwilling«. In den Ursprüngen dürfte die Astrogeographie genauso alt sein wie die Astrologie selbst. Wenn der Astrologe vorhersagen sollte, wo ein Tempel oder eine Festung am Günstigsten zu erbauen war, oder von wo der Feind angreifen würde, musste er sich zur Berechnung schon etwas einfallen lassen. So ist innerhalb der Astrologie die Ortsastrologie entstanden.

Den Höhepunkt in der Entwicklung der systematischen Astrogeographie leitete seit den 70er Jahren die Entwicklung der Computertechnologie ein. Dadurch wurden die im »Astro-Geographie-Atlas« von Hans-Jürgen Andersen publizierten fantastischen Kartierungen und die präzisen Berechnungen der »Astrologisch-Geographischen Karten« von Wolfgang Döbereiner erst möglich.

Nachdem Georg Stockhorst Andersens Weltkarten viele Jahre lang bei seinen Reisen dabei hatte, kam er zur Überzeugung, dass seine Berechnungen ziemlich schlüssig sind: »Allerdings haben weder er noch Döbereiner in ihren Publikationen die Logik, auf der ihre Systeme gründen, erklären können. Dadurch blieben ihre Berechnungen für eine strukturelle astrologische Deutung unerklärt und bleiben in einer okkultistischen Grauzone, die für das Begreifen von Zusammenhängen sehr hinderlich sein kann. Ich beschloss, ein eigenes Astrogeographisches System zu begründen, das auf einer klaren, überschaubaren Logik basieren und mir aus der Mystifizierung der eigenen Erkenntniswelt heraushelfen sollte.«

Im Sommer 1988 begann Stockhorst damit, bei seinen alltäglichen Verrichtungen in seiner Heimatstadt Duisburg Schritte in der Länge von einem Meter zu machen, um ganz nebenbei die wechselnden Tierkreiszonen zu beobachten: »Die Frage, wie lang eine Tierkreiszone im Straßenbild ist, hat mich ungefähr zwei, drei Jahre lang beschäftigt. Zunächst experimentierte ich mit 12-Meterzonen und dann mit 60- und 100-Meterzonen. Der Einfachheit halber entschied ich mich schließlich für die Grundannahme, dass jede Tierkreiszone eine Länge von 30 Metern hat. Das hatte den Vorteil, dass man die in der Astrologie üblichen Zahlengrößen und Messeinteilungen übernehmen konnte. Damit hatte ich einen Ausgangspunkt für die systematische Kartierung von Straßen gefunden.«

Weil Stockhorsts System aus der Beobachtung, dem tatsächlichen Erlebnis und der Erfahrung der Orte entstanden ist, unterscheidet es sich wesentlich von einem System, das Zonen auf Landkarten betrachtet und einteilt: »Außerdem wirken die Erdstrahlung und die Erlebnisse eines Ortes auf mich viel stärker, wenn ich mich auch physisch an dem Ort aufhalte, als wenn ich lediglich über eine Landkarte in Resonanz zu einem Ort gehe.« Aus diesem Grund nannte er seine Forschungsarbeit ein »Astrologisch–Geomantisches System« und betrachtet sich somit als Begründer einer Systematischen Astrologischen Geomantie: »Deren Erfinder bin ich aber nicht, denn ich gehe – wie oben erläutert – davon aus, dass dieser Forschungsbereich seit mindestens 27.000 Jahren von Menschen erforscht wird.«

Zwölf Zonen von 30 Metern Länge ergeben insgesamt einen ganzen Tierkreis und haben eine Länge von 360 Metern in beide

Richtungen. Daraus werden immer größere Zuordnungsebenen, immer mal zwölf. Das sind dann die Sternzeichen der Länder. Die Felder der großen Ebene haben eine Ausdehnung von 622 Kilometern im Quadrat. Stockhorst-Tipp für die Gesundheit: Da sich die Erdenergien auf der grundlegenden Ebene alle 30 Meter ändern, genügt ein Spaziergang von 360 Metern, um die einzelnen Energieebenen und Chakren in unserem Nervensystem anzuregen.

Georg Stockhorst erklärt das System am Beispiel Österreich: »Der größte Teil des Landes liegt im Alpen-Quadranten. Nördlich davon ist der Deutschland-Quadrant, der bis zu einer Linie südlich von Stuttgart reicht. Bayern liegt demnach nicht in Deutschland, sondern wie Tirol und Norditalien im Alpen-Quadranten. Ein Sprichwort sagt: ›In Linz beginnt's!‹ Und so ist es tatsächlich: Linz liegt noch im Alpen-Quadranten, und dann beginnt der Balkan-Quadrant, und darin liegt Wien.«

Auf der Internet-Seite www.sternwelten.at wurde Stockhorsts Artikel über den astrologischen Stadtplan von Wien veröffentlicht. Obertitel: »Hinter dem Rennweg beginnt der Balkan – so schrieb auch schon Fürst Metternich« Das wiederum hatte er noch nicht gewusst. »Wien gehört jedenfalls wie Belgrad und Budapest zum Balkan-Quadranten. Und der Balkan-Quadrant liegt auf beiden Ebenen im Sternzeichen Krebs. Das bedeutet: Hier liegt die Seele Europas. Das ist ganz wichtig. In Griechenland hat man wiederum den doppelten Löwen, daraus könnte man schließen: Hier ist das Herz Europas. Was den Deutschland-Quadranten angeht: Der liegt auf beiden Ebenen im Sternzeichen Zwillinge. Das bedeutet, hier ist reines Durchgangsgebiet, eine Brücke in alle Richtungen. Daraus ist mir auch klar geworden, warum hier tausend Jahre keine Hauptstadt möglich war. Beim Frankreich-Quadranten sieht die Situation wieder anders aus: Frankreich liegt im Stier. Der Frankreich-Quadrant umschließt auch Südengland und die Niederlande und bildet ein Feld mit den Sternzeichen Stier-Zwillinge. In diesem Feld liegen die Zentren der Staaten des Wirtschaftskolonialismus: England, Frankreich und Niederlande.«

Laut Astrologischer Geomantie spricht jeder Ort eine andere Entwicklungsebene in uns an: Mit Hilfe der astrologischen Karten lassen sich die Entwicklungsebenen ablesen, die der Wohnort, der Arbeitsplatz oder auch die Zone, in der eine Kneipe oder ein Meditationszentrum liegen, in uns anspricht. Der Experte: »Dass die Sternzeichen eines Ortes zu dem passen, was man dort machen will, kann sich als sehr wichtig erweisen. Will man beispielsweise für eine berufliche Ansiedlung einen geeigneten Ort finden, gilt es, die Art der Tätigkeit und vor allem aber auch das Geburtshoroskop der Person zu beachten. Für einen Heilpraktiker oder Heiler ist besonders das Sternzeichen der eigenen Heilungsenergie (5. Haus) zu empfehlen – für jemanden, der Lebensberatung anbietet, ist dagegen das 7. Haus günstiger, weil man dort mehr im Austausch mit dem Klienten ist. Grundsätzlich günstig ist immer das Sternzeichen des 2. Hauses, weil es uns erdet und auch finanzielles Fortkommen zulässt.«

Eines Tages kam eine Frau in Stockhorsts Beratung, die eine astrologische Praxis eröffnet hatte: »Sie hatte dies aber an einem unpassenden Ort getan, denn sie eröffnete die Praxis im 12. Haus ihres Geburtshoroskops. Der Arbeitsplatz lag in den Sternzeichen Krebs und Schütze – eine allgemein sehr lebendige und energetisch sehr günstige Zone also. Für sie persönlich aber handelte es sich hier um einen Rückzugsort. Nun ist Folgendes passiert: Die Dame verwirklichte dort tatsächlich ihre privaten Vorstellungen, die sie sich zu Hause nicht zu verwirklichen getraut hatte – aber diese hatten eben nichts mit Geldverdienen zu tun. Nun hatte sie hier in zwei Jahren überhaupt nichts verdient, im Gegenteil – sie zahlte brav ihre Miete, weil sie dachte, sie müsse ihre eigenen Erfahrungen sammeln – und dann kam dort nie jemand hin. «

Georg Stockhorst ist von den Möglichkeiten der Astrologischen Geomantie begeistert: »Sie eröffnet uns eine unerschöpfliche Fülle von wundervollem Anschauungsmaterial über die Vollkommenheit, in der sich selbst die kleinsten Teile der Welt ineinander fügen, miteinander verbunden sind und ein lebendiges Gesamtsystem bilden.«

Bauform und Stilrichtung – aber auch Namen, Symbole und Zeichen – markieren oft das Thema des Sternzeichens, in denen ein Gebäude liegt. Der Kölner Fernmeldeturm Colonius wurde beispielsweise in den Sternzeichen Wassermann und Waage gebaut. Die dünne Langform des Turms und die nach oben hin zugespitzte Spitze sind eindeutige Elemente des Sternzeichens Wassermann. Dazu kommt die Anlehnung an die Form eines Raumschiffs bei der Aussichtsplattform. Dieses Beispiel zeigt sehr prägnant, wie genau astrologische Karten das harmonische Gesamtgefüge der Landschaft erfassen können. Der Berliner Fernsehturm (Fische/Waage) und der Wiener Donauturm (Wassermann/Schütze) liegen in ähnlichen Sternzeichenkonstellationen.

Alte Kultstätten und Kraftplätze sind oft von Kirchen überbaut worden. So sind in Köln archäologisch erwiesen unter anderen ein Isisaltar unter Sankt Gereon, ein Mithrastempel am Ort des Domes und ein Tempel für die Götter-Trias Jupiter, Juno und Minerva unter St. Maria im Kapitol. Astrologisch wirklich bemerkenswert ist, dass es um das Jahr 1248 zwölf romanische Kirchen in Köln gab und dass sieben davon im Sternzeichen Fische angesiedelt wurden, nämlich St. Andreas (Fische/Wassermann), St. Gereon (Fische/Schütze), St. Kunibert (Wassermann/Widder/Fische), St. Maria Lyskirchen (Zwilling/Fische), St. Maria im Kapitol (Zwilling/Fische), Groß St. Martin (Widder/Fische) und St. Severin (Jungfrau/Fische). Das Sternzeichen Fische ist für die Lage von Kirchen besonders typisch und günstig. Es gilt sowohl als das Sternzeichen der Römischen Kultur als auch der katholischen Kirche. Außerdem steht es als Sternzeichen des Unbewussten grundsätzlich auch für die Kommunion – den Kontakt mit Gott.

Ein anderer Typus von Kirche ist die Dorfkirche, die oft an einem erhöht gelegenen Ort erbaut und auch zu Verteidigungszwecken nutzbar sein sollte. Solche Kirchen liegen oft in den Sternzeichen der Verteidigungsanlagen Widder und Skorpion. Ein sehr gutes Beispiel dafür ist die älteste Kirche von Wien, St. Ruprecht. Sie liegt in der Kombination der Sternzeichen Widder und Skorpion. Darin drückt sich die Geographie des Ortes aus: Dies ist nicht in erster Linie ein spiritueller Ort. Die Sternzeichen zeigen an, dass dieser Ort einen Festungscharakter hat, hier geht es eigentlich nicht um die spirituelle Quelle, sondern darum, dass sich die Menschen in der Kirche auf dem Berg verschanzen konnten. »Das wird den Menschen freilich nicht bewusst«, meint Stockhorst, »sondern hier läuft alles über Intuition, der Ort ist funktional so günstig gelegen – er liegt etwas höher und der Fluss darunter –, sodass man von da aus die Stadt besser verteidigen kann.« Zu diesem Typus gehören im Übrigen auch die ältesten Kirchen von Berlin – die Nikolaikirche (Widder/Waage) und München – St. Peter (Stier/Skorpion).

Systematische astrologische Kartierungen zu erstellen, verlangt jedem Astrologen eine extreme Infragestellung der eigenen Denk- und Wahrnehmungsgewohnheiten ab, so Stockhorst. »Zum Beispiel hatte ich irgendwie erwartet, einen Sexshop im Sternzeichen Löwe zu finden. Stattdessen kamen Sexshops fast ausschließlich im Widder und Skorpion vor. Fotoläden hätte ich dagegen im Skorpion vermutet. Wenn man dort hauptsächlich Kameras verkaufte, waren sie jedoch im Zeichen Zwillinge, und wenn dort die Bilder sofort entwickelt werden in der Waage (wohl wegen der Dienstleistung).

Bankfilialen gibt es nicht nur in den Sternzeichen der Sparsamkeit Jungfrau und Steinbock, statt dessen scheinen die einzelnen Banken ihre jeweils eigenen Sternzeichen zu bevorzugen. Die gewerkschaftseigene Volksbank findet man bevorzugt in Wassermann und Skorpion. Die Dresdner Bank ist typisch im Zeichen Zwillinge. Sparkassenfilialen habe ich im Löwen und in der Waage beobachtet – und die Citybank sowie die Ärzte- und Apothekerbank bevorzugt im Zeichen der Jungfrau. Gastronomie scheint dagegen in den Zeichen Steinbock und Jungfrau kaum zu florieren, wohl aber in den Sternzeichen Fische oder Löwe. In der Jungfrau sind Second-Hand-Läden und Discount-Ladenketten besonders häufig. Nach meiner Beobachtung liegen mehr als die Hälfte aller Apotheken im Sternzeichen des Gesundheitswesens, in der Jungfrau. Die Apotheke ›Zur Kaiserkrone‹ in Wien-

Mariahilf liegt beispielsweise am Übergang des Zeichens Löwe zur Jungfrau.«

Die Farben, die Georg Stockhorst bei den Tierkreiszeichen im Straßenbild beobachtet hatte, entsprachen keineswegs dem, was die astrologischen Lehrbücher vorgeben. Die mit Abstand beste astrologische Farbenlehre ist seiner Erfahrung und Beobachtung nach im Straßenbild immer noch die von Sun Bear in dem Buch »Das Medizinrad« vorgestellte: »Doch auch hier haben sich einige Dinge nicht bestätigt. Beim Zeichen Widder kommen gelbe Farben besonders häufig vor, an zweiter Stelle Rot und außerdem grelle Farbgestaltung. Das Zeichen Stier hat durchaus blaue Farben, auch Braun und andere Erdfarben – insgesamt aber hat der Stier noch weniger als jedes andere Sternzeichen eine eigene Farbe, sondern nimmt alle verschiedenen Farben an. Die Farbe Gelb kommt im Zwilling nie vor, statt dessen vorwiegend Grün und gestreifte Farbgebung. Im Krebs sieht man häufig Rosa, im Löwen vor allem Rot. Die Jungfrau scheint wie der Steinbock weiße und neutrale Farben zu bevorzugen. Im Skorpion sieht man oft Blau – und zwar nicht nur Picassos Schwarzblau, sondern noch öfter Königsblau. Der Schütze ist, wie die Fische, überaus variabel in der Farbgebung, aber niemals grell. Im Wassermann dominieren vor allem Silber und Grau.«

Bei den Kartierungen stellte der erfahrene Astrologe fest, dass die Vollkommenheit der Welt überall besteht: »Auch dort, wo wir sie nicht wahrnehmen können. Die Welt selbst ist in jeder Hinsicht göttlich und vollkommen – bis auf die Wahrnehmung der Menschen. Das einzige Element in der Welt, das das Chaos ausmacht, ist die Wahrnehmung der Menschen. Chaos bedeutet das Unverstandene. Der Sinn dieser Seinsform Mensch ist, dass wir lernen, uns als Einzelwesen zu begreifen, zu empfinden, zu erleben und uns an dieser subjektiven Welterfahrung zu orientieren, um dort auf dieser Ebene Lebenserfahrungen zu machen. Dadurch lernen wir die Verantwortung für unsere Lebensentscheidungen vom Schicksal, den Verletzungen, die wir uns selbst in früheren Leben zugefügt haben, zurückzuerobern.

Das ist der Sinn des Lebens. Insofern ist es nicht möglich, die Vollkommenheit der Welt physikalisch oder auch rein optisch zu erfassen. Wir können nur Äußerlichkeiten sehen, diese miteinander in Beziehung setzen und über eine Schlussfolgerung zu einem Ergebnis kommen.«

Silvio Rudolf Szücs, Jahrgang 1963 (Skorpion mit Aszendent Skorpion) arbeitete bis zum Alter von 22 Jahren in der Computerbranche, ehe ihn das Interesse für die Schauspielerei packte und er bei Eva Zilcher in Wien Schauspiel studierte. Bereits während seiner Ausbildung bekam Silvio Rudolf einen Jahresvertrag am Theater der Jugend. Danach spielte er an der Wiener Kammeroper, im Wiener Schauspielhaus, bei den »Komödienspielen in der Franzensburg«, im »Rabenhof«, in österreichischen Film- und Fernsehproduktionen wie »Die liebe Familie«, »Muttertag«, »Bockerer 2,3 und 4« oder »Kommissar Rex«. Er absolvierte auch eine Opern-Gesangsausbildung bei Heinz Tuttner in Wien. Stimmlage: Tenor. Als Sänger trat er unter anderem bei den Wiener Seniorentagen und der Messe für Menschen mit besonderen Bedürfnissen »Jeder für Jeden« auf. Seine Spezialität ist die Verkörperung von Wiener Originalen, die das Herz am rechten Fleck haben. Für Mystisches hatte sich Silvio Szücs schon in der Kindheit interessiert, später stieß er auf das Keltische Runen-Orakel ...

Kontakt: Telefon +43 (0)1 577 26 00 oder +43 (0)664/ 16 13 156,
Internet: Silpower@aon.at, www.Silviorudolf.com/

Silvio Rudolf Szücs

Jeder hat sein eigenes Geheimnis, seine eigene Auffassung, sein eigenes System

Silvio Rudolf Szücs streifte schon als Kind mit Vorliebe durch den Wald und entdeckte dabei überall geheimnisvolle Dinge: »Silvanus war ein altrömischer Waldgott, und mein Name Silvio (Lateinisch: silva = Wald) passt somit hundertprozentig zu mir«, sagt der Sensitive. Silvios Mutter Silvia und er kamen schon vor vielen Jahren zum keltischen Schamanismus, wobei sie sich hier vor allem auf Runen und Kartenlesen spezialisierten.

Die tatsächliche Herkunft der Runen ist bis heute ungeklärt, wahrscheinlich aber wurden sie vor mehr als 2000 Jahren in den Ländern Skandinaviens entwickelt und haben sich von dort aus auch auf die südlichen Siedlungszonen der Kelten verbreitet. Das Wort »Runen« kann man je nach sprachlicher Herkunft mit »Geheimnis« oder »von den Göttern stammend« übersetzen. Die Zeichen, die in Kieselsteinen und Holzstückchen eingeritzt wurden, dienten ihren Trägern sowohl als Talismane als auch – in Gestalt von Symbolen – zur Weissagung und schützten und führten diejenigen, die an sie glaubten: Auf Häusern sollten sie Böses abwehren, an Schwertgriffen Krieger im Kampf stärken, auf den Handflächen gebärender Frauen die Gesundheit von Mutter und Kind gewährleisten – und Schamanen benutzten sie, um mit den Toten zu kommunizieren.

Aus den ursprünglichen Runensymbolen entstanden die Buchstaben des ersten germanischen Alphabets, des Futhark, so benannt nach den ersten sechs Buchstaben des Runen-Alphabets (TH gilt als ein Buchstabe). Das ursprüngliche Alphabet bestand aus 24 Zeichen, die nicht nur jeweils einen Laut symbolisierten, sondern auch Begriffe. Ab dem 6. Jahrhundert entwickelten sich auch verkürzte Futharks mit nur 16 Zeichen und vereinfachten Darstellungen. Umfangreichere Futharks enthalten 28 und mehr Zeichen. Das germanische Wort für Schriftzeichen lautet Stab – die Zeichen wurden in der Regel mit einem »Stab« in Holz oder Stein geritzt oder gemalt – das gesamte Runen-Alphabet wird daher als »Runenstab« bezeichnet.

Silvio Rudolf Szücs: »Es handelt sich hier um die einzige Schrift, die man von beiden Seiten lesen soll und muss. Man kann sie von links nach rechts und von rechts nach links lesen. Ursprünglich waren es lauter gerade Linien, weil man die gut ritzen konnte, aber später sind dann auch Rundungen dazu gekommen. Auch in der lateinischen Schrift sind Runen enthalten: das A, H, I, K.«

Die Grundbegriffe über die Runen hat sich Szücs vor ein paar Jahren im Stift Aigen-Schlägl im oberösterreichischen Mühlviertel anlässlich eines Seminars von Tom Cowan angeeignet, dessen Spezialgebiet der Keltische Schamanismus ist. Cowan gehört der weltweiten »Foundation For Shamanic Studies« an und hat unter anderem ein Buch mit dem 28er-Runen-System herausgegeben, das ein christlicher Mönch 700 nach Christi bei Saint Patrick in Vierzeilern aufgeschrieben hatte: »Wending your Way: A New Version of Old-English Rune-Poem«.

Szücs ist bei Cowans einwöchigem Intensiv-Seminar wie alle Kursteilnehmer auch schamanisch zu jeder Rune gereist: »Dabei habe ich mich mit jeder Rune verbunden, um genau zu wissen, welche Schwingung wozu gehört. Seitdem mache ich mit den Runen sehr gute Erfahrungen. Die Zeichen sind im Urinstinkt verankert und sprechen den Archetypus an. Aufgrund einfacher Zeichen kann man deuten, wo die seelischen und körperlichen Blockaden liegen.«

Seinen Klienten kann Szücs mit dem von ihm entwickelten System aus der Kombination von Karten mit Runen einen Tages-, Wochen- oder einen Jahresrhythmus von einem Jahr oder länger voraussagen: »Zur Lebensberatung würde es freilich auch genügen, ganz einfach jeden Tag eine der 28 Runen zu ziehen, mit der Frage, welche einem heute hilft.«

Jede Rune hat gewisse Grundbedeutungen: Die erste Rune, Feoh, stellt Besitz, Reichtum, dar. Die zweite Rune, Ur, der Auerochse, ist die Wildheit, die Entschlossenheit. Dann folgt Thorn, ein Sexualsymbol, ein Phallus. Die Rune Cel ist die Fackel und drückt Liebe, häuslichen Komfort, Heim und Behaglichkeit aus. Das bedeutet unter anderem, zu beschenken oder beschenkt zu werden, also Geben und Nehmen. »Bei den Kelten musste jedes Geschenk mit einem Gegengeschenk bedankt werden«, so Szücs. »Zieht man das Symbol des Bogens heran, so ist zu bedenken, dass früher das ganze Dorf nichts zu essen hatte, wenn die Jäger erfolglos blieben. Also war die Verantwortung, das Wild zu treffen, groß. Diese Rune bedeutet also Verantwortung.«

Mit dem Tod ist nicht der menschliche Tod gemeint, sondern er bedeutet Neubeginn nach dem Beenden des Alten. Tod und Leben war für die Kelten immer eine Einheit, genau wie auch Sonne und Mond. Der Würfelbecher bedeutet Spiel und Geselligkeit, wobei die soziale Komponente in den keltischen Clans eine sehr wichtige Rolle einnahm, sodass das Spiel eine zentrale Funktion in der Kommunikation hatte.

Die Eibe ist ein immergrüner Friedhofsbaum, sehr spirituell und ruhig – wie der Gottesacker eben. »Ursprünglich pflanzte man hauptsächlich Buchs und Eibe, weil sie die einzigen Pflanzen sind, die sämtliche negativen Erdstrahlen neutralisieren. Die Ahnen wussten das.« Szücs erzählt, dass er um sein Haus ebenfalls sieben Buchsbäume gepflanzt hat: »Man muss die Bäume an die richtigen Plätze setzen, dann wirken sie wie ein Faradayscher Käfig.« Und fährt fort mit seiner Interpretation der Runen: »Wit, die Not, sieht aus wie ein verwackeltes Kreuz. Hier ist Hilfe gefragt, annehmen. Im Hagel ist unser lateinisches H enthalten. Win, die Freude, sieht aus wie eine Fahne: Wenn die Seefahrer nach langer Fahrt heimgekehrt waren, standen die Frau und die Kinder am Ufer und winkten mit Tüchern.«

Eine weitere Rune symbolisiert das Pferd: Sie steht für Symbiose jeder Art, die mit Zeit, die man miteinander verbringt, verbunden ist. Damit kann eine Ehe genauso gemeint sein wie eine geschäftliche Beziehung. »Man muss sich schon gut mit einem Pferd auskennen, um überhaupt aufsteigen zu können. Und fortbewegen kann man sich auch noch, man kommt ans Ziel«, so Szücs.

Julius Caesar waren die Kelten und ihre Magie suspekt; um sie besser verstehen zu lernen, ließ er sich alles über Runen aufschreiben. Denn auch im Kampf gegen die römische Besatzung haben sich die keltischen Volksstämme immer an die Aussagen der Runen gehalten. Und sie brandmarkten auch ihr Vieh mit Runen. In unwegsamen Gebieten mussten alle Menschen die Bedeutung der Runen kennen, um sich selbst helfen zu können. Bei Krankheit ergaben die Buchstaben aus den Runen ein Mantra, das man vor sich hersagte. Damit der Heilungsprozess einsetzte, musste man meditieren. Runen dienten somit nicht nur als Schutz, sondern auch als Retter in der Gefahr. »Die Kelten hatten immer Präventivmaßnahmen oder Gegenmaßnahmen parat, sie hatten für alle Fälle vorgesorgt«, weiß Szücs.

Runen wurden nicht nur für zwischenmenschliche Alltagsfragen geworfen, sondern auch zur Wettervorhersage. Differenzierter waren die keltischen Heilrituale: Für große Seuchen gab es 14 Schutzheilige. Wenn ein Kelte Kopfweh hatte, betete er zum entsprechenden Gott, und nahm ein entsprechendes Kräutlein ein oder, was damals besonders gerne verwendet wurde, Steinmehl, das auch ins Futter fürs Vieh gemengt wurde, damit es gesund bleibt. »In unseren Breiten ist das uralte Wissen der Ahnen leider fast völlig verschüttet: Wir haben keine innere Uhr mehr, wir können morgens gar nicht mehr ohne Wecker aufstehen, und dabei bräuchten wir gar keinen. Das ist hauptsächlich, weil wir so bequem geworden sind. Durch das Fernsehen wird die Kommunikation massiv gestört, die Geschichten der alten Menschen werden nicht mehr erzählt und weitergegeben. Unsere Zeit wird immer mehr zu kurzlebigen Geschichten ohne Geschichte«, beklagt Szücs.

Dabei gab es schon in der keltischen Kultur das Wissen um Kraftplätze, die auch seinerzeit mit Wünschelruten aufgespürt wurden. Quellen, die Heilung bringen, wurden anhand von

Beobachtungen festgestellt, denn dort, wohin sich verletzte Tiere schleppten, kann man wieder genesen. Dazu Szücs: »Österreich ist, Gott sei Dank, voll mit guten Plätzen, wenn man will, kann man hier unzählige Orte finden, die Kraftplätze sind. Man kann sich selbst seinen Kraftort suchen, wo man seine Energien wieder aufladen kann.«

Alle anderen Weissagungssysteme wie Tarot und sonstige Kartenlegarten sind aus den Runen entstanden, so Silvio Rudolf Szücs: »Jedes Divinationssystem hat seine Berechtigung, genauso, wie jeder seine eigene Weisheit und sein eigenes Wachstum hat. Zur gleichen Zeit, als es bei den Kelten die Runen gab, hatte Griechenland ein menschliches Orakel, nämlich die Pythia im Apollo-Tempel zu Delphi. Hier ist die Rune quasi aus dem Menschen gekommen. Die göttliche Überlieferung des Wortes kam aus der Priesterin und Seherin Pythia, die unter Drogen stand. Sie brauchte offensichtlich einen gewissen Rauschzustand, um den blockierenden Verstand ein bisschen auf die Seite zu stellen und dem spirituellen Weg freien Lauf zu lassen.«

Freilich: »Wenn man starr nach dem Geschriebenen geht, wird man mit den Runen auch nicht zurechtkommen. Man darf allerdings auch nichts hinein interpretieren, sonst kommt etwas völlig Falsches dabei heraus.« In einem Buch hat Szücs über Runenkundige eine Aussage gelesen, der er gerne zustimmt: »Ein jeder hat sein eigenes Geheimnis, ein jeder hat seine eigene Auffassung, sein eigenes System.«

Wenn man sich mit dem keltischen Wissen beschäftigt, entdeckt man immer Neues, weiß Szücs. Runen können zwar nicht heilen, aber sie haben eine Schutzwirkung und sind daher heilsam. Wenn er Runen legt, in zwei oder drei Varianten, prüft er deren Aussage zur Sicherheit meistens noch zusätzlich mit der Wünschelrute oder drei Karten nach: »Wenn das Ergebnis dann identisch ist, passt es.«

Die 45-jährige, im Sternzeichen Steinbock Geborene Wienerin (Aszendent: Skorpion) absolvierte die Handelsakademie und danach ein paar Semester Rechtswissenschaften an der Wiener Universität – neben einem Studium an der Wirtschaftsuniversität, das sie mit einem Doktorat abschloss. Die Fremdsprachen Englisch und Spanisch forcierte sie schon damals hauptsächlich aus dem Grund, »weil ich neugierig bin und mich mit möglichst vielen Menschen unterhalten möchte.« Kurse in Körpersprache, Rhetorik, Feng Shui, Bilanzanalyse, internationale Benimmlehre und Kinesiologie folgten. »Sissi« ist ein Kommunikationstalent ersten Ranges: Sie bringt die Leute zusammen, noch ehe sie es merken. Tree, geistig und körperlich immer in Bewegung, auch in der Freizeit, sprudelt dermaßen über vor guten Einfällen, dass sie gerne bei Bedarf auch Erfinderberaterin ist. Die Findige hat sich ihren Beruf gleich selbst erfunden: »positive Vernetzerin«. Beim Wiener Opernball 2002 stahl Sissi Tree in einem selbst kreierten und hergestellten Ballkleid sogar dem Bundespräsidenten die Show: Unzählige druckfrische echte Euro-Scheine im Gesamtwert von 5.000 Euro steckten eingenäht in Gold schimmerndem transparentem Tüll, eine perfekte Eigen-Vermarktung, die ihr zahlreiche Medienberichte eintrug.
Die Kreative mit besten geschäftlichen Kontakten veranstaltet neben Business-Coaching laufend auch »geistige« Stammtische, zu denen »Heiler« oder Menschen mit besonderen Fähigkeiten und Talenten ebenso kommen wie Hilfesuchende.

Kontakt: A-1070 Wien, Schottenfeldgasse 60/ 24
Telefon: +43 (0)1 526 72 10 oder +43 (0)676/ 685 10 93
Internet: funstyle@magnet.at

Elisabeth Tree

Als Hobby habe ich schon 23 Ehen gestiftet

Ihre geistigen Stammtische sind eigentlich Heilkreise, meint Sissi Tree, »weil dort sehr oft die richtigen Leute zusammen treffen.« An verschiedenen Veranstaltungsorten bietet sie einmal monatlich Informationsabende über Dinge, »die üblicherweise in den Medien so gut wie nicht vertreten sind.« Viele Menschen sind inzwischen Stammgäste, die in ruhigen Lokalbereichen je nach Bedarf Gespräche führen und dabei gelegentlich auch den Platz wechseln, das dient, so Sissi zufrieden, der Vernetzung optimal: »Hier vermische ich die vielseitigen Persönlichkeiten, die ich kenne, untereinander, nehme in die Stammgruppe aber auch zwei, drei Personen von außen dazu, damit neue Impulse entstehen.« Ein Freund hat ihre Vernetzungen einmal »absichtslos« genannt, und das ist im Prinzip auch das Rezept: »Wie bei einer Akupunktur bekommen die Menschen, die sich an mich um Hilfe wenden, Impulse, die sie aufnehmen können oder auch nicht. Ich möchte aber keine ›Keiler‹ in meiner Gruppe, die von anderen etwas wollen. Ich bin oft eine Woche nach meinen Stammtischen noch richtig aufgebaut, weil ich so viel gute Energie mitnehmen kann. Im Sommer sitzen wir gerne auch einmal irgendwo im Freien, an schönen Plätzen, die ich mag, und wo man sich wohl fühlt.« Sissi braucht bei ihren nachahmenswerten Aktionen gar nicht lange nachzudenken, wen sie einladen soll, und sie braucht auch niemanden dazu überreden: »Die Menschen passen immer zusammen. Es sind Momentaufnahmen meines Lebens, denn es kommen immer die, mit denen ich gerade zusammen bin.« Sie ist sicher: »Es ist kein Zufall, wer mit wem beisammen sitzt. Es ergibt sich gleichsam alles von selbst.« Auf ihrer Visitenkarte steht, neben diversen anderen Berufen wie Erfinderin, Erfinder-

Beratung, Lizenz-Broker, Vernetzungen aller Art, Promotions, Direct Marketing, Incentive-Beratung und PR: »Seminare, Freude am Leben – kurz: Ideen + Kontakte für alles!« Die Freude steht ihr selber ins Gesicht geschrieben: »Mein Beruf macht mir Spaß, und ich bemühe mich, dass auch die Leute, die sich an mich wenden, Lebensqualität bekommen. Ich habe mich früher selbst oft zu Tode fadisiert und in falschen Kreisen bewegt. Ich brauche von meinen Klienten gar nicht alles zu wissen; sie können ihre Geschichte den Leuten erzählen, mit denen ich sie vernetze.«

Wenn die Klienten Sissis Hilfe irgendwann überhaupt nicht mehr beanspruchen, ist das sogar erwünscht: »Man darf auch nicht zu viel helfen. Ich freue mich jedenfalls immer, wenn ich später höre, dass durch mich neue Freundschaften entstanden sind. Als Hobby habe ich übrigens schon 23 Ehen gestiftet.«

Es gab eine Zeit, da hat Sissi Tree am Wochenende immer »Ideen per Nachnahme« am Westbahnhof aufgegeben und aus guter Laune heraus auch noch Edelsteine, die sie in einer Schreibtisch-Lade hatte, als Glückssteine für die von ihr beratenen Erfinder beigelegt. »Da diese Glückssteine leider manchmal aus der Post verschwanden, lege ich jetzt lieber gute Gedanken mit hinein.« Hat jemand heutzutage noch keinen Internetzugang, so schreibt sie eben einen Brief. Für die Ideen verlangt sie generell nichts, weil ihr sozusagen permanent etwas einfällt: »Und solange ich meine Ideen nicht loswerden kann, fallen sie mir wieder und wieder ein, und das kann ziemlich lästig sein.« Normalerweise gilt bei ihren Geschäften die Vorauskassa, mit Geld-zurück-Garantie, wenn's nicht funktioniert: »Durch die Umwegrentabilität ergibt sich immer etwas. 99 Prozent mache ich gratis, und ein Prozent bekomme ich dafür garantiert. Das ist bestens erprobt – und außerdem viel lustiger.«

Als Sommerprogramm bietet die Kreative laufend »Blitzseminare« an, die nicht länger als eine Stunde dauern. Hier werden geglückte Werbeideen auf originelle Weise präsentiert wie beispielsweise im Paddelboot oder beim Lamatrekking. Sie nimmt dazu einen Sack mit, zeigt den Seminarteilnehmern nach und nach den ganzen Inhalt, und anschließend folgt die Diskussion. Dazu gibt es spezielle Tipps: »Es ist ganz wichtig zu wissen, wie man sich und sein Anliegen präsentiert. Ich habe mir bei vielen Firmen inzwischen selbst einen Namen gemacht. Mit Produktnamen wie ›Senf & Co.‹ für Senf mit Mayonnaise-Streifen oder ›YES‹ für die Eissorte Yoghurt-Erdbeer-Sorbet. Oder der lustigen Nascherei für Nestlé/Rowntree, einer Schokoladen-Kreation mit kleinen bunten Smarties und der Erfindung von essbaren Zebrastreifen als Werbeartikel für die Wiener Polizei.«

Mit Lebensmitteln »arbeitet« Sissi Tree überhaupt gerne, vor allem für Kinder: Spaghetti auf Wäscheleinen bei Kinderfesten, Würstel mit Knoten, Meternudeln in beliebiger Länge oder quietschende Faschingskrapfen – in denen ein Gummiteil steckt, das beim Zusammendrücken quietscht – alles ist auf Bestellung erhältlich. Über ihre Idee mit dem unverpackten Telefonhörer, auf dessen einer Seite Briefmarke und Adresskleber angebracht sind, und auf der anderen Seite ein Sticker mit der Botschaft: »Ruf' mich an!« ist sie besonders stolz. Sobald sie diesen verschickt, bekommt sie in 80 Prozent aller Fälle einen Rückruf. Ungewöhnliche Gegenstände als Brief zu verschicken ist überhaupt ihr Geheimtipp. Beispielsweise die Erfindung für einen ihrer Kunden: Duschbrausen mit der Aufschrift: »Die Konkurrenz kann sich brausen gehen.«

Möchte jemand erreichen, dass eine Information direkt zum Chef einer Firma vordringt, so wäre es nicht unschlau, Sissis Idee nachzumachen: »Ich schicke eingeschrieben eine Brieftasche. Die Sekretärin, die annimmt, dass ihr Chef sein Portemonnaie irgendwo liegen gelassen hat, wird ihm das Päckchen – in der natürlich eine Werbe-Message steckt – sofort ins Zimmer bringen. Und weil der Chef froh ist, dass es doch nicht seine Brieftasche ist, die er irrtümlicherweise irgendwo liegen gelassen hatte, nimmt er diese Überraschung sogar positiv auf.«

Viele Menschen haben gute Ideen, wissen aber nicht, an wen oder welche Firma sie sich mit ihrer Idee wenden können. Oder auch wie sie sich vor Ideenklau schützen sollen. Diese werden von Sissi Tree bestens beraten. Sie ist überzeugt: »Die Zeit ist total reif für Erfindungen, die Firmen sind offen für neue Sachen. Das war vor zehn Jahren noch nicht so: Erfindungen kann man in jedem Bereich machen – und man kann sehr oft aus nichts etwas machen. Aber man soll nichts machen, was nicht zu einem passt und was einen nicht freut, weil man dann von anderem abgehalten wird. Also sage ich auch sehr oft Einladungen ab, wenn ich spüre, dass die mich blockieren.«

Die Werbung verwendet gerne den Slogan: »Keep it simple, make it fun!« Und das ist auch Sissi Trees Devise und gilt für alle ihre Aktivitäten: »Es bedeutet im Prinzip nichts anderes, als dass immer etwas Originelles dabei sein muss, um zu wirken, sonst fällt die Sache nicht auf. So ist es ja bei allen Dingen: Man muss mit Ausgefallenem reizen. Die Damen vielleicht mit ausgefallenem Schmuck, die Vögel in der Natur oder andere Tiere mit irgendwelchen Farben. Ich falle immer mit ausgefallenen, teils skurrilen Ideen auf, und wenn man dann mit mir ins Gespräch kommt, merkt man erst, dass ich vom Wesen her eigentlich ernst bin.«

Dass die Wienerin neben ihren Studien verschiedene Kurse absolviert hat, kommt ihr bei ihrer Flexibilität zugute. Ob Feng Shui oder die internationale Benimmlehre: »Ich versuche, alles irgendwo anzuwenden. Gerade die Körpersprache ist sehr wichtig. Wenn man eine Idee präsentiert, sieht man ja in der Millionstel Sekunde, ob es dem anderen wirklich gefällt oder nicht.«

Talente, die in einem Menschen schlummern, erkennt Sissi Tree »ziemlich rasch, und kurz darauf fällt mir auch schon der passende Beruf für die betreffende Person ein. Ein Mitarbeiter einer Baubehörde in Niederösterreich erzählte mir zum Beispiel, er würde gerne ›Coaching‹ machen. Nach einer Stunde hatte ich herausgefunden, dass er eigentlich nur sein Wissen weitergeben wollte. Ich schlug ihm also vor, Leute zu beraten, die ein Haus bauen wollen – und zwar sowohl in rechtlicher Hinsicht als auch bei der Preisgestaltung. Heute ist der Mann nebenberuflich Bau-Coach – und glücklich.«

Seit einiger Zeit hält Sissi Tree auch Seminare für Künstler ab, die sich selbst vermarkten wollen: »Künstler und Erfinder haben freilich ganz unterschiedliche Bedürfnisse, aber dadurch, dass ich so unterschiedliche Kontakte habe, klappt auch das. Ich empfehle aber nur Leute, von denen ich überzeugt bin. Es ist lustig, wie sich dann die Netze spannen, dabei entwickelt sich eine richtige Eigendynamik.«

Die Wienerin Elfriede Wiesinger verbrachte die Kriegsjahre in ihrer Heimatstadt, besuchte hier eine Textilfachschule und zog nach ihrer Heirat 1948 nach Oberösterreich. Nach ihrer Scheidung kehrte sie mit ihren drei Töchtern nach Wien zurück und arbeitete in der Textilbranche, um die kleine Familie zu versorgen. Erst ab 1980 begann Wiesinger, ihre Fähigkeiten des medialen Schreibens voll auszuleben. Zahlreiche Reisen führten sie in viele Länder Europas, aber auch nach Brasilien, Chile und den Nahen Osten, wo sie viele Kultplätze entdeckte. Über ihre Kommunikation mit Relinde-Reli hat sie bisher das Buch »Relinde-Reli, der Engel in der höchsten Zone bei Gott« und die Meditations-CD »Engelsmeditationen von Relinde-Reli« herausgebracht. Elfriede Wiesinger stellt erfolgreich Energiebilder aus, ihr durchgegebene Schwingungszeichen ihres Engels. Da die Botschaften des Engels oft in schnellem Tempo durchgegeben werden, können Wortstellung, Grammatik und Rechtschreibung gelegentlich darunter leiden. Darauf ist bei der Zitation von Originaltexten stets Rücksicht zu nehmen. Relinde-Reli sagt über sich selbst: »Ich wurde von Gott zu dir gesandt, um die Dinge zwischen Himmel und Erde den Menschen kundzutun.«

Kontakt: Telefon: +43 (0)1 718 76 56 oder +43 (0)676/ 79 08 360

Elfriede Wiesinger

Die Informationen kommen über das Scheitelchakra in meine Hand

Wo ist der Anfang, wo das Ende,
suche ihn, du findest ihn nicht,
er ist nicht vorhanden,
darum, du Erdenmensch, lebe im Jetzt, im Heute, in dieser Sekunde,
nur so kannst du erkennen, warum du lebst
(Relinde-Reli)

»Eines Tages saß ich mit meinen zeichnenden Enkelkindern beisammen, das jüngste gerade zwei Jahre alt. Ich hatte einen Bleistift in die Hand genommen – und plötzlich fing meine Hand ganz von alleine an, Striche, Spiralen, Kreise und sogar Worte zu malen«, erzählt Elfriede Wiesinger über den Beginn ihres mentalen Schreibens vor ungefähr 25 Jahren. Ihre rechte Hand, die sie nicht, wie in Schreibhaltung üblich, am Tisch abgestützt hatte, wurde dabei von einer großen Kraft geführt: »Dabei entstand gleichzeitig ein wunderbares, warmes Gefühl in meinem Herzen, das sich schließlich in meinem ganzen Körper ausbreitete. Ich hatte natürlich überhaupt keine Ahnung, wie ich mit diesem Phänomen umgehen sollte, und weil mir die Sache keine Ruhe ließ, fragte ich meine Freundin um Rat, eine Malerin, die sehr intuitiv ist und sich schon länger mit spirituellen Dingen beschäftigte.« Es stellte sich heraus, dass Relinde-Reli, ein Engel in der höchsten Zone bei Gott, Kontakt mit ihr aufgenommen hatte. Um wirklich sicher zu gehen, bat Freundin Henriette um die Zeichnung des Symbols eines Engels, den sie bereits kannte. Dazu Wiesinger: »Da sie das Zeichen als richtig erkannte, war für uns die Bestätigung meiner Verbindung mit einem Engel gegeben.«

Bei Fragestunden meldet sich abwechselnd die weibliche oder männliche Energie des Engels, Relinde oder Reli. Am Beginn ihres mentalen Schreibens – den modernen englischen Ausdruck »Channeling« lehnt Elfriede Wiesinger ab, Nachsatz: »und Relinde-Reli mag ihn auch nicht« –, meldeten sich oft auch negative Kräfte, die ihr große Angst einjagten, da sie ihre Hand mit so großer Kraft führten, dass das Papier dabei zerrissen wurde. Relinde-Reli gab ihr daher zu ihrem Schutz und zur Sicherheit ihrer Verbindung ein Schutzzeichen in den Farben Grün-Blau-Weiss, ohne das sie seither überhaupt nicht mehr schreibt: »Dass die Energie eines Engels mit einer menschlichen Energie in Harmonie ist, kommt laut Relinde-Reli nur alle paar tausend Jahre vor.«

Wiesingers Schrift ist beim mentalen Schreiben nicht ihre eigene Handschrift, und es ist auch nicht ihr Schreibstil. Rechtschreibung gibt es bei den Engels-Kontakten überhaupt keine: »Die Informationen kommen über das Scheitelchakra in meine Hand. Über Relinde-Reli kann ich auch mit anderen Engeln kommunizieren.« Bittet die Wienerin um den Schutzengel eines Fragenden, so gibt ihr dieser sein Schwingungszeichen durch und nennt über Relinde-Reli seinen Namen. Nun fragt Wiesinger weiter: »Hast du Botschaften für diese Dame oder diesen Herrn?« Dann meldet sich der Schutzengel in der entsprechenden Schrift.

Jeder Mensch hat einen eigenen Schutzengel mit seinem spezifischen Namen, beispielsweise »Quarnius«: »Der schreibt Alt-Kurrent und reißt mir den Stift durch seine Heftigkeit fast aus der Hand. Es gibt Tausende von Engeln. Ihr Schutzengel bleibt immer bei Ihnen. Wenn Sie aber zum Beispiel in einem Jahr wieder zu mir kommen wegen Problemen mit der Wirbelsäule oder in der Familie, dann bekommen Sie diejenigen Helfer, die für diesen Zustand verantwortlich sind. Manche haben drei Helfer, und manche nur einen einzigen.«

Zu beachten ist, so Wiesinger, dass die menschliche Seele reine Seele bleibt. Wenn sie ihre irdischen Aufgaben erfüllt hat, bleibt sie als reine Energie im Universum. »Sie wird nie ein Engel. Und ein Engel wird nie ein Mensch.« Es gibt laut Wiesinger sehr wohl bestimmte Hierarchien: »Seelen haben ihre eigenen Zonen.« Man muss zwischen Schutzengel und Schutzgeist unterscheiden: »Der Schutzengel ist der Engel, der für einen Menschen seit seiner Geburt bestimmt ist oder sogar noch von vorigen Inkarnationen. Der Schutzgeist ist eine verstorbene Seele. Das kann eine verwandte Seele sein wie beispielsweise jene von der verstorbenen Oma, muss aber nicht sein. Es kann auch eine Seele sein, die Ihren Wert erkennt und die sich für Sie einsetzt.«

Will sich die Sensitive mit verstorbenen Personen in Verbindung setzen, so macht sie das nicht direkt, denn das würde ihr zuviel Energie kosten: »Ich bitte meinen Engel, die betreffende verstorbene Seele zu suchen, denn er weiß ja auch nicht sofort, in welcher Zone diese sich befindet. Er bittet mich zu warten, und dann bekomme ich eine Nachricht. Entweder geht es dem Verstorbenen gut, oder er fühlt sich nicht wohl, oder er ist noch belastet mit der Erdenschwere. Sobald er die Erdenschwere ablegt, ist er in der reinen himmlischen Energie.« Manchmal findet auch Relinde-Reli die Seele nicht mehr: »Das habe ich bei meiner Mutter erlebt. Die Seele ist dann schon in der Zone, wo sie sich für die nächste Inkarnation vorbereitet. Wobei die Vorbereitung auch zehn Jahre dauern kann.«

Seelen von Menschen, die eines plötzlichen Todes sterben, finden den Weg ins Universum nicht sofort, sie bleiben eine Zeitlang erdverbunden, so Wiesinger: »Sie wissen oft gar nicht, wo sie sich befinden, sie müssen sich erst vorbereiten, bis der Todesengel sie ins Universum führt. Oft glauben sie, dass sie noch leben.«

Elfriede Wiesingers Tante, eine resolute Person, die als Schneidermeisterin 16 Gehilfinnen befehligt hatte, war das Beispiel für eine erdverbundene Seele: »Sie war zwar verheiratet gewesen, hatte aber keine eigenen Kinder. So oft sie zu mir auf Besuch gekommen ist, haben sich meine drei Mädchen unter dem Klavier versteckt, sie war wie ein General. Mit 96 ist sie in ihrer Wohnung zusammengebrochen und ins Krankenhaus eingeliefert worden. Von einer Minute zur anderen war sie zum Pflegefall geworden. Ich war aber gerade an den Bandscheiben operiert und wusste, dass ich sie nicht pflegen werde können.« Elfriede Wiesinger bat ihren Engel um Hilfe: »Liebe Relinde, bitte hilf ihrer Seele, sich von ihrem Körper zu lösen, bitte, es ist für alle das Beste.« Bereits in der Nacht darauf hatte sie eine Art Wachtraum: »Ich sah meinen Engel schweben. Seine Hand ging zum Herzchakra meiner Tante und zog einen silbernen Faden heraus, wie eine Schlinge, und nahm ihn mit sich.« Wiesinger hörte die Uhr zwei schlagen – und wusste: »Jetzt hat die Seele ihren Leib verlassen.« In der Früh um sechs erhielt sie aus dem Krankenhaus einen Anruf, der den Tod der Tante um zwei Uhr früh bestätigte.

Sterben muss man lernen, weiß Wiesinger: »Die Seele bereitet sich vor, bis der Engel sie in sein Reich führt.« Sie hat Relinde-Reli dazu befragt, was passiert, wenn viele Menschen gleichzeitig betroffen sind. Darauf kam folgende Auskunft: »Das ist wie eine Energiesäule. Die Energien der Seelen sammeln sich und gehen gemeinsam hinauf.« Als Wiesinger einer befreundeten Amerikanerin von dieser Lichtsäule erzählte, bekam sie die Bestätigung: »Ihre Schwester hatte in den Türmen des World Trade Centers gearbeitet – und am Vorabend des Terror-Attentats vom 11. September 2001 hatte sie ein komisches Gefühl. Sie erzählte ihrer Mutter davon, und diese bat sie, daheim zu bleiben. Die Schwester der Amerikanerin blieb an diesem Tag wirklich zu Hause. Sie hat, als das Unglück passierte, eine Lichtsäule gesehen.«

Vor den Erfahrungen mit ihrem Engel hatte Elfriede Wiesinger von Esoterik keinerlei Ahnung gehabt: »Ich wusste nicht einmal, was das Wort bedeutet. Ich hatte aber immer eine gute Intuition und wusste automatisch, wenn etwas nicht stimmte. Ich hatte Bilder gesehen, aber lange nichts damit anzufangen gewusst.«

Über ihre Nichte, die von den neuen Fähigkeiten der Tante erzählt hatte, kamen viele Klienten zu Frage-Abenden. Elfriede Wiesinger selbst stellt Relinde-Reli überhaupt keine Fragen: »Um Fragen zu stellen, muss ich den Kanal am Scheitelchakra entweder öffnen oder schließen. Würde ich eine Frage für mich stellen, hätte ich im Hinterkopf bereits die Antwort. Und die wäre vermutlich mit einem Wunsch verbunden. Bei einer mir fremden

Person habe ich keine solchen Hemmungen.« Kartenleger und Astrologen haben es ihr bestätigt: »Wenn du ehrlich bist, muss der Kollege für dich die Fragen stellen.«

Wenn etwas durchkommen soll, bekommt Wiesinger einen plötzlichen Impuls, dann greift sie sofort zum Bleistift und schreibt: »Die Texte zur Meditations-CD habe ich zum Beispiel während des Kochens durchbekommen. Erst nachdem ich die Mitschrift genauer angesehen hatte, habe ich bemerkt, worum es sich dabei handelte.«

Elfriede Wiesinger geht nicht bewusst in Meditation, um Botschaften zu erhalten. Es gab Zeiten, da wurde die Sensitive sogar mitten in der Nacht wach und musste schreiben. Eine Nachricht über Mozart beispielsweise verlief folgendermaßen: »Ich Relinde spreche über Mozart. Der göttliche Funke hat mich auf die Erde getragen, um den Menschen des Universums zu übermitteln: Jede Note, die von ihm geschrieben wurde, ist eine Klangschale Gottes. Er wurde geleitet und geführt von den Engeln der Liebe, der Freude und des Lichtes. Dies hat er uns in seiner Musik offenbart. Was ist nicht alles in seiner Musik enthalten!«

Elfriede Wiesinger ist sicher, dass alle Menschen geführt werden: »Die einen bewusst, die anderen unbewusst wie Musiker, Sänger, Künstler oder Erfinder. Hier müssen Impulse freigesetzt werden. An verschiedenen Orten der Welt erfinden manchmal verschiedene Personen genau die gleichen Dinge, sie bekommen – wie bei der Musik von Mozart – die Impulse von oben. Auch Beethoven wurde so geführt. Das zu erkennen ist nicht jedermanns Sache.«

Ihre Arbeit ist im Großen und Ganzen sehr Energie-raubend: »Es gibt schon auch Fragende, die mir Energie bringen, aber die meisten entziehen sie mir. Und davor muss man sich schützen. Wenn ich das Gefühl habe, dass ich mich schützen soll, begebe ich mich geistig in eine Pyramide oder in eine Kugel. Und ich spüre schon: Je älter ich werde, umso mehr Schutz brauche ich.« Früher ist sie mit ihren Freundinnen oft ganze Nächte lang gesessen und hat dabei nicht nur persönliche Fragen gestellt, sondern beispielsweise auch über alte Kulturen und archäologische Funde ihre Fragen gestellt. Die Freundinnen hatten es immer sehr lustig dabei, denn Engel haben auch sehr viel Humor: »Ich habe geschrieben und geschrieben. Dazwischen bin ich nur einmal aufgestanden und habe für uns Kaffee gekocht und Butterbrote gestrichen. Jetzt halte ich das nicht mehr so lange durch. Es hat im Leben alles seine Zeit.« Eine Freundin, die in einer belebten Wiener Einkaufsstraße ein Geschäft hat, bat damals Relinde, dass er ihr helfen sollte, immer einen Parkplatz zu bekommen.« Relinde wusste aber mit der Bitte nichts anzufangen: »Was meinst du denn damit?« Darauf kam die Antwort: »Naja, für mein Auto.« Relinde wusste aber gar nicht, was man mit einem Auto macht. Die Freundinnen erklärten es dem Engel. »Aha, die Kiste auf vier Rädern!« Dann erklärte Relinde-Reli den verdutzten Damen, dass Engel die Menschen nicht klein, dick, groß, schwarz, gelb oder grün sehen, sondern von jedem Menschen nur die Schwingung aufnehmen, und über diese Schwingung können sie orten, was für ihn im Universum vorgesehen ist. Ein Auto hat offenbar keine aufnehmbaren Schwingungen …

Relinde-Reli, der sich bei ihr zu Beginn immer mit den Worten meldet: »Ich bin bei euch mit all meiner himmlischen Liebe«, will die Liebe verbreiten und in Liebe helfen. Er ist der Engel der Liebe, weiß Wiesinger. Ihr Schutzengel tritt über ihre Frequenz und Schwingungseinheit mit ihr in Verbindung, um die Dinge des Himmels und der Erde den Menschen kundzutun, »um eure Seele, euren Geist und eure Intuition zu stärken.«

»Man darf sich Gott nicht als alten Mann mit Bart vorstellen«, sagt Elfriede Wiesinger. Bei Gott handle es sich um die größte Energie, die im Universum eine ewige Schwingung und ständige Bewegung darstellt. Dazu Relinde-Reli: »Die höchste Energie im Universum, die alles verbindet, nennen wir Gott.«

Bei manchen Menschen stockt laut Wiesinger der Energiefluss, aber: »Man sollte trotz allem immer das Positive an einer Sache erkennen, das kann man erlernen. Es handelt sich dabei oft um Seelenaufgaben – wie manche sagen: das Karma –, gewisse

Umstände zu erkennen.« Seinen Lebensweg muss jeder selbst finden.

Durch ihre jahrelange Begleitung von bestimmten Menschen ist Elfriede Wiesinger sicher: »Es kommt auf die Willenskraft an.« In der Partnerschaft oder etwa bei einer Geschäftsanbahnung ist neben dem Willen des Einzelnen freilich auch der Wille des anderen und vielleicht noch eines dritten maßgeblich: »Und dabei siegt immer der, der den stärksten Willen durchsetzt! Der bei seiner Meinung auch wirklich bleibt.« Es gibt auch eine Botschaft ihres Engels dazu: »Unser Schicksal ist wie ein Film im Universum gespeichert. Du holst dir das heraus, was du brauchst. Wenn du es aber missbrauchst, löst es sich auf.«

Zeit ist bei einem Engel ein vager Begriff, wenn er »bald« sagt, so kann das auch erst in fünf Jahren sein, weiß Wiesinger aus ihrer langjährigen Kommunikation mit einem Engel: »Denn im Universum gibt es keine Zeit, die Zeit haben wir Menschen gemacht. Geld ist für Engel auch uninteressant. Am Anfang musste ich Relinde-Reli erst erklären, was Geld für uns bedeutet. Er hat es nicht verstanden, dass wir ohne Geld nichts essen können, nicht wohnen, nicht heizen und uns nicht kleiden können.«

Seit Efriede Wiesinger in Verbindung mit ihrem Engel ist, fühlt sie eine innere Sicherheit und Geborgenheit, die sie vorher nicht hatte. Sie hat erkannt: »Es kann nichts so Negatives geschehen, als dass ich nicht doch wieder etwas Frohes oder Schönes erhalte. Ich danke meinem Engel, dass ich diese Gabe bekommen habe, ich bin unendlich dankbar dafür.«

Bruno Würtenberger, geboren am 24. Dezember 1960 in Zürich, lebt mit seiner Lebensgefährtin auf einem Bauernhof in Uster bei Zürich. Er arbeitete eine Zeitlang als Hotelfachmann und Matrose, ehe er 1988 in seinem Geburtsort eine Praxis für natürliches Heilen und mediale Beratung eröffnete. Er gründete 1997 die Spirituelle Schule Schweiz, die im gesamten deutschen Sprachraum tätig ist. Er hält Vorträge, organisiert Satsang-Treffen und bietet Bewusstseins- und Medialitätstrainings an. 1996 veröffentlichte er in seinem Buch »Die Freunde des Lichts« erstmals seine Erlebnisse mit höherdimensionalen Lichtwesen und deren Botschaften. Bruno ist hellsichtig und weit über die Landesgrenzen hinaus als spiritueller Lehrer anerkannt. Er leitete die Erste Schweizerische Weltfriedensmeditation. Seine Bücher »Licht ist in Dir«, »Alles ist Liebe« und »Klartext«, diverse Artikel für deutsche und österreichische Fachzeitschriften sowie viele Fernsehauftritte verschaffen ihm regelmäßig viel beachtete Medien-Präsenz. Vor rund zwei Jahren nahm er in der Barbara-Karlich-Show Kontakt mit Verstorbenen auf. Gemeinsam mit dem spirituellen Sänger Mosaro hat er bereits 2 CDs mit Popmusik produziert, die Titel: »For you« und »PEACE« von Grooving Spirit. Bruno ist Mitbegründer der Neuen Spirituellen Friedensbewegung »New Peace« und Gründer des »Free Spirit«-Bewusstseinstrainings.

Kontakt: Telefon: +41 (0)44 951 04 05,
Internet: spiritinfo@swissonline.ch, www.new-peace.com
www.GroovingSpirit.com

Bruno Purusha Würtenberger

Keiner kommt zu kurz, außer er kürzt sein Potenzial selbst

Entgegen aller Vorstellung und Erwartungen hat Bruno Würtenberger seinen Namen »Purusha« weder von einem Meister noch von einem hohen Geistwesen erhalten, sondern er hat ihn sich selbst zugelegt. »Purusha« ist eine Bezeichnung aus den indischen Mythen und umschreibt die männliche Hälfte Brahmas (des Herrn): »Es heißt, dass das ganze Universum aus ihm entstanden ist. Purusha gilt auch als der universelle Geist, die Welt-Seele oder auch als das Gewahrsein. Purusha ist schöpferisch-kreativ, reine kreierende Energie, tanzend, singend, lebendig, froh und frei.« Damit kann sich der Schweizer identifizieren.

Das Angebot der von ihm und seiner Frau Cornelia 1985 gegründeten Spirituellen Schule Schweiz mit dem Ziel einer weltweiten Vernetzung aller Bewusstseinsforscher sowie aller Medien, Heiler, Therapeuten und ernsthaften Esoteriker wird von Jahr zu Jahr umfassender: »Wir möchten einen Standard für gewissenhaftes spirituelles Leben im Einklang von Geist und Materie setzen. Aufgrund des heutigen Standes der Technik ist es uns via Internet nun auch möglich, Menschen weltweit zu beraten und zu unterstützen.«

Viele Menschen, die auf dem Weg sind, fragen sich immer wieder: »Wie werde ich erleuchtet? Wo ist der Weg zu Gott?« Bruno Würtenberger glaubt, dass diese Frage falsch gestellt ist: »Das ist, wie wenn ein Fisch fragt, wo er Wasser findet.« Er ist überzeugt: »Genauso, wie der Fisch inmitten von Wasser ist und es vielleicht nicht erkennen kann, weil sein Bewusstsein dafür nicht ausreicht, sind wir Gott so nah, dass wir den Wald vor lauter Bäumen nicht sehen. Wir leben in einem neuen Zeitalter, und es gibt so viele Götter, wie es Menschen gibt, so viele richtige

Wege, wie es Menschen gibt, so viele richtige Heilmittel, wie es Dinge gibt, die mir gut tun. Mir hat Chemie schon das Leben gerettet, mir hat Homöopathie schon geholfen, auch eine Krücke hat mir bereits geholfen. Es war jedes Mal in diesem Augenblick genau das Richtige. Wenn ich nach einem Autounfall oder einem Flugzeugabsturz auf der Wiese liege, dann schickt mir bitte keinen Geistheiler: Dann will ich Morphium, Schmerzmittel. Dann will ich zuerst einen Arzt, der gut nähen und spritzen kann. Aber danach möchte ich mit jemandem reden, der ein wenig darüber weiß, wie es der Psyche ergeht. Jedes Ding hat seinen Platz.«

Jeder Mensch besitzt nach Meinung Würtenbergers das selbe Potenzial an Kraft- und Lebensenergie: »Jeder Mensch ist am göttlichen Quell allen Seins angeschlossen. Jeder Mensch hat die besten Voraussetzungen dafür, diese unerschöpfliche Kraft zu nutzen und zu seinem und dem Wohle seiner Mitmenschen und Tiere einzusetzen. Es ist eine Illusion zu glauben, dass die Kraft ungleichmäßig verteilt wurde, keiner kommt zu kurz, außer er kürzt sein Potenzial selbst. Kein anderer ist in der Lage, dich zu beeinflussen, dich zu entkräften oder zu stärken, es sei denn, du glaubst daran. Es ist nicht dein Körper, der bestimmt, wie kraftvoll du bist, und auch nicht die Umwelt. Es ist ausschließlich dein Glaube, der für dein Erleben bestimmend ist. Einerlei, was du glaubst, du wirst es erfahren. Einerlei, was du erreichen möchtest, glaubst du daran, so wird es sich manifestieren müssen. Tut es dies nicht, so hast du entweder keine Geduld oder aber du glaubst nicht wirklich an das Gelingen.« Würtenberger hat allerdings die Erfahrung gemacht, dass die wenigsten Menschen wirklich glauben, was sie glauben: »Glauben heißt für sie hoffen, vermuten oder wünschen, aber das ist nicht gleich bedeutend und nicht annähernd so kraftvoll wie überzeugt sein.«

Glauben bedeutet für den Bewusstseinsforscher, absolut sicher sein, dass dem so ist: »Die Menschen würden ja gerne an sich glauben und von sich überzeugt sein, doch es gelingt ihnen nicht, weil sie dauernd nur ihre Schwächen im Bewusstsein haben. Selbst dann, wenn sie sich auf ihre Qualitäten besinnen, schwingt im Hintergrund die Gegenseite, all das, was nicht in Ordnung ist an ihnen, mit.«

Wenn man erst weiß, wer der eigentliche Verursacher ist, der Energien willentlich oder unbewusst auf Gegenstände, Menschen oder Situationen richtet, die er in seinem Leben erfährt, weiß man auch, wer Ursprung dafür ist: »In dem Moment, wo du dir bewusst wirst, dass du Derjenige bist, welcher bestimmt, worauf deine Aufmerksamkeit gerichtet ist, und wohin deine Energien fließen, in diesem Augenblick der Erkenntnis bist du Ursprung. Jetzt bist du Meister über dein Leben, jetzt kannst du bestimmen, wie es in deinem Leben weiter gehen soll. Meister bist du nicht erst dann, wenn du perfekt bist, sondern dann, wenn du bewusst bist.«

Das, was sich letztendlich in einem Leben manifestiert, ist nicht das Vordergründige, positiv polierte Denken, sondern das Hintergründige, das Tiefgründige, das in der menschlichen Seele mitschwingt: »Das ist dein wahrer Glaube, und dort gilt es anzusetzen, wenn du dein Leben verändern möchtest. Positiv denken reicht dafür nicht aus. Es dient bloß als Ersatz für Menschen, die sich selbst nicht ändern möchten. Für Menschen, denen es nicht gelingt, das, was sie wissen, in die Tat umzusetzen. Es ist wichtig zu wissen, dass man durch positives Denken, auch wenn es noch so edel klingt, nicht zu einem positiven Menschen werden kann.« Ein Positiv-Denker verhält sich Würtenbergers Meinung nach ähnlich dem Schönfärber: »Er ist eher ein Restaurateur denn ein Erbauer, er restauriert altes, halb zerfallenes Gemäuer und wird eines Tages überrascht sein, wenn das Gebäude, sein Gedankenschloss einstürzt. Denn er wusste offenbar nicht, dass das Fundament das tragende Element ist. Das Untergründige, das auf den ersten Blick vielleicht nicht zu sehen ist. Es bedeutet mit anderen Worten, dass nur ein negativ eingestellter Mensch positiv denken muss, um das Beste aus seinem Leben zu machen. Das ist nicht schlecht, sondern immer noch viel sinnvoller als destruktiv zu sein, aber es ist nicht wirklich positiv.« Ein wirklich positiver Mensch braucht nicht positiv zu denken, er IST positiv, so Bruno Würtenberger. Der Gedanke ist das Gefäß, der Inhalt Gefühl. Dieses Wissen richtig angewandt, versetzt in die Lage, jedwede Realität erschaffen und erleben zu können. Ja mehr noch, es gibt jedem die Möglichkeit, bereits bestehende Tatsachen zu verändern. »Erst wenn du wirklich fühlst, was du glaubst, wird sich dein Glaube manifestieren. Und alles, was du gegenwärtig in deinem Leben wahrnimmst, entspricht in höchster Präzision genau dem, was du wirklich glaubst. Das Leben täuscht dich niemals über diese Wahrheit hinaus. Es sind feststehende Gesetzmäßigkeiten, nach denen das gesamte Universum aufgebaut ist.«

Stets genau zu prüfen, was man denkt, aber auch, was man fühlt, sollte nach Bruno Würtenberger oberste Maxime sein: »Dein Kraftpotential liegt in erster Linie in deinem Fühlen, in zweiter Linie in deinem Denken und in dritter Linie in deinen Handlungen. Denn erst dann, wenn deine Handlungen in Übereinstimmung mit deinem Fühlen und Denken sind, hast du Chancen auf Erfolg. Es gilt also, unter die Oberfläche zu gehen, um in den reichen Schatz deines Universums zu tauchen – und dann staune, welch unermessliche Kraft in dir wohnt. Denn es ist dir gegeben, als Ebenbild Gottes, als Ebenbild des Schöpfers, ebenfalls schöpferisch zu sein.«

Laut Würtenberger ist unser Kraftpotenzial unerschöpflich. Tatsächlich hindern uns nur die eigenen Zweifel daran, erfolgreich und glücklich zu sein: Der eigene Zweifel an unserer Größe und Schönheit, der Zweifel in Bezug auf alle unsere Fähigkeiten und Talente. Der Zweifel an der Vollkommenheit der Schöpfung, und die Angst zu versagen: »Wenn du ein Ziel hast in deinem Leben, dann frage dich zuerst, ob du bereit bist, alles zu tun, was nötig ist. Du bist nie zu alt und nie zu jung, sondern du bist immer genau im richtigen Alter, um das zu tun, was es für dich zu tun gibt. So lange du dich klein machst, nimmt keiner Notiz von dir. So lange du deine wahre Größe nicht anerkennst, wird sie keiner anerkennen. Das Allerschönste daran ist jedoch, dass, wenn du deine eigene Größe wertschätzt, du auch die Kraft und Größe anderer wertschätzen und unterstützen kannst.«

Literaturverzeichnis

Aoyama, Shundo: »Pflaumenblüten im Schnee. Aufzeichnungen einer japanischen Zen-Meisterin«, Theseus Verlag, Berlin 1995

Bachler, Käthe: »Erfahrungen einer Rutengängerin. Geobiologische Einflüsse auf den Menschen«, Buchgemeinschaft Donauland Kremayr & Scheriau, Wien

Bardon, Franz: »Die Praxis der magischen Evokation«, Hermann Bauer Verlag, Freiburg im Breisgau, 1986

Bender, Hans: »Unser sechster Sinn«, Deutsche Verlags-Anstalt GmbH, Stuttgart 1971

Bierach, Alfred: »Bioelektrizität. Wie die Strahlen auf uns wirken«, Buchgemeinschaft Donauland Kremayr & Scheriau, Wien

Billand, Eva: »Und sie gingen unter uns. Berichte über Materialisationen«, Europabuch AG, Zug 1983

Bloy, Colin: »Der Heilige Gral, die Tempelritter und die Zukunft der Menschheit«, Fountain Vienna

Capra, Fritjof: »Das neue Denken. Die Entstehung eines ganzheitlichen Weltbildes im Spannungsfeld zwischen Naturwissenschaft und Mystik«, Scherz Verlag, Bern, München, Wien 1987

Cayce, Edgar: »Über das Höhere Selbst. Die verborgene Kraft der menschlichen Seele«, Wilhelm Goldmann Verlag, München 1995

Cerminara, Gina: »Erregende Zeugnisse von Karma und Wiedergeburt«, Droemer Knaur 2001

Cooper, Diana: »Der spirituelle Lebens-Ratgeber. Im Einklang mit dem Universum fühlen, denken, handeln«, Ansata im Econ Ullstein List Verlag GmbH & Co. KG, München 2000

Cowan, Tom: »Wending your Way: A New Version of Old-English Rune-Poem«

Dahlke, Rüdiger: »Krankheit als Sprache der Seele. Be-Deutung und Chance der Krankheitsbilder«, Wilhelm Goldmann Verlag, München 1997

Däniken, Erich von: »Die seltsame Geschichte von Xixli und Yum. Ein Tatsachen-Roman«, Edition Othello, 2003

Das große Buch der magischen Kräfte. Weissagen, Hellsehen, Kartenlegen, Bassermann'sche Verlagsbuchhandlung 1994/1995

Dethlefsen, Thorwald: »Schicksal als Chance. Das Urwissen zur Volkommenheit des Menschen«, Goldmann Verlag, 21. Auflage, München 1987

Dietzel, Gunda: »Der individuelle Klang der Stimme – seine Botschaft, seine Wirkung: Einführung in das ›Nada-Brahma-System‹ von Vemu

Mukunda/Gunda Dietzel«, Leinfelden-Echterdingen: Indivocal 2004, 2. überarb. Auflage
Distel, Wolfgang/Wellmann, Wolfgang: »Das Herz des Reiki Dai Komio«, Wilhelm Goldmann Verlag, München 1995
Eadie, Betty J.: »Licht am Ende des Lebens. Bericht einer außergewöhnlichen Nah-Todeserfahrung«, Droemersche Verlagsanstalt Th. Knaur Nachf., München 1994
Farkas, Viktor: »Rätselhafte Wirklichkeiten. Aus den Archiven des Unerklärlichen«, Langen Müller 1998
Feng Shui. Leben in Harmonie und Gesundheit. Compact Verlag, München 2000
Fessler, Apothekerin Dr. rer. nat. Beate: »Natur gesund. Das große Lexikon der Naturheilmittel«, Cormoran Verlag in der Econ Ullstein List Verlag GmbH & Co KG, München 2000
Fidelsberger, Heinz: »Astrologie 2000. Struktur einer Wissenschaft von morgen«, Verlag Kremayr & Scheriau, Wien 1972
Genuit, Hans: »Sind genaue Prognosen möglich? Erkenntnisse aus einer 55jährigen internationalen Tätigkeit als beratender und forschender Astrologe«, in: Heft III, Februar 1984 der Sonderhefte der Publikationen »Qualität der Zeit«, Vortragstexte zur 75-jährigen Jubiläumsfeier der Österreichischen Astrologischen Gesellschaft ÖAG – September 1983
Goodman, Felicitas: »Wo die Geister auf den Winden reiten. Trancereisen und ekstatische Erlebnise«, Verlag Hermann Bauer, Freiburg im Breisgau 2000, 5. Auflage
Haich, Elisabeth: »Einweihung«, Drei-Eichen-Verlag, München, Engelberg, 1984
Handbuch des Übersinnlichen. Wilhelm Heyne Verlag GmbH & Co. KG, München 1982
Handlese-Schule. Eurobooks Cyprus Ltd., Limassol 1999
Harner, Michael: »Der Weg des Schamanen. Das praktische Grundlagenwerk zum Schamanismus«, Heyne-TB, München 1980
Hay, Louise L.: »Gesundheit für Körper und Seele«, Wilhelm Heyne Verlag GmbH & Co. KG, München 1989, 24. Auflage
Höhne, Anita: »Die Propheten unter uns. Ein Report über Hellseher und Wahrsager«, Buchgemeinschaft Donauland Kremayr & Scheriau, Wien
Hover, Detlev/Voltmer, Ulrike (Hrsg.): »Astrologie & Prognose«, Chiron Verlag, Tübingen 2001
Ingerman, Sandra: »Auf der Suche nach der verlorenen Seele. Der schamanische Weg zur inneren Ganzheit«, Ullstein TB, 2. Auflage 2005
Jacobson, Nils-Olof: »Parapsychologie und das Leben nach dem Tod«, Deutscher Bücherbund, Stuttgart, Hamburg, München
Johnston, Basil: »Und Manitu erschuf die Welt. Mythen und Visionen der Ojibwa«, Eugen Diederichs Verlag, 4. Aufl., München 1984
Junius, Manfred M.: »Praktisches Handbuch der Pflanzen-Alchemie«, Ansata Verlag, Interlaken 1992

Kahili King, Serge: »Der Stadtschamane. Ein Handbuch zur Transformation durch Huna, das Urwissen der hawaiianischen Schamanen«, Verlag Alf Lüchow, Freiburg im Breisgau, 11. Auflage 2001
Kirchner, Georg: »Pendel und Wünschelrute. Handbuch der modernen Radiästhesie«, Droemersche Verlagsanstalt Th. Knaur Nachf., München 1985
Knoll, Sabine: »Reisen ins Licht. Geschichten aus anderen Welten«, Solaris Spirituelle Edition, Wien 2004
Kössner, Christa: »Schlüssel zum Glücklich-Sein. Das Spiegelgesetz«, Ennsthaler-Verlag, Steyr, 2. Auflage 1999
Kronberger, Hans/Lattacher, Siegbert: »Auf der Spur des Wasserrätsels. Von Viktor Schauberger bis Johann Grander«, Uranus VerlagsgesmbH, Wien 1995
Kryon: »Band I: Das Zeiten-Ende. Neue Informationen für persönlichen Frieden. Botschaften gegeben und empfangen in Liebe«, Heyne-TB, München, 5. Auflage 2001
Kryon: »Band II:Denke nicht wie ein Mensch. Kryon antwortet auf grundsätzliche Fragen«, Heyne-TB, München 2002
Kübel, Inka: »Spontanheilungen. Das Geheimnis wunderbarer Genesungen«, Kreuz Verlag, Zürich 2000
Loerzer, Sven: »Visionen und Prophezeiungen. Die berühmtesten Weissagungen der Weltgeschichte«, Weltbild GmbH, Augsburg 1996
Lukas, Elisabeth: »Psychotherapie in Würde. Sinnorientierte Lebenshilfe nach Viktor E. Frankl«, Quintessenz VerlagsgesmbH, Berlin-München 1994
Martin, Anthony: »Astralprojektion. Reisen ohne Körper«, Sphinx Verlag Basel 1983
Mertz, Bernd A.: »Folgt dem Stern. Die Astrologie in der Bibel«, Wilhelm Heyne Verlag, München 1994
Mohr, Bärbel: »Bestellungen beim Universum. Ein Handbuch zur Wunscherfüllung.« Omega-Verlag, Düsseldorf
Molynaux, Brian Leigh: »Heilige Plätze, Magische Orte. Die spirituellen Quellen unserer Erde«, Bertelsmann Club GmbH, Rheda-Wiedenbrück 1996
Moody, Raymond A./ Perry Paul: »Blick hinter den Spiegel. Botschaften aus der anderen Welt«, Bertelsmann Club GmbH, Rheda-Wiedenbrück 1993
Morgan, Marlo: »Traumfänger«, Wilhelm Goldmann Verlag, München 1998
Ott, Theo: »Sie leben mit dem sechsten Sinn. Expeditionen ins Reich der Fähigkeit«, M & T Edition Astroterra, Zürich/ St. Gallen 1985
Pietschmann, Herbert: »Das Ende des naturwissenschaftlichen Zeitalters«, Zsolnay, Wien 1980
Pollak, Kurt: »Wissen und Weisheit der alten Ärzte. Die Heilkunst der frühen Hochkulturen«, Bechtermünz Verlag, Eltville am Rhein 1993

Posch, Helmut: »Hildegard von Bingen – Eine neue Ära der Medizin?«, Band 2, Eigenverlag 1992
Ray-Wendling, Anne: »Mein Kontakt mit dem Jenseits«, Nymphenburger, 4. Auflage 2003
Reichle, Verena: »Die Grundgedanken des Buddhismus«, Fischer Taschenbuch Verlag, 9. Aufl., Frankfurt am Main 2000
Reinhard, Jürg/Baumann, Adolf: »Unerhörtes aus der Medizin. Gespräche eines Anthroposophen mit dem Physiker, Naturheilarzt und Bergführer Dr. med. Jürg Reinhard«, Hallwag AG, Bern, 3. Auflage
Rodegast, Pat/ Judith Stanton: »Emanuels Buch. In Harmonie mit dem Kosmos leben«, Droemersche Verlagsanstalt Th. Knaur Nachf., München 1992
Schallenberg, Gerd: »Visionäre Erlebnisse. Visionen und Auditionen der Gegenwart«, Pattloch Verlag, Augsburg 1990
Schöber-Paweska, Peter: »Das Rider-Waite-Tarot Handbuch. Eine umfassende Anleitung zum Kartenlegen und Deuten psychologischer, partnerschaftlicher, beruflicher, spiritueller und anderer Aspekte«, Windpferd Verlagsges.m.b.H., 1. Aufl. 1992
Schrödter, Willi: »Grenzwissenschaftliche Versuche«, Wilhelm Goldmann Verlag, 2. Auflage 1979
Schulman, Martin: »Karmische Astrologie 1. Mondknoten und Reinkarnation«, Urania Verlag, München, 3. Auflage 1995
Singer, Peter: »Die Bühne des Lebens für Mensch und Tier«, Eigenverlag
Snow, Robert L.: »Als ich Carroll Beckwith war. Spurensuche einer Reinkarnation", Wilhelm Heyne Verlag GmbH, München 2000
Stearn, Jess: «Die unsterbliche Seele. Geist und Reinkarnation«, Wilhelm Goldmann Verlag, München 1985
Summer Rain, Mary: »Leben und Heilen mit der Natur. Earthway. Die Botschaft einer indianischen Seherin«, Verlag Hermann Bauer, Freiburg im Breisgau 1997, 3. Auflage
Sun Bear & Wabun: »Das Medizinrad. Eine Astrologie der Erde«, Goldmann Verlag, 5. Aufl. 1989
Tepperwein, Kurt: »Die hohe Schule der Hypnose«, Buchgemeinschaft Donauland Kremayr & Scheriau, Wien
Vaskovich-Fidelsberger, Eva: »Glücksplanet Jupiter. Dein Glück erkennen und nutzen«, Bildbuch Verlag GesmbH, Wien 1999
Watzlawick, Paul: »Anleitung zum Unglücklichsein«, Piper Verlag, München, Neuausgabe 2005
Watzlawick, Paul: »Wie wirklich ist die Wirklichkeit?«, Piper Verlag, 1995
Weidner, Gisela: »Ewige und endliche Gesetze Gottes«, Eigenverlag, Wien 5. Auflage
Weisheit der Indianer. Vom Leben im Einklang mit der Natur. Orbis Verlag für Publizistik GmbH, München Sonderausgabe 1995

Weiss, Brian L.: »Die Liebe kennt keine Zeit. Eine wahre Geschichte«, Ullstein Heyne List GmbH & Co. KG, 2. Auflage 2003

Weltzien, Diane von (Hrsg.): »Das große Praxisbuch der Esoterik«, Goldmann Verlag, München 1992

White Eagle: »Der geistige Pfad«, Aquamarin Verlag, Deutschland 1981

Whitton, Joel L./Fischer, Joe: »Das Leben zwischen den Leben. Ein Forschungsbericht aus der Welt jenseits unserer physischen Existenz«, Wilhelm Goldmann Verlag, München 1989

Wunder und Rätsel der menschlichen Psyche: 1000 Fragen und 1000 Antworten, Verlag Das Beste Stuttgart/ Zürick/ Wien 1992

Würtenberger, Bruno: »Klartext. Wie du werden und erreichen kannst, was du sein und haben möchtest«, Eigenverlag, 3. Auflage, Zürich 2004

Yogananda, Paramahansa: »Autobiographie eines Yogi«

Yogananda, Paramahansa: »Meditationen zur Selbst-Verwirklichung«, Otto Wilhelm Barth Verlag, 1964

York, Ute: »Eine Reise zu den indischen Palmblattbibliotheken«, Droemersche Verlagsanstalt Th. Knaur Nachf., München 1995